新视野教师教育丛书·学校规划与校长专业发展系列

全国教育科学"十五"规划重点课题（国家一般课题）"政府在市场经济条件下的教育管理职能转变与管理机制研究"（BFA010066）的最终成果

校长视野中的政府教育管理职能转变

魏志春　著

北京大学出版社
PEKING UNIVERSITY PRESS

图书在版编目（CIP）数据

校长视野中的政府教育管理职能转变/魏志春著．—北京：北京大学出版社，2011.7
（新视野教师教育丛书·学校规划与校长专业发展系列）
ISBN 978-7-301-19103-3

Ⅰ.①校… Ⅱ.①魏… Ⅲ.①政府职能：教育职能－职能转变－研究－中国 Ⅳ.①G40-011

中国版本图书馆CIP数据核字（2011）第119081号

书　　　名：	校长视野中的政府教育管理职能转变
著作责任者：	魏志春　著
丛书策划：	姚成龙
责任编辑：	周　伟　胡　林
标准书号：	ISBN 978-7-301-19103-3/G·3183
出版发行：	北京大学出版社（北京市海淀区成府路205号　100871）
网　　　址：	http://www.pup.cn
电子信箱：	zyjy@pup.cn
电　　　话：	邮购部 62752015　发行部 62750672　编辑部 62754934 出版部 62754962
印　刷　者：	河北滦县鑫华书刊印刷厂
经　销　者：	新华书店
	787毫米×1092毫米　16开本　14.5印张　353千字
	2011年7月第1版　2011年7月第1次印刷
定　　　价：	29.00元

未经许可，不得以任何方式复制或抄袭本书之部分或全部内容。
版权所有，侵权必究
举报电话：(010) 62752024　电子信箱：fd@pup.pku.edu.cn

内容简介

《校长视野中的政府教育管理职能转变》系全国教育科学"十五"规划重点课题(国家一般课题)"政府在市场经济条件下的教育管理职能转变与管理机制研究"(BFA010066)的最终成果。

本书主要以中小学教育管理者的视角,观察在社会主义市场经济体制下政府教育管理职能与运行机制转变的实践,探讨政府与学校的关系如何确定,政府教育管理职能如何定位并逐步完善,以促进基础教育的均衡发展和可持续发展;分析在城乡居民对基础教育愈益关注、受教育者及其家长权利意识生成的社会环境下,政府教育行政部门和中小学校长如何应对各种挑战的思路与对策。本书试图较全面地勾勒20世纪90年代以来,在市场经济体制下政府教育管理职能转变的理念、尝试与路径。

本书适合教育行政部门领导、中小学校长以及教育经济与管理专业的研究生阅读。

总 序

进入新的历史时期以来,一位好校长等同于一所好学校,正在成为社会各界的共识。据此,关注中小学教育的人们对校长提出了各种各样的要求,其中,教育界比较强调在中小学培养专家型校长,要求这类校长的价值取向是高度关爱学生与教师,精通教育教学,侧重于教育理论的积淀和教学权威的树立,即重视校长搞研究,做学问,著书立说,使校长成为教学专家、学术权威。在这个过程中的确涌现出一批有影响的校长,推动了学校的发展。领导与管理一所学校,从管理学的视角来看,至少涉及人、财、物、时间和信息五个管理要素的协调处理;以教育学的领域而言,也有德、智、体、美、劳五育的兼顾。对任何一个校长来说,仅靠自己的教学专长来管理学校都会遭遇捉襟见肘、鞭长莫及的尴尬。单纯对校长提出教学专家和学术权威方面的要求,已经不能满足新的历史条件下校长面临的各种问题与挑战的需要。因此,作为学校的领导者、教育者与管理者,校长不仅需要具备先进的教育理念和卓越的教学能力,更需要具备领导和管理学校的专业知识与能力,尤其是设计规划学校发展的能力。

从 20 世纪 80 年代后期开始,一些工业发达国家陆续启动了对中小学办学管理体制的改革,导致学校校长在国民教育体系中角色的变化与职能的扩大,校长越来越需要对教育的结果负责,或者更直接地说要对学生的学业成绩负责。这就使校长能否承担起这样的职责,如何承担起职责,谁最适合做校长,怎样成为一名合格乃至优秀的校长,成为发达国家教育讨论和改革中的一个热点问题。正是在这样的历史背景下,20 世纪 90 年代中期以后,一些发达国家以政府或非政府教育组织的名义,相继推出了国家或区域性的以突出专业能力为主旨的中小学校长专业标准。经过十余年的试行实践与修正,英国、美国、澳大利亚等国在近年来陆续形成了从内容到形式均比较完善的中小学校长专业标准。"他山之石,可以攻玉",发达国家已经出台并实施的中小学校长专业标准,较全面地反映了处于社会变革时代对校长应具有的专业素养的基本要求,提出了校长职业实现专业化的基础框架,明晰了校长的使命以及对学校应承担的职责。这种情形,表明了要成为一名优秀哪怕是合格的校长,就必须具有谋划学校发展的视野与理念,掌控、推进与改善学校全局工作的知识与能力。这也是研究和制定适应我国国情与基础教育特点的中小学校长专业标准的题中应有之义。

在中小学校长应该具备的专业能力中,规划设计学校发展的能力具有相当重要的位置。如何培养校长的规划设计学校发展的能力,引起了中外学校管理领域越来越多的专家和学者的关注,并受到教育行政部门和中小学校长的日益重视。

学校发展规划(School Develop Planning)既是目前国际上流行的一种全新的管理理念,又是一种全新的管理方式。它是在充分了解校情的基础上,通过"自下而上"(Bottom-up)和"自上而下"(Top-down)相结合的方式,由学校共同体成员一起来确定学校

— 1 —

未来的发展蓝图，寻找学校的优先发展项目，制订改革项目的行动计划，目的是将新的理念、新的规划方法引入校长的思维体系中，提高校长的管理能力，进而推动中小学的学校管理改革，促进中小学教育教学质量的提高。

作为一种新的管理理念的学校发展规划，主要强调两点：(1) 立足于规划意识，提炼一所学校的教育哲学。校长要树立强烈的规划意识，并在这种强烈的规划意识指导下，系统地梳理一所学校的办学思想，提炼一所学校的办学理念，明晰一所学校的发展定位，确定一所学校的培养目标。校长必须系统地考虑一所学校的办学理念、发展定位和培养目标，进而把它们提炼而成为一所学校的教育哲学。(2) 把学校发展规划当做一个动态的实施过程，而不是一个静态的"文本"。很多学校过去也制订计划文本，但是这种计划文本仅仅是这所学校装点门面的"墙壁文件"和"抽屉文件"，校长并没有把学校工作与发展规划结合在一起，并没有真正地去实施学校发展规划。学校发展规划的真正价值体现在它的实施过程之中，一份通过科学、规范的方法制定的学校发展规划，实施到什么程度，其价值就体现到什么程度。

作为一种新的管理方式的学校发展规划，主要强调四点：(1) 系统管理。学校是一个小型的社会系统，在管理中既要协调好系统内部的教学、德育、行政、后勤、学生工作等各个部门的关系，又要协调好系统外部的各种各样的社会关系，需要通过规划确立一个系统管理的方法。(2) 科学管理。学校办学，从一定程度上讲，其实就是科学地处理学校的"过去"、"现在"和"将来"的关系，分析过去，把握现在，预测将来，而过去、现在、将来之间关系的处理，需要一种科学的方法，需要通过一种科学的方法摸清家底、分析校情，也需要一种科学的方法来预测将来。迄今为止的规划学、发展学领域的许多研究成果，能够在方法层面给学校发展规划提供有益的启迪。(3) 自主管理。学校发展规划在中西方的产生和发展，与学校管理权力下放有着很大的关系，它不仅强调以校长为代表的学校领导，包括校级领导和中层领导，在学校管理上有自主权，也强调学校共同体的其他成员，如教职员工、家长、学生、社区代表等也有自主权，学校发展规划的流行，与校本管理、自主管理有着密切的关系。(4) 民主管理。学校发展规划的一个非常重要的理论基础是内源发展理论，它强调把学校共同体成员，尤其是教师和学生，作为学校发展的主体，通过"自下而上"和"自上而下"相结合的方式，制定与实施学校的发展规划，促进教师和学生的共同发展，促进学校的发展。从本质上讲，它是民主管理方式的体现。

基于上述考虑，我们编写了这套"学校规划与校长专业发展系列"丛书，该套丛书包括六本著作：(1)《学校发展规划：理论与方法》；(2)《中小学校长专业标准研究》；(3)《参与式规划与学校发展》；(4)《英国中小学发展规划》；(5)《学校发展规划案例集》；(6)《校长视野中的政府教育管理职能转变》。

编写这套丛书有三个目的：(1) 介绍学校发展规划与校长专业发展领域的最新成果，拓宽和加深学校发展规划与校长专业发展领域的研究；(2) 把学校发展规划与校长专业发展联系在一起，既有对最新相关理论的介绍，又有对相关内容和相关方法的分析，既有助于中小学校长的系统学习，又有助于为中小学校长培训提供一个有效的切入点；(3) 为中小学学校管理提供咨询、指导。

最后需要说明的是，本丛书在框架设计上征求了上海地区部分中小学校长的意见，也征求过一些教育管理专家的意见，我们力图在框架上体现理论与实践相结合的逻辑结构，既介绍最新的理论研究成果,又介绍实践过程中的做法。但是任何一种框架设计总避免不了人为的色彩,它肯定带有主编者的主观意图。好在对于人文社会科学而言,这种主观意图的表达也属于研究的组成部分。我们希望有关专家和读者能够提出更好的意见和建议!

陈建华　魏志春
2011 年 5 月于上海

目 录

第一章 中小学视野审视的政府教育管理职能 ... 1

第一节 政府职能对现代教育的作用与假说 ... 1
一、政府职能的扩大推动了现代教育的发展 ... 2
二、政府对教育发展的影响与制约的理论假说 ... 3
三、政府职能的过度扩张给教育发展带来的困境 ... 5

第二节 政府干预下的现代教育发展与改革 ... 7
一、政府对教育领域实行干预的必要性 ... 7
二、政府对教育领域实行干预的基本特点 ... 10
三、政府对教育领域实行干预的基本形式 ... 14

第三节 政府对教育领域干预的实现方式及其影响 ... 15
一、以管制形式出现的政府对教育领域的干预 ... 16
二、政府对教育领域的管制可能带来的主要缺陷 ... 17
三、政府对教育领域管制的规范与完善 ... 18

第二章 现代市场经济体制下的政府教育管理职能变革 ... 22

第一节 计划经济体制下的政府教育管理职能 ... 22
一、计划经济时期政府教育管理职能的形成 ... 22
二、计划经济时期政府教育管理职能的特征 ... 23

第二节 市场经济体制对政府教育管理职能的挑战 ... 24
一、所有权与管理权分离形成相对独立的教育机构 ... 24
二、多种办学体制形成的竞争格局 ... 25
三、多元利益格局下形成的教育资源获取途径 ... 29

第三节 转型时期政府教育管理职能转变的实证研究 ... 30
一、调查的基本状况与设计 ... 31
二、从学校视野透视的政府教育管理职能"越位"与"缺位"状况 ... 31

第四节 "渐进式"改革中的政府教育管理职能的转型 ... 36
一、发达国家政府教育管理职能转变的探索 ... 36

二、构建社会主义市场经济体制下教育的公共管理体制 …………………… 41

三、公共管理体制下政府教育管理职能的转型 …………………………………… 43

第三章 政府教育管理职能转变中的教育均衡发展　48

第一节 政府教育管理职能旨在推进教育公平 …………………………… 48

一、基础教育均衡发展的政治基础和法律基础 …………………………… 48

二、基础教育均衡发展与资源配置 …………………………………………… 49

三、基础教育均衡发展的内涵与标准 ………………………………………… 51

第二节 转型社会中教育公平遇到的挑战 ………………………………… 54

一、基础教育发展失衡的状况描述 …………………………………………… 54

二、基础教育发展失衡的原因简析 …………………………………………… 61

第三节 推进教育均衡发展实现政府教育管理职能的转型 ……………… 63

一、基础教育均衡发展是提升"普九"质量的必然要求 ………………… 63

二、调整教育财政政策加大转移支付的力度 ……………………………… 64

三、合理配置教师资源与均衡生源质量 …………………………………… 66

四、强化并完善学校督导评估机制 …………………………………………… 68

第四章 现代学校管理中家长与社区的管理职能转变　69

第一节 学校管理中家长、社区人员角色定位与职能的实证研究 …………………………………………………………………… 69

一、家长、社区人员参与现代学校管理的实证研究 ……………………… 70

二、学校管理中家长、社区人员角色定位与职能发挥的分析 …………………………………………………………………… 73

三、影响家长、社区人员参与学校管理因素的多元回归分析研究 …………………………………………………………… 79

四、家长、社区人员参与学校管理的认识论与社会根源分析 …………………………………………………………………… 81

五、现代学校管理中家长、社区人员角色定位与职能发挥的案例研究 ………………………………………………………… 83

第二节 学校管理中家长、社区人员角色与职能创新研究 ……………… 87

一、校本管理的理论及运作模式 …………………………………………… 87

二、建构家长、社区人员参与教育管理体制的尝试 ……………………… 89

三、发达国家家长、社区人员参与学校管理的共同特点 ………………… 93

四、现阶段家长、社区人员参与学校管理的角色和职能定位 ……………………………………………………………………… 95

五、家长、社区人员参与现代学校管理的实施保障 ……………………… 98

第五章 教育集团对政府教育管理职能转变的启示 　　101

第一节 教育集团产生的背景与理论基础……………………… 101
一、多种市场取向的办学体制实践及其影响……………… 101
二、教育集团的市场化改革与发展及其实践……………… 102
三、教育集团产生的理论基础……………………………… 103

第二节 教育集团的类型、组织结构及运行…………………… 106
一、教育集团的类型分析…………………………………… 106
二、教育集团的组织结构…………………………………… 111
三、教育集团的功能机构…………………………………… 113
四、教育集团的运行与治理………………………………… 115

第三节 教育集团发展及其对政府教育管理职能转变的启示…… 119
一、教育集团的发展趋势…………………………………… 119
二、教育集团运行方式具有的借鉴意义…………………… 122
三、教育集团运行方式需要完善的若干方面……………… 125

第六章 全球化背景下的政府教育管理职能变革 　　128

第一节 WTO给政府教育管理职能带来的影响……………… 128
一、WTO对政府教育管理职能理念变革的影响…………… 128
二、WTO对政府教育管理职能实践变革的影响…………… 130
三、WTO对政府教育管理制度变革的影响………………… 131

第二节 政府教育管理职能应对WTO冲击的分析研究……… 132
一、从交流到国际服务贸易的上海教育领域变革………… 132
二、WTO背景下上海教育服务贸易现状的分析…………… 135

第三节 构建政府、学校及社会"合力"应对
WTO冲击的对策……………………………………… 143
一、上海教育服务贸易的策略探讨………………………… 143
二、WTO规则下的政府教育管理职能的范围与发挥……… 144
三、扩大上海留学生的教育规模…………………………… 146
四、发展与规范管理留学中介机构………………………… 148
五、加强与完善上海的中外合作办学……………………… 150
六、满足选择性时代对学校教育的要求…………………… 152

附录一 政府教育行政部门与学校关系的调查问卷 　　155

附录二 家长、社区人员参与学校管理的研究调查问卷 　　158

附件三 课题成果公报 　　161

附件四　课题研究总报告　　　　　　　　　　　　　　　　　168

附件五　课题发表的相关成果　　　　　　　　　　　　　　　189

　　成果一　新阶段政府教育管理职能应如何转变……………………189

　　成果二　政府教育管理职能转变与管理机制研究……………………194

　　成果三　政府对教育领域管制的评析…………………………………197

　　成果四　公共管理视野下转制学校的困境与选择……………………204

　　成果五　转型时期现代学校制度的解析………………………………208

参考文献　　　　　　　　　　　　　　　　　　　　　　　　214

后　记　　　　　　　　　　　　　　　　　　　　　　　　　220

第一章 中小学视野审视的政府教育管理职能

人类社会的教育历史十分久远，但在工业革命以前，教育是一种私人事务。在传统的农业社会中，教育不承担培养和训练社会生产所需要的劳动力的职责。资本主义工厂制度建立前，劳动力主要在家庭范围内使用，劳动力的需求和供给以及对劳动力素质的要求，基本上在家庭范围内发生。以科学技术进步为基础的机器大工业的出现，资本主义雇佣劳动制度的实行，使生产技艺的传授主要通过生产过程中父子和师徒之间相传进行的古老方式，无法满足机器大工业对劳动力素质的要求。对劳动者的培养和训练，需要在社会生产过程以外的专门化的教育过程中来进行，并开始作为社会的公共需要提了出来，原先属于私人或教会世袭领地的教育，被要求属于社会公共事务的教育所替代。近代的普及义务教育制度由此建立，公立的中小学得以陆续开办，人类文明社会存在已久的教育活动，开始成为社会公共性事务。

第一节 政府职能对现代教育的作用与假说

现代中小学，绝大部分是由政府以满足社会公共需要的理由举办的。在我国，政府及其教育行政部门是中小学的直接领导者与具体管理者。政府如何实现对中小学的领导与管理，特别是在社会转型时期，怎样体现教育管理的职能；中小学如何贯彻和体现政府办国民教育的意图，办人民满意的教育，是政府和中小学及其他教育机构所面临的最主要问题。

现代国家的政府作为社会公共行政机构，是按照国家宪法和有关法律建立起来的管理国家行政事务的主体。同其他社会组织相比，从组织性质来看，公共行政组织有其突出的政治性，它是体现国家政体实质的社会组织，担负着国家重要的政治职能，它的全部管理活动体现着统治阶级的政治意志，代表着统治阶级的根本利益。从组织的职能来看，行政组织作为社会的管理者，它所提供的服务具有全面性，服务的受益者覆盖了全体社会成员，如监测和保护自然环境，有计划地控制人口增长，维持社会治安，兴建城乡基础设施，改善交通条件，向国民提供基本的教育与卫生服务等。同时，政府行政组织在职能行使上具有强制性，由于行政组织是公共权力的行使者，其职能的行使具有以国家权力意志为基础的强制性，以保证政府对整个社会的有效管理和控制，确保社会和公民的合法权益及社会秩序不受侵害。

一、政府职能的扩大推动了现代教育的发展

现代教育既是社会生产力发展的产物，也是现代国家的政府职能扩大的结果。马克思和恩格斯曾在多种场合论及国家的社会职能。马克思曾提到古代亚洲国家的"举办公共工程职能"。对于资本主义制度的国家，代表国家意志的政府具有两方面的职能，即"政府的监督劳动和全面干涉包括两方面：既包括执行由一切社会的性质产生的种种公共事务，又包括由政府同人民大众相对立而产生的各种特殊职能"。政府在行使公共权力方面除了维持现存的社会秩序和安全外，包括了"种种公共事务"。①

随着社会生产力发展水平的提高，社会公共事务的范围逐步扩大，政府职能的范围随之而扩大，与此相应的是，人们对政府承担社会公共事务范围的认识也经历了一个发展变化的过程。在资本主义早期，人们普遍倾向于政府管得越少越好，政府仅扮演着资本主义社会"守夜人"的角色，这在古典经济学理论的奠基人那里表达的非常清楚。斯密认为，政府的作用，一是保护社会，二是保护个人，三是建设和维护公共设施。② 尽管他提到了公共设施的问题，但这仅仅是从财政税收对国民财富发展影响的角度来划定政府的活动范围的。

在社会生产力发展的推动下，生产社会化水平得到了极大的提高，现代社会管理的日益复杂化，使人们对现代国家的政府职能有了新的认识。萨缪尔森在其《经济学》一书中论述了政府在包罗万象的职能中，"政府对市场经济主要行使三项职能：提高效率、增进公平以及促进宏观经济的稳定与增长。"人们这种认识产生的基础，在于进入20世纪以后，由于技术进步，生产的社会化，经济增长和社会发展，使政府的职能大大扩展，由政府提供的公共物品包括产品与服务的范围和数量不断增加，政府对公共事务的直接管理程度也大为加强。人们依据现代国家的政府在解决市场失灵与促进社会公平方面的作为，把它的职能大体上划分为积极大、中、小三种类型（参见表1-1）。从政府职能的范围划分中可以看到教育的产品与服务大都集中在中型职能的框架内，这就意味着即便是实行"有限政府"职能的国家中，促进教育的发展也仍然是政府的主要职能之一。现代社会中，政府是教育发展所需资源的主要提供者，这不仅是社会生产力发展的要求，也是现代国家为解决市场失灵问题，促进社会公平的职能所在。正因为如此，当今世界发达国家和许多发展中国家都把发展与改革教育、解决教育领域中的问题、推动教育的创新等作为国家最重要的发展目标之一，政府则将其作为施政纲领的主要议题。这种不约而同的普遍现象反映了现代社会教育同政府职能之间的密切联系，现代教育的发展与改革既离不开政府的资源投入，也无法摆脱政府的主导和控制。

---

① 马克思,恩格斯. 马克思恩格斯全集[M]. 中共中央马克思恩格斯列宁斯大林著作编译局,编译. 北京:人民出版社,1995.
② 〔英〕斯密. 国民财富的性质和原因的研究[M]. 郭大力,王亚南,译. 北京:商务印书馆,1972.

表 1-1　现代国家的政府职能类型①

	解决市场失灵问题			促进社会公平
小职能	提供纯粹的公共物品；国防、法律与秩序、财产所有权、宏观经济管理、公共医疗卫生			保护穷人；反贫穷计划；消除疾病
中型职能	解决外部效应：基础教育、环保	规范垄断企业；公共事业法规；反垄断政策	克服信息不完全问题；保险（医疗卫生、寿命、养老金）、金融法规、消费者保护	提供社会保险；再分配养老金；家庭津贴；失业保险
积极职能	协调私人活动；促进市场发展、集中各种举措			再分配；资产再分配

现代发达国家政府对教育的掌控，是工业化社会不断发展成熟的产物。由于社会生产力的高度发展和社会文明程度的提高，必须有政府的干预才能使教育满足居民的正常需要。第二次世界大战结束以后，当代资产阶级国家的政府职能比以往任何时期都扩大了，政府干预和调节经济以及社会活动达到了前所未有的深度和广度，干预和调节的形式和手段也日趋完备。在干预和调节的过程中，为了缓和经济危机，控制通货膨胀，增强竞争能力，使经济获得迅速而稳定的增长，实行广泛的社会保障制度，支持与发展各种内容和形式的教育是其中最重要的社会事务之一。同时，发达国家对教育的掌控和干预是全面的，特别是在教育所需资源的保障方面，政府拨出巨额支出予以优先支持；在教育运行的制度保证方面，提供法律和政策的保障，以期达到国家期望的目标。

第二次世界大战结束以后，主要资本主义发达国家普遍实行了一套覆盖范围较广的社会保障制度，教育是其中的重要内容，也是政府干预经济社会生活的重要方面之一。这些由政府出资举办的教育，其作用是通过对国民收入的再分配，一方面使社会不同阶层的居民收入不致过于悬殊，使贫困阶层、失业者以及丧失劳动能力的人也能得到包括义务教育、基本医疗服务在内的生活保障，从而避免社会矛盾的激化，维护社会的长治久安。此外，不同国家对社会教育制度与体制的选择也对教育的发展水平产生一定的影响，使经济发展水平大体相当的国家之间出现了教育发展水平的差异。

二、政府对教育发展的影响与制约的理论假说

资本主义国家对教育发展干预力度的加强，投入教育领域的公共资源不断增加的趋势，验证了西方一些学者有关政府对包括教育在内的社会公共事务不断扩大干预范围和力度的假说。

（一）政府活动扩张论（"瓦格纳法则"）

根据瓦格纳法则，随着经济的增长，工业化的发展必然伴随着公共部门活动的不断扩张。按照现代西方财政学的先驱马斯格雷夫的解释，瓦格纳所论证的并不是一个随机事

---

① 世界银行.1997年世界发展报告[M].北京：中国财政经济出版社，1997.

件，而是一个"法则"，其主要原因可追溯到三个主要因素，即经济中的结构性变革、社会的民主化和对社会正义的日益增加的关注。经济部门之间相互依赖性的增加、城市化和技术的变革将扩大对公共服务的需求。自给自足的农业家庭的衰落以及作为自我维持的单位的家庭的减少，进一步增加了对公共服务的需求。这是因为工业化的发展使得社会分工和生产的专业化日益加强，经济交往频繁并且日趋复杂化引发社会中的各种矛盾和摩擦增加，这就必然要求公共部门的职能不断扩大，产生更多的社会公共事务的管理和保护活动，以确保经济活动能够符合经济和社会健康稳定持续发展的要求。由于工业化的发展促进了社会进步，人们对文化和社会福利服务的要求增加，政府出于公平分配的理由应予以提供，公共支出在整体经济中的比重便会不断上升。政府活动扩张论强调政府的职能不仅限于用法律保护人身和财产安全的范围，还应当适应工业化的发展的需要，相应增加文化和社会福利式的服务。如对教育文化的需求，会随着社会的进步而上升，因此政府有义务予以提供，促进公共教育的发展，并改善教育的社会服务职能。

"二战"结束以来的半个多世纪，发达国家政府的职能范围有了很大的扩展，集中表现为对整个社会经济生活的干预，尤其是在社会公共事务领域。当然，具体干预的领域会因各个国家当时追求的具体目标不同而有所差别。进入20世纪90年代以后，各国政府加强干预的重点集中在科技、教育以及环保与对外经济关系方面。为此，马斯格雷夫指出："当一个人回顾西方世界在20世纪走过的历程时，将会发现公共部门的增长已经成为西方世界在20世纪决定性的特征。"① 公共教育部门的大多数扩张发生在20世纪后半期，而且各个国家以不同的速度扩张，公共教育机构这个增长趋势在西方世界一直保持着。

（二）官僚行为增长论

政府在教育领域职能范围的扩大和作用的增强，固然出于教育对整个经济和社会发展与进步的日益重要，但是现代国家的制度结构与政府决策模式也对教育的发展产生了重要的影响。现代国家对教育的掌控包括政策的制定、投资方向以及行政等，是通过各级政府机构来具体实施的。经济学家尼斯卡南认为，政府机构通常是由一些"受过严格专业训练的公共决策的长期执行者"组成，"他们专注于长期的公共利益，并掌握丰富的专业技能和大量的信息"；他们的合理目标是"为其所在的部门争取最大化的规模"，行为的鲜明特点是"追求预算规模的最大化"。② 因此，他们在处理教育所提供的产品与服务时，并不按照消费的边际收益等于生产的边际成本这一经济学最优原则行事，他们的行为约束要宽松得多，只要不到入不敷出的地步，就可以自行其是。

根据官僚行为增长理论的解释，公共决策的执行者是这样来追求预算规模最大化的：(1)利用所掌握的信息和经验说服和争取（政府），使他们相信、支持自己所在机构的预算是维护公共利益的迫切需要；(2)如果达不到理想目标，将会通过降低工作效率，拖沓地工作。做到这一点并不难，其一是公共服务领域缺乏竞争对手，提供的产品与服务往往是垄断性的；其二是绩效不易考核与衡量，干好干坏难以判断，为自我辩解留有很大的余地。

官僚行为增长论解释了政府在推进教育发展过程中的许多内在因素作用，阐明了在提

---

① 〔美〕布坎南，马斯格雷夫. 公共财政与公共选择：两种截然不同的国家观[M]. 类承曜，译. 北京：中国财政经济出版社，2000.
② 刘宇飞. 当代西方财政学[M]. 北京：北京大学出版社，2000.

供公共物品上存在市场失灵的同时,也会发生"政府失灵"的一个重要原因。以"受过严格专业训练的公共决策的执行者"组成的政府机构,由于长期关注某种公共利益,事实上就将管理者个人的职业生涯与发展前景,同这种一定时间和有限空间的"公共利益"结合在一起,一荣俱荣,一损俱损。为实现自己管辖范围的教育产品与服务部门或机构规模最大化,无疑是突显工作绩效的合理选择;为实现这一目标,理所当然地追求最大可能的资源投入,由于教育产品与服务的绩效有难以衡量的特点,提供这些产品与服务的部门或机构通常难以将利润、效益等经济指标作为唯一的目标。因此,他们很少甚至根本不考虑成本问题;而一旦教育产品与服务未能满足社会公众的需要时,他们又几乎无例外地将问题归咎于预算的不足或决策者的短视。在这种制度结构下,政府鉴于社会公共需要的政治压力,常常会不加甄别或难以甄别官僚的要求,做出满足他们追逐规模最大化的预算要求。这种状况可以在较短的时间内给某级或某类教育带来快速的发展,但是常常会使该领域的产品与服务的供给大大超出社会需求,造成各种资源的极大浪费,社会则将为之付出长期的成本。

"政府行为扩张论"和"官僚行为增长论"等揭示的现象及其弊端,是现代国家公共事务中的通病。在中国现代化过程中,传统农业社会"父母官"的行政观念和行为根深蒂固,演化出所谓"为官一任,造福一方"的英雄意识,使不少政府官员存有"天将降大任于斯人"的主观决断倾向。在教育领域中通常表现为这样两种情形:一方面是过高地估计自己权力对教育领域各种事务的干预能力,任意扩大政府权力的行使边界,"管制"范围无所不包,无隙不入,管了许多"不该管"、"管不好"和"管不了"的事;另一方面是受"任期目标制"及"目标责任制"等的驱使,"短期行为"滋生与蔓延,在时间的偏好上注重近期忽视长远,过高地估计教育项目的短期收益,并会用各种理由盲目扩大教育供给,如建示范学校,树窗口学校,上各种名目的新项目,造就了许多"形象工程"、"政绩工程"、"首长工程"。

政府官员对教育领域的强制性干预意识的形成还同现阶段社会公众对市场失灵的担心和对"全能"政府的预期有关。在一个习惯于决策权力高度集中的社会中,人们总希望有一个包治社会百病的"全能政府",明君贤臣更是植根于中国传统文化中永不泯灭的理想火花。因此,人们期待和相信政府应该并且能够解决人们想要它解决的任何社会问题。由于传统计划经济体制下政府对社会各个领域的强控制,加之政府曾有过集中力量办大事的成功先例,而市场失灵导致教育产品与服务供给秩序混乱现象的一时涌现,于是人们对政府的教育管理效能深信不疑,这也为政府职能的过度扩张创设了社会环境。

三、政府职能的过度扩张给教育发展带来的困境

现代教育的发展是与政府职能的不断扩大直接关联的,可以说是因为"大政府"的理念才有了现阶段教育的发展规模与水平;但也正是"大政府"理念导向下的政府职能的过度扩张导致了诸多的负面效应,使公共教育的维持和进一步发展陷入了困境。在一些发达的工业化国家中,政府职能的过度扩张突出表现在将教育产品与服务的供给同实施所谓的"福利国家"制度捆绑在一起。

所谓的"福利国家",按照西方学者的解释,就是有意识地运用国家政治和组织的管理力量,努力减少市场力量发生作用的范围。它主要体现在以下三个方面:第一是保证个

人和家庭的最低收入；第二是使个人和家庭能够应付"社会意外事故"，如生病、年老和失业等；第三是保证一定范围内的社会服务领域向所有公民提供他们所能得到的最好服务。福利国家是对资本主义市场经济进行国家干预的一种形式，它由一系列国家法律保证和政府组织的社会福利制度所构成，它通过转移补贴、政府筹资为个人提供健康、教育以及照顾残疾人、老人和儿童的公共服务实现的。当代工业发达国家的福利制度各有特点，实施的福利项目众多，各国的具体内容和规定也不尽相同，并且随着经济形式的变化而不断调整，但大体上可以把它分为两大类，即社会保障和社会服务。它们的共同点表现为，国家通过发展社会福利制度调节国民收入分配，试图平等地向社会公众提供教育产品与服务，发展国民教育和公共卫生，为现代化大生产提供高素质的劳动力，刺激和扩大需求，促进社会资本再生产的顺利进行。同时，通过国家立法，使享受教育服务等社会福利成为公民的一项基本权利，保证劳动者及其家庭最基本的生活水平，缓和社会矛盾，避免社会冲突，给人们以一定程度的安全感和稳定感。

工业发达国家的教育产品与服务的供给，一方面与其广泛的社会保障制度的建立相联系。从社会保障开支方面提供支持和补助的项目看，包括了公共卫生、健康医疗、儿童照顾、教育和培训方面的支持和补助项目等等。其中有不以个人经济状况为转移的带有普遍性的公共福利补贴，如给单亲家庭、孤儿抚育、分娩、产假、儿童入学等的家庭津贴；也有对残疾人、抚养儿童的低收入家庭提供的社会援助。另一方面，也是主要方面，则是通过社会服务体现出来的。这些社会服务是由国家举办的包括公共教育、医疗保健和为残疾人、老人和儿童服务的公益事业等在内的各种公营机构来提供的。这些机构遵循的是普遍受益原则，提供的服务不以公民个人的经济状况为转移，它们活动所需的支出主要来源于国家财政拨款。这种形式所占比重的大小是"福利国家"水平的标志。

"福利国家"制度的实践反映在教育产品与服务的供给上，突出的表现是受益对象是社会全体成员，项目齐全，标准较高，重平等，轻效率。但是由于政府揽的范围过广，包的项目过多，设置的标准过高，也给教育的可持续发展带来一系列难题，主要有：(1) 教育公共支出规模过大，造成政府财政赤字，居民税负日益加重，社会不满情绪上升；(2) 过高的教育服务水准，最终将通过各种税收转化为生产成本，而生产成本的提高，必然影响产品的国际竞争能力。政府教育管理职能的过度扩张不可避免地产生诸多的消极作用，使多种教育机构的服务效率低下，投入教育领域的各种资源浪费惊人，既能使人们对教育对经济增长的促进作用产生了怀疑，也使社会和居民对教育领域的投入热情和积极性受到很大的影响。在经济增长较快，国内外市场迅速扩大的情况下，这种影响一时难以公开显露出来。20世纪70年代以后，西方经济状况发生逆转，通货膨胀，失业增加，企业盈利下降，政府财政困难加重，预算赤字连年扩大，就使"福利国家"的教育产生了一定程度的危机，维持大规模、高水准的教育产品与服务范围和质量显得难以为继。

如果由政府包揽所有包含公共利益的物品的提供，其优点是可以全方位地顾及社会公众的需要，但是公共利益的复杂性使政府往往难以做到。首先，因为教育的产品与服务一旦完全由政府提供，其资金来源必然是税收。加大政府对公共性的提供，也就意味着增加对社会公众的税收，任何一个社会的税收必然是有限度的，这就使政府所能提供的公共利益在许多方面受到限制。其次，现代社会公共利益的复杂性，使有些教育的产品与服务的提供，从长远和整体来看，是符合社会整体发展需要的，也将使社会公众普遍受益。但是，从即时和局部来看，则并不一定显现社会公众的普遍需求，而具有较明显的个人收益性，如果由政府提供便会产生所谓的"绝对强制"问题，那些没有对这些产品与服务具有需求的居民也要为此纳税，这就会在丧失税收公平性的同时也失去教育的社会公平性。此外，以"绝对强制"形式提供的公共物品通常需要由国家立法予以保证，政府执行法律则必须对全体公民一视同仁，持不同意见者也必须无条件接受，从而限制了政府对一些含有公共利益物品的提供。为了应对这些难题，发达国家不得不重新审视政府的职能，着手进行不同程度的社会福利制度的改革，调整国家包揽教育的范围和项目，以走出困境。

教育具有的社会公益性等一般特点突出反映了作为公共权力机构的政府在该领域职能扩张的现实，并且比竞争性的经济领域带有更多的人为的、主观的色彩。随着现代市场经济的发育，社会不同阶层和群体的利益开始生成，并存在不断分化和发展的趋向，会形成依时事而变动的各种利益集团。他们在表达自身利益时，自然会通过包括新闻媒体在内的各种诉求管道向政府和社会发出对市场失灵进行干预的声音。在信息时代，大众传媒无疑是社会各种诉求的最重要的途径，但市场环境中的新闻媒体本身就存在委身于某一利益集团的可能。因此，媒体传播的信息可能是真实的，也可能是片面的，片面的原因或者是因为服务于某一阶层或集团的特殊利益，或者是未能有效地处理原始材料，抑或就是个别媒体为追求某种轰动效应，通过这些社会公关活动，以降低社会公众对市场失灵的容忍程度，促成政府扩大对教育领域管理的范围和程度，满足一些阶层与集团的要求。

第二节 政府干预下的现代教育发展与改革

现代教育一方面是工业化或工业文明的产物，另一方面它又推动了工业化社会的发展，弥补了工业化社会进程中的缺陷，起到了完善工业文明的巨大作用，并促进了工业化社会向未来社会的转变。可以说现代教育是民族国家实现现代化的基础，它的发展程度也是国家现代化程度的标志。教育在现代社会中的重要使命是培养和造就社会合格的公民。教育通过自己提供的产品与服务，促进社会公众在道德、文化科学水平和身体素质等方面的全面提升。

一、政府对教育领域实行干预的必要性

教育在现代社会中的作用与基本性质决定了它的运行管理既不同于竞争市场的私人经济部门，也有别于公共权力机构的运作，从而表现出自身管理上的一系列特点。

（一）政府干预保证学校及其他教育机构的社会公益性

所谓社会公益性，是指兼顾社会整体即期和长远的需要表现出来的公共利益，这种利益不是社会中个体利益的简单数学加总，也不单独指向某一社会群体利益，或以一个社会中特定多数人的利益为表现，并且通常表现为非经济的利益。以满足社会公共需要和增进公共利益为目标，从事培养人的专业性活动的学校及其他教育机构，社会公益性是其最一般的特征。

在现代市场经济体制下，市场机制对社会资源的配置起着基础性的作用，社会公众需要的私人物品由市场提供。市场通常是组织经济活动的一种好方法，"但并不是完善的资源配置方式"。由于市场活动的主体是各种各样的企业，企业组织的目标是非常明确的，即

利益最大化。在追求利益最大化的过程中,企业向消费者提供的物品着眼于物品本身的市场价值,而对提供的物品及其过程的外部效应一般不会去自觉顾及。按照外部性理论的解释,消费者或生产者的任何活动都可能对其他人带来利益或损失,无论是活动引起旁观者受益,带来了正的外部效应(外部经济),还是活动导致旁观者利益受损,产生了负的外部效应(外部不经济),对于这些,市场经济的主体一般不会去主动顾及。在相互作用的市场主体之间,某一主体的行为对旁观者产生外部经济或外部不经济,而该主体又没有从旁观者那里获得报酬或未向旁观者支付补偿,就会产生私人成本和社会成本的偏离、私人收益和社会收益的偏离,也就不可避免地产生企业利益、个人利益和社会公共利益之间的矛盾。无论是理论分析,还是市场经济已有的几百年历史经验,都表明单凭市场机制的作用,现代企业组织对公共利益常常难以得到顾及。

为了解决企业利益、个人利益和社会公共利益之间的矛盾,就需要作为公共权力机构的政府保证公共利益的实现。现代社会中公共利益具有多样性和复杂性,但是由于种种原因,政府也只是"有时可以改善市场结果"。[①] 在提供公共利益方面,有如市场失灵那样,政府也并非万能,同样有无能为力或效率低下的情形。因此,在现代社会中有大量的公共利益是由包括教育机构在内的专业性组织提供的,它既有克服企业在提供公共利益方面的天然缺陷的作用,又有弥补政府在提供公共利益方面的限制与不足的功能。因此,学校这类专业性组织同时具有"雪中送炭"和"锦上添花"两种功能,对于处在社会转型期的我国现阶段社会就显得特别重要,尤其是前者。通过政府的干预,教育组织的作用应当向贫困地区和弱势群体倾斜,如农民、进城打工者、下岗职工、退休人员、失业者、老弱病残者等。教育组织不仅要向他们提供慈善性的福利,更重要的是帮助他们获得平等参与的条件,也就是保障弱者取得社会公正的权利。这就需要政府为提供公共利益的学校设置必要的制度环境,制定与实施有效的政策措施,调控投入教育领域的社会资源,以保证学校及其他教育机构的公益性质。

(二)政府干预保证学校及其他教育组织的非营利性

学校及其他教育机构的非营利性,主要是指从事教育活动的部门与组织不以获取利润为自己的目标,也不以活动的盈利用于组织成员的收入分配,它是一个同处于竞争市场中的组织相对应的概念。

在竞争市场中,所有的组织(主要指厂商)当然是营利性的,即组织的目标以营利为指向,并将所获得的收益用于组织成员的分配。营利同时也是组织发展的动力,当社会经济符合一定条件时,营利性企业就会按照一定的数量和价格提供产品和服务,从而使整个社会资源处于一种最优配置状态。要达到这一状态,必须满足这样几项条件:(1)消费者掌握充分的信息,能够对厂商所提供的产品与服务进行准确的比较;(2)消费者在购买时,能对所购买的产品与服务及其价格同厂商达成协议;(3)交易发生后,如果厂商违背协议,消费者可得到补偿。显然,在现实的市场交易中,不是所有的产品与服务都能满足以上条件的。受产品与服务本身特殊性因素的制约,消费者往往在交易前无法获得充分的信息,也难以在交易后准确地评价产品与服务的数量和质量。这样,厂商在营利性动机的驱使下,就会为自身利益采取投机行为,导致其提供的产品与服务的数量和质量低于协议规定

---

① 〔美〕曼昆:经济学原理(上册)[M]. 梁小民,译. 北京:生活·读书·新知三联书店,1999.

的要求，消费者也无法用协议来约束提供者的投机行为。教育领域中的许多产品和服务通常也具有这样一些特点。如果教育机构如同厂商一般行事，就必然会使作为教育服务接受者的学生及其家庭处于非常不利的境地，社会资源的浪费也将不可避免。

厂商营利性目标驱使下所产生的结果常常不可避免地同社会公益性的要求相悖，这是营利性行为本身同社会公益目标的实现存在难以调和的矛盾所致。同时，还会使社会资源出现无端浪费，难以达到最优配置状态。如果教育机构也同竞争市场中的厂商一般行事，那么，其社会公益性就无从谈起。因此，教育部门与机构的公益性质决定了它的非营利性。

现代社会的教育部门与机构的非营利性主要表现在以下几个方面。

1. 非营利性是现代教育机构区别于厂商的主要特征

但非营利性的教育机构又不同于慈善组织或纯福利性组织，它在一定活动范围内和程度上存在着营利行为，但这种营利活动同厂商的营利有着本质的区别。

（1）教育组织的非营利性与营利活动

教育组织的非营利性，并非一概要求教育组织不从事营利活动，而是以营利作为自身发展所需的资源，并用以维持组织所开展的活动，扩大组织活动的范围，提高活动与服务的质量，它不将营利所得用于组织成员的收入分配。因为教育组织所提供的许多物品并不完全是纯公共物品，一些产品与服务还具有较明显的个人收益性，或提供的服务只满足了一部分人的需要和利益，教育组织运行与发展所需的资金来源便不可能像政府机构那样全部由税收支撑。为了使教育机构提供的产品与服务的范围更广、质量更高，同时也从降低公共财政的压力和谋求市场的支持着眼，在现代市场经济体制下，并不排斥社会教育机构向其服务对象收取费用的做法，甚至在一定程度上把它作为维系某些教育机构持续发展的经济支柱。

（2）教育组织的绩效不以营利为标准

教育机构对自身产品与服务提供的收费与厂商的销售收入，从本质上说是有严格区别的。这种区别正是教育组织的社会公益性决定的。作为营利性组织的厂商，无论是竞争企业还是垄断企业，其所做出的任何决策最终都是为了增加公司的利润，为股东积聚更多的资本，利润是衡量其管理绩效的最终标准。而非营利性的教育组织的成效大小并非以利润为准绳，而是以是否充分挖掘组织资源，为目标群体提供服务的多少及其效果，即组织对公共利益的效用状况来评价。

2. 教育组织保持非营利性的理由

尽管在现代社会中教育组织事实上存在的营利行为是一种普遍现象，但并不能因此否认它继续保持非营利性的必要性。因为，不坚持教育的非营利性，将无法应对现代社会面临的各种挑战。

（1）教育组织之所以保持其非营利性的特点，就是使其在提供产品与服务过程中，没有动机去采取投机行为，包括为谋取私利而降低产品与服务的质量或提高价格等，更没有理由对使用与服务对象采取欺诈手段。从教育组织的自身发展来说，非营利性可能会导致其在降低成本和扩大规模方面的动力不足，但教育组织因非营利性所创造的社会效益与促成良好社会环境方面的功能将远远抵消它所产生的不利影响。

（2）教育组织之所以保持非营利性的要求，还因为它提供的产品与服务经常具有特殊的公益性。尽管现代社会的科学文化水平有了极大的进步，居民生活的文明程度也有很大的提高，但仍无法做到使人们在各种情况下都能根据自己的最佳利益行动，即使在外部条件已具备的情形下，仍然会因为固执或缺乏理性而做出不明智的行为选择，采取同自己根本利益背道而驰的方式行事。因此，教育领域所提供的产品与服务，为最大限度地实现公益性目标，有时并不存在对消费者主权的尊重，不是以简单化地满足个人偏好为标准的。一些教育产品与服务的提供恰恰是要矫正居民不利于其自身最大利益的行为。

（3）教育机构的收费被规定为是非营利性的，还在于收费主体都不同程度地享受了政府的财政补贴或政策优惠。因此，收费部分只能以补足自身产品与服务的成本耗费为限，对本部门或本机构的经费支出作部分或全部补偿。这种补偿不同于一般的经营性收费，主要表现为政府有意识地将收费标准约束在保本或微利的水平上，从而使事业性收费成为一种不足值的收费。因而，教育的收费标准的制定不同于竞争市场中商品的价格形成机制。对于提供教育产品与服务的机构来说，其价值的补偿，一方面来自收费的收入，收费不足值部分则依靠政府财政补贴的投入。

现代教育机构所提供的各种产品与服务，其经营管理程度不同地满足各个领域中的公共需要。对于属于公共物品的事业，如义务教育，政府有责任和义务直接进行投资和举办，对于属于准公共物品的、义务教育以外的各种类型的教育事业，政府也有责任直接或间接投资举办，并根据其提供的产品与服务的性质、功能和特点，通过不同形式和不同程度的补贴，对其生产经营成本进行必要的和适当的补偿。在市场经济条件下，提供准公共物品的教育门类及其机构繁多复杂，满足社会公共需要的方向、程度各有不同，体现公共利益的范围也有很大的区别，提供各项准公共产品与服务的教育组织市场化程度悬殊，从市场交换中获取成本补偿的能力也相去甚远。因此，以补贴形式出现的政府补偿，对于教育的运作和发展就具有重要的扶持作用，而确定补贴的范围、程度和力度，建立科学、合理、有效的补偿制度便成为现代教育持续健康发展的基本保证，政府干预是现代教育发展的必然要求。

二、政府对教育领域实行干预的基本特点

（一）主导和制定教育发展规划

教育领域之所以受到各国政府的高度重视，成为政府干预的重点，这其中既有教育历来属于社会主要的公共事务领域的缘故，但也同世界各国在由工业社会转向信息社会过程中合格人才的缺乏有关。因此，各国的政府纷纷出台各种推进教育发展与改革的规划，为经济增长、科技进步和社会发展奠定良好的教育与人才培养基础。尽管各国在教育领域奉行的理念不同，政治、教育体制也存在巨大的差异，教育规划的内容与形式更是多样，但都体现了一些共同特点，也反映了政府对教育领域干预的着眼点。

1. 为科技进步制订人才培养计划

建立在科学技术发展基础上的现代经济与社会进步，需要教育作为中介和载体去实现。科技进步是现代生产力中最活跃、最重要的因素。在人类历史发展的进程中，为了生存，为了提高生活质量，人们总是力求创造更多的物质财富，向自然界的广度和深度进军，征服自然，改造自然。这就要求依靠持续的科技进步，不断改善和提高生产力诸要素的水平，以及推进它们之间的优化组合。经济增长的主要因素是资本投入、劳动投入和科

技进步，科技进步对经济增长的促进作用，通过多种表现的形式与途径，使投入社会生产的资本、劳动不变，而产出成倍增加；或在保持同等产出时，大大减少资本、劳动等生产要素的投入，极大地提高社会生产过程中的投入与产出之比，生产出大大超过劳动力再生产费用的剩余产品；通过科技进步来缩短社会生产必要时间，延长剩余劳动时间，从而使社会财富不断增加。科技进步已成为促进现代经济增长的主要因素。

在当今世界各国的经济发展中，科技进步所起的作用越来越大。在20世纪初，一些发达国家的经济增长额中，科技进步的贡献仅占10%～15%，到了20世纪中叶则上升至约40%，七八十年代以后普遍提高到60%以上。美国1964—1976年国民生产总值年平均增长率为3.61%，其中依靠技术进步获得的增长为2.6%，即占71%。日本1952—1968年国民生产总值年平均增长率为9.5%，其中科技进步占65%。但科技进步所起的作用，无论是通过发明创造和使用新的生产工具、设备和新的生产工艺，还是研制开发与运用新材料和新能源，都必须通过教育这一中介与载体将科技知识转化为劳动者拥有的知识与技能，才能使劳动力创造出远远超过本身价值的价值。在高新技术产业扩大、传统产业部门改造、经济各领域急剧发展变化的社会转型期间，人才的问题已成为关系到国家与社会能否顺利适应转变的关键。按照工业化模式建立起来的现行教育制度、体制、内容以及方法都存在着无法适应新时代要求的缺陷，教育改革与发展已成为国际社会面临的共同挑战，如何培养符合时代要求的新人，不仅要求学生具有较丰富的知识专业水平和较强的理论修养，而且要求他们具有较强的创新意识和实践能力，以适应日益激化的竞争社会的需要。为此，跨入新世纪门槛的各国政府都将改革教育列为施政的重点之一，即使面对普遍的财政问题甚至危机，也仍然保持和继续增加公共教育的支出。依托于教育对各种科技专门人才的训练，突出创新型人才的培养，成为各国政府制定教育规划的重点。

2. 为现代经济发展奠定人力资本

进入20世纪60年代以后，世界各国便开始意识到经济的竞争、国家综合国力的竞争归根结底是人才的竞争、教育的竞争。诺贝尔经济学奖得主，美国芝加哥大学舒尔茨教授提出的人力资本理论极大地拓展和加深了人们对教育在现代经济发展中地位与作用的认识，促进了教育乃至保健等在内的整个教育在经济与社会发展中地位的提升。舒尔茨认为，人力资本的主要内容包括四个方面，即教育支出、劳动力再培训支出、卫生保健支出以及用于劳动力的流动支出等。舒尔茨运用"经济增长余数分析法"于1961年求出了美国1929—1957年国民经济增长额中约有33%是由教育形成的人力资本做出的贡献。另一位经济学家丹尼森于1962年运用"因素分析法"得出的同期美国教育的贡献率为23%。[①]

对教育收益率的定量研究充分表明教育能给个体和社会（国家）都带来收益，不管他们的数据差距有多大，但都可以看出教育在国民经济中的重要地位。按照舒尔茨的说法，人力资本是与物力资本相对应的概念，两者共同构成了全资本。在现代经济条件下，人力资本投资作用大于物力资本投资的作用；教育投资是人力资本的核心；教育投资收益率高于物力投资收益率。人力资本理论揭示教育不再仅仅是过去认为的那种公共福利事业，也不再仅仅是一种消费品，在现代市场经济条件下更应当将其作为一种投资，这种投资首先是增进了个体的人力资本，进而促进了一个地区或国家的总体人力资本增加。正因为教育

---

① 王善迈.教育投入与产出研究[M].石家庄:河北教育出版社,1996.

在其中的核心作用，教育才能成为一种教育服务，一种为增进个体人力资本的服务。与此同时，教育服务因具有与土地、劳动力和资本等同样的生产性，是现代经济发展中具有先导性、全局性作用的基础产业。

尽管发达市场经济国家的国民教育经过数百年的历程，公民受教育的程度普遍较高，但是，在人力资本理论的影响下，不仅发达国家，也包括发展中国家先后进入了一个高度重视教育发展的时代，对教育投入大量的资金，发展起终身教育体系，重视教师的待遇和培训。各国政府在纷纷延长普及义务教育实施年限，推进高等教育大众化的同时，重视职业教育和职工技术培训，依托信息技术的进步，发展远程教育，以保证经济和社会发展对高素质劳动者和各种专门人才的需要。管理学大师德鲁克在论及教育对实现有效的管理作用时，曾经这样写道："如果说教育能使知识工作者具有生产性的话，那么对美国这个世界上最富有的国家来说，真正的优势是教育"。[①]

（二）倡导与推行社会主流价值观

在现代社会中，绝大多数物品的提供是通过各种社会组织去实现的，满足人们日常生活的衣、食、住、行等的，通过经济领域的各种企业组织去完成；满足国家和人民安全与秩序需要的，通过国家机器——政府、军队、警察组织与司法机构去实现；满足社会公共需要的教育、科学、文化、卫生等，也是通过学校、科研院所、艺术团体和医疗机构等组织提供的。现代学校是培养和造就社会合格公民的主要承担者，政府的干预就必然体现在用社会主流价值观渗透、影响乃至规定学校教育的过程。

我国的教育事业及其各级各类学校直接肩负培养社会主义社会合格公民的重任。学校是有目的、有计划、有专门教师组成的社会专业性组织，具有根据社会主流意识形态和价值观确立的教育方针与教育理念，实施包括公民的基本道德教育、社会伦理教育和科学教育等在内的全面发展教育，拥有按照教育工作特点和规律构建的课程内容，包括教学计划、教学大纲和教科书；有根据人的认知特点和掌握科学文化知识体系内在要求而实施的教学方式，包括教育设施设备、手段和方法；有满足人的社会化过程需要的良性的社会互动环境和活动体系，包括学校、班集体、学习小组、师生关系和同学关系等；具有促进个人自我发展与基本素质提高所需的能力培养和各种优秀文化的熏陶。因此，当今世界各国无一例外地将培养和造就社会合格公民的希望寄托于学校教育。

为了使年青一代担负起中华民族实现伟大复兴的使命，教育不仅要主动适应经济和社会发展对人力资源开发的迫切需要，而且还要适应社会主义民主政治和法制建设的历史性要求，满足建设社会主义精神文明的需要。因此，各级各类学校必须坚持社会主义办学方向，贯彻党的教育方针，坚持对学生进行爱国主义、社会主义的思想教育，使学生树立科学的世界观、人生观和价值观，成为"有理想、有道德、有文化、有纪律"、德智体美等全面发展的社会主义事业建设者和接班人。实现这一培养目标的要求，学校就必须在教育过程中全面推进素质教育，把德育放在重要的位置，坚持学习科学文化与加强思想修养的统一、坚持学习书本知识与投身社会实践的统一、坚持实现自我价值与服务祖国人民的统一、坚持树立远大理想与进行艰苦奋斗的统一，引导学生树立正确的思想政治观念，掌握科学文化基础知识，培养他们具有创新意识和实践能力，形成具有收集处理信息、获取新

---

① 〔美〕彼得·德鲁克. 有效的管理者［M］. 北京：工人出版社，1989.

知识、分析解决问题的能力，以及团结协作、适应竞争合作与职业变化的能力。

即使在美国这样物质文明高度发达、盛行个人自由的国家，除了要求青年学习专业知识，培养创造精神之外，同样强调品德教育。针对美国在20世纪80年代以后出现的"国民品性危机"和校园中普遍出现的种种颓废甚至犯罪现象，在教育专家和社会有识之士的强烈呼吁下，联邦、州政府以及地方教育当局也把加强品德教育作为教育规划或视察的重要内容，提倡品德教育与知识教育的结合。他们认为，如果学校培养的毕业生只是有丰富的知识，但没有责任心，不诚实也不关心别人，即便是才华横溢，美国也不会变得更强大。对新世纪人才的要求是使年青一代有广阔的胸怀，有较高的道德水平，在智、德、体、美等方面都具有较高的素质。

（三）推进教育的社会公平

教育公平是一种古已有之的美好理想。从中国古代教育家孔子的"富而后教"、"有教无类"，到古希腊哲学家柏拉图的《理想国》所主张的所有儿童都应该接受机会均等的公共教育；从空想社会主义者莫尔、宗教改革家马丁·路德、教育家夸美纽斯等人大声疾呼"人人都可接受教育"，到法国思想家卢梭和美国近代教育家贺拉斯·曼明确提出教育机会应该人人均等。因此，从某种意义上可以说，一部人类教育史也是一部人类争取教育公平的发展史。到了现代，教育公平几乎已成为天经地义无须证明的人权和公理。

现代社会的教育不仅具有很强的功利价值，被称为经济发展的加速器、科学技术的孵化器，同时还具有十分重要的非功利的价值，具有促进社会平等、保持社会稳定的平衡器、稳定器的功能。教育这种特殊的社会功能决定了教育公平成为现代教育的基本价值，同时，教育公平也已经成为各国制定教育制度和教育政策的基本出发点之一。原因有两点。第一，公民的受教育权利被视为基本人权的重要组成部分。1948年12月联合国大会通过的《世界人权宣言》将"受教育权"确认为一项人权。对此，《中华人民共和国宪法》（以下简称《宪法》）第四十六条也明确规定："中华人民共和国公民有受教育的权利和义务。"全国人大常委会于1995年3月18日通过的《中华人民共和国教育法》（以下简称《教育法》）第九条进一步规定："中华人民共和国公民有受教育的权利和义务。公民不分民族、种族、性别、职业、财产状况、宗教信仰等，依法享有平等的受教育机会。"第二，教育本身就是实现社会平等"最伟大的工具"。教育能增长人的见识，使人掌握生存的技能和本领，从而给人提供公平竞争、向上流动的机会，帮助弱势群体改善其生存状态，减少社会性的不公平。通过受教育，能使人改变因为出身不同而形成的差距，增进社会公平。

教育公平是社会公平价值在教育领域的延伸和体现，其包括三个主要层次的公平，即教育起点上的公平、教育过程中的公平和教育结果的公平。首先，教育起点的公平包括受教育权利平等和受教育机会均等两个方面。也就是说，作为国家公民不论其种族、民族、性别、职业、出身、财产、宗教信仰如何，每个人都享有平等的受教育的权利和机会。美国政治学家乔·萨托利主张把机会平等分为平等进入和平等起点，"平等进入就是在进取和升迁方面没有歧视，为平等的能力提供平等的进入机会……平等起点的概念则提出了一个完全不同的基本问题，即如何平等地发展个人潜力。"[①] 其次，在享有教育机会平等的基

---

① 〔美〕乔·萨托利.民主新论[M].冯克利,阎克文,译.上海:东方出版社,1993.

础上享有的是教育活动过程的公平。教育活动是一个复杂的过程，教育活动中的教育公平也相应的较为复杂，包括主观和客观两个方面，在主观方面教育公平主要体现在教育者在教育活动过程中公平地对待每一个教育对象，教育者应根据学生由于先天素质和后天环境造成的差异做到因材施教，并且真正做到尊重学生的个性和人格；在客观方面，教育公平主要是指同类学校的教育物质条件大体一致，师资力量水平与学校类型、级别相符合，并与同类学校大体一致。最后一个层次的公平是教育结果的公平。教育活动的结果就是培养出有个性的人，这本身就会产生不均等的教育结果。因而从教育结果来看，教育公平不是让所有的受教育者都达到同样的发展程度以示平等，教育结果应是培养出适应社会多样需求的人才类型；不是简单的某一方面素质的平等发展，而是综合个性的全面发展；不是划一的千人一面，而是在具备了基本的知识、能力、道德素质的基础上，呈现出个性潜力并得以充分挖掘且正确对待与评价的不同类型的人才。

教育公平是比较复杂的价值概念，绝对的和抽象的教育公平是不存在和不可能的。教育公平只能是相对于特定历史条件下的具体公平，但人们对教育公平美好理想的追求又是永恒的，这种不懈追求，也是产生基础教育均衡发展政策的因素之一。

三、政府对教育领域实行干预的基本形式

（一）政府对教育机构实施管理的形式

在我国现阶段，政府对庞大的国民教育体系的管理是通过各级行政权力机构的活动来实现的，运用这种层层节制的行政隶属关系将政府有关教育运作、发展与改革的法律法规、政策和措施落到实处。面对规模巨大的各类教育和为数众多的教育机构与人员，政府必须对其进行分级、分类的控制和管理。分级分类表现为不同级别和不同类别的政府机构和行政部门作为政府权力的实际运用者，代表政府意志的行使和社会公共利益的具体实现。政府及其教育行政部门以国家的名义管理所有公立教育的资源和财产。在政府教育行政部门下面是各种类型学校及其他教育机构，它们的主要职能是运用政府赋予的各种资源去实现政府的目标，满足社会公共需要。对于学校来说，它的主管部门就是国家所有权的化身；对于下级行政部门来说，上级行政主管部门同样是国家所有权的化身。从这个意义上说，学校及其他教育机构，和上级行政部门或行政主管部门之间，是一种完全的隶属关系。

按照政府的管理体制，学校属于社会公益性和非营利性的组织，它们主要分布在除党政机关、社会团体和社区管理机构以外的"教育、科学、文化艺术及广播电视业"、"卫生体育和社会福利事业"。这些学校一般都直接受政府有关党政机关的管理，政府向它们提供"行政事业费"作为其资金基础，因而与企业组织相比较，它们与政府机关的各方面关系更加密切，这主要表现在我国的学校管理实行分级财政、分级管理；在同级财政中又实行综合管理与行业行政主管部门管理相结合的方式。学校的单位登记、人事、财政、产权等分别由机构编制管理部门、人事部门、财政部门或授权主管部门管理，行业行政主管部门主要负责学校的业务指导与管理。

（二）政府对教育机构实施管理的特殊性

学校及其他教育机构与政府组织一样，在其组织发展过程中也会形成庞大臃肿的机构和官僚主义。经验表明，一个教育组织如形成较大的规模，并承担了大量原先由政府所提

供的服务职能，通常该组织的结构就会渐趋演变为类似于政府的科层制管理模式。这一现象在"官本位"盛行的社会环境下表现得尤为突出。由于教育机构的职能毕竟不同于政府组织的职能，其从事的领域具有较强的专业化特点，这种专业化特点主要反映在产品与服务上，组织成员以专业人员为主体，各种活动内容与形式具有浓郁的专业性色彩，这就形成了不同于政府组织的，适合其自身专业特点的管理体制、结构与规则。尽管教育机构所需的资源与政府组织有一定的共同性，但对经营补偿的需要使得教育组织的运营与管理必须享有较大程度的独立性和自主性，能够自主治理、独立运营、自治自立。

尽管现阶段学校及其他教育机构和上级行政部门或行政主管部门之间存有隶属关系，但是，教育组织不应被视作政府部门的附属机构，它已成为面向社会提供教育产品与服务的独立的事业法人。它的运作不同于政府机关，它不是一个行政化的组织。通过一个相对独立性的组织向社会公众提供服务，可以有效地降低政府投入的成本，因为独立组织所耗费的成本要低于政府部门。发展教育组织可以促进社会人力资源的合理配置，推进政府机构的改革与政府职能的转换，并实行规范化和制度化的管理，以显示出教育在满足社会公益方面的多层次性和选择性。这些面向社会提供教育产品与服务的机构绝大多数是专业性单位组织，从事专门的技术性工作，因而不仅学校本身带有很强的专业技术特征，而且其中的成员大都具有较高的教育和专业技术水平。经济体制和政府事业管理体制的改革，学校具有某种程度的自主权，事业法人的地位已经确立，并开始逐渐面对一定程度市场化的社会环境，已成为相对独立的专业性组织。

在实行社会主义市场经济体制下，我国的教育部门和机构的绝大多数在性质上都是"公营"机构。因此，对公立学校及其他教育机构来说，它还并不具备完全的自主权，只是拥有了某种程度的自主权，它所拥有的资源或财产，实质上都不属于自己，即某个法人或自然人所有，而依然是政府和政府的财产。学校在体制改革中获得的"自主权"是政府授权，具体地说是来自于自己所属的政府部门或上级主管部门的授权，而不是某个法人或自然人自身所有的权利。政府对事业组织资源的所有权，决定了政府对事业组织的干预和控制。教育组织对其资源和财产的各种基本权利是政府给予的，它们只是受政府的委托，按照政府的意志对这些资源和财产进行管理。现在的各类教育机构对已经划入自己管辖范围的资源和财产具有程度不同的占有、使用、处置和享用的权力，特别是后三种权力。可以说，学校及其他教育机构的自主权是一种具有极大"弹性"的管理权利。

第三节 政府对教育领域干预的实现方式及其影响

现代社会中，政府不仅是一国教育发展所需资源的主要支撑者，而且也是教育发展的组织者和教育改革的推动者。但是作为公共权力机构的政府本身并不直接向社会提供教育产品与服务，而是依法律法规，制定教育的公共政策，运用公共财政资源，通过社会化的专业组织即各种学校及其他教育机构去实现的。为区别于国家对竞争市场的私人经济部门与厂商的监控，也有别于公共权力机构自身的运作方式，政府对教育领域的介入与干预主要是以管制的形式出现，以实现政府对教育领域的意图与管理。

一、以管制形式出现的政府对教育领域的干预

（一）政府对教育领域实行管制的必要性

政府对教育领域的产品与服务的管制主要表现为政府以强制性手段实现对教育机构决策与行为及其结果的限制。在现代市场经济体制下，教育产品与服务由不同的教育部门与机构所提供，出于对效率的追求，必然要求在一定范围内引入市场机制，提倡一定程度的竞争，这就为自然垄断在教育领域的形成创设了外部条件。如果在教育产品与服务的提供上也因竞争机制的引入而出现自然垄断，将扭曲教育部门和机构的公益性和非营利性，使教育领域的社会资源配置丧失效率，更无法保证社会的公共利益。由于教育机构提供的产品与服务具有社会公益性质，需要向社会公众提供基本相同的利益，为了避免教育产品与服务提供上自然垄断的形成，政府的管制就显得十分必要。因此，几乎所有的教育领域都不同程度的存在政府的管制，这也是政府对教育领域介入与干预的主要表现形式。

（二）政府对教育领域管制的主要手段与措施

1. 制定管制价格，维护教育产品与服务的分配效率

在保证社会公众对教育产品与服务享用的普遍性方面，政府可选择的管制措施包括以下几种。

（1）价格管制，即由政府规定教育产品与服务的收费标准或价格。这是针对竞争机制引入教育领域可能产生的自然垄断而采用的干预措施。现代市场经济环境中，一般教育产品与服务的提供主体具有多元性，以现阶段我国教育领域为例，既有公立学校又有民办学校，为了保证受教育者及其家庭的利益，政府不仅对各级各类学校的学费标准作了限定，也对学校的其他收费做出规定。

（2）政府在垄断部门建立公共生产，并从效率和社会福利角度规定价格。所谓公共生产，是指政府在教育领域所从事的活动，如政府投资建立各种学校，提供多样化的教育产品与服务。只要投资来源于政府，生产资料归政府所有，所从事的生产都是公共生产。教育是现代社会生存和发展的必需品，也是维系社会稳定的基础性因素，为了保证其产品与服务提供的高度稳定性和连续性，政府需要对教育领域实行严格的管制，设立进入与退出壁垒，控制某些办学机构因无利可图或因见利思迁任意放弃教育服务的提供，因此给社会公众的正常生活带来震荡。因此，政府对教育部门与机构多采用直接投资和直接管理的形式，从提高社会整体效率的角度和纳入社会福利体系的方式，对公共教育领域所需的资源进行计划配置，制定带有社会福利性的收费标准。

2. 实行信息管制，解决教育服务供给者与需求者之间的信息不对称问题

政府可以制定法规或颁布政策要求供给者全面、公正、及时地公开其提供的教育产品与服务的信息，并使这些信息符合国家有关法律法规和政策的规定。如学校应公示各项规章制度，尤其是学生守则以及对家长的要求，向学生及其家长通报学生学业和行为表现的实际情况，公示学校学费标准以及其他各项收费的项目与标准，并说明各个项目设立的理由和收费的依据。与此同时，政府还要组织有关部门对学校及其他教育机构进行各种内容与形式的监督检查，并按照存在问题的影响范围和性质在不同的范围内公布监督检查的结果。

3. 实行质量管制，保证教育产品与服务的基本质量

由于教育领域提供的产品与服务种类繁多，且具有一定的专业性；即使教育的需求者花费大量的时间和精力予以解读，也未必能对其价值做出准确的判断，信息不对称的问题十分突出。为使社会公众能够选择理性的求学方式，就需要通过公共管制的方法来消除这类缺陷。如家长往往很难对自己的孩子上什么类型的学校、学校的教育环境与设施、教学制度与措施等是否符合学生身心健康成长的要求，以及对学生在学校中的学业状况如何等做出合理的判断，特别是专业性或职业类型的学校就更难以把握。为此，政府不仅要向学生及其家长提供可供求学的信息，还要提供可供他们进行选择的依据，这就要求政府对教育产品与服务实行质量管制，在教育领域内就表现为政府对不同层级和类型学校设立办学条件和标准，并定期对它们进行督导与评估。对达不到规定标准和不符合检查要求的教育机构进行清理或限期整改，并采取相应的处罚措施。

4. 实行资格管制，以事先杜绝教育产品与服务过程中的缺陷

所谓资格管制，是由政府决定谁有资格从事教育产品与服务的提供。政府针对不同的教育领域制定各自的进入标准，不符合标准的就不能登记注册或批准。教育产品与服务事关社会公共利益，产品与服务的质量不仅要在提供过程中得到保证，还应当使质量缺陷尽可能在事先杜绝，这就产生了对进入教育领域的资格管制。它可以将政府认为不符合公共利益的产品与服务挡在教育领域之外，起到防患于未然的作用。资格管制的实行也是实施质量管制的重要前提，通过政府管制的方法来消除市场机制可能引出的缺陷。如调动社会力量办学，固然增加了教育产品与服务的类别，扩大了教育领域的资源投入，但办一所学校必须有相当规模的物力和财力的投入，更要有一定的合格师资力量的投入。如果不严格规定社会力量办学的条件，就有可能出现不顾条件的限制盲目上马，使一些无自己独立校舍、师资和稳定资金来源的"草台班子"混迹于教育领域，最终使学生这一教育服务需求者或消费者的权益受损。因此，对社会力量办学实施办学许可证制度，实行办学的资格管制，是保证教育质量的重要前提，它既是对教育服务消费者权益的保护，也净化了教育事业的发展环境。

二、政府对教育领域的管制可能带来的主要缺陷

市场经济制度下，市场机制在整个社会的资源配置中发挥基础作用是普遍规律。在现代社会生活中，市场的触角无所不在，作为一国经济和社会的有机组成部分，教育机构也不可能完全游离于市场经济规律支配之外。因此，必须承认教育的各个领域程度不同地存在着市场，其产品和服务除了自身的独特价值之外，也还具有各自的商品价值。从满足社会公共需要的观点来看，不同阶段与类别教育的属性是有区别的。教育产品与服务在具有社会公益性的同时，也体现了十分明显的私人收益特征，居民个人通过接受教育，提升了个人的人力资本，获得了工作能力与迁移能力，这种收益主要归个人所有。因此，教育在促进社会公共利益的同时，它所提供的收益也具有一定的私人化特征，在教育资源稀缺的条件下，居民个人受到教育，就会减少另一个人的受教育机会，而教育所提供的收益，包括谋取较好的职业、得到较高的收入、享有较高的社会地位等，基本上是由受教育者自己占有的。

教育领域是一个提供混合物品的领域，它所产出的大量的是一种兼具社会公益和私人

收益的准公共产品与服务。在现实社会中，教育并不完全以公共资源作为依托，或者说公共支出不是其唯一的财政来源。不仅如此，在一些偏重于私人收益的教育产品与服务上，公共财政甚至不是这些相应部门和机构主要的资源。在一定范围和程度上运用市场机制和规则实现这些教育产品与服务的价值就成为教育投资来源和经营补偿的重要途径，而且也是扩大教育服务范围、提高教育产品质量和服务效率的必然选择。

正因为如此，以政府管制这种强制性形式出现的干预措施，在教育产品与服务的提供方面就会产生一些重大的缺陷。政府管制的实质在于让公共权力机构代替教育服务的实际需求者，由前者在教育产品与服务的效益和代价之间做出选择。如义务教育阶段学生的按居住区域划片入学，就是明显的事例。

首先，容易导致教育机构的低效率。义务教育阶段学生的就近入学，特别对小学阶段的低年级学生来说，既去除了学龄儿童因学校地处遥远的奔波之苦，又能解家长工作的后顾之忧。但是，这种通过政府教育主管部门的规定得到稳定的入学人群，在保证学校教学秩序和教职工工作稳定的同时，也往往形成学校及其成员在工作上的惰性，缺乏对学生的关爱和工作的进取性，更缺少对学生及其家长的服务意识与行为，甚至导致不少学校内部机构重叠，人浮于事，设备闲置，效率十分低下。

其次，管制者偏好带来的缺陷。仍以义务教育阶段的学校办学状况为例，假定政府的管制是有助于提高学校的教育质量的，事实上，政府的管制行为中也包含了为保证质量的监督检查措施，如定期对实施义务教育的学校进行督导。但是，现阶段政府在这些学校的运行管理中所扮演的角色是重叠的，地方教育行政部门既是办学者、管理者，又是监督者，而且在政府内部分工体系中，管理者的地位通常高于监督者，有的干脆集两者为一身。这就使学校办学过程中出现的偏差或缺陷不可能得到及时的更正与解决。

另外，政府管制为产生"寻租"行为提供了机会。政府对教育领域管制的实施使管理者拥有批准或不批准的权力，这种权力同时也有了用来为私人、集团或部门利益服务的机会。掌握管制权力的机构和人员就有可能用审批权力来换取私利。这种情况下，政府管制便起不到为教育产品与服务的需求者提供真实信息和质量监督保证的作用。一种情况是管制者可能因接受了被管制者的某种利益，批准或许可了原本不该允许的学校、项目与行为；另一种情况可能是管制者无法或难以从被管制者那里得到什么利益，或者管制者在认知与价值判断方面的原因，使按规定原本应当获得批准的学校、项目与行为得不到批准或许可。

三、政府对教育领域管制的规范与完善

（一）政府对教育领域管制范围与形式的变革

改革开放以来，我国的教育领域向社会提供的产品与服务的范围不断扩大，但是，不同的教育领域的事业的进一步发展都面临着多种制约，随着社会主义市场经济体制的基本确立和逐步完善，经济和社会生活的市场化程度也不断提高，这就使深化教育管理体制的改革，调整与变革政府对教育领域管制范围和形式显得十分重要。

中国经济持续多年的快速增长，使大多数地区居民的物质生活水平有了明显的提高。但是，社会物质文明进步的同时，社会精神文明水平的提高却相对滞后，尽管大多数城乡居民正在逐步实现脱贫致富，但其中许多人并未相应摆脱各种落后、愚昧和陈腐的观念与

生活方式。教育等各项全面提高中华民族的文化科学素质、劳动技能素质、身体素质和思想品德素质的事业远未发挥它们本应具有的作用，在某些方面正在成为保持经济和社会可持续发展的瓶颈和隐患，其根本原因是制度建设的严重滞后。因此，建设适应现代市场经济体制的教育制度已成为深化改革的当务之急。这种制度既要不同于计划经济体制下的传统教育事业制度，也应区别于市场经济条件下的现代政府制度和现代企业制度，它涉及教育内外的多个方面和多种层次的关系，是包括影响和制约事业部门与机构运作的内外各种相关管理制度的总称。

1. 重新调整和完善政府对教育管理的职能范围

转变政府的管理职能，突出地表现在政府在教育领域的管理定位问题。首先是政府职能的"到位"问题，该政府管的必须管到管好，如义务教育领域，政府必须承担起公共权力机构所赋予的职责，以社会公平为追求目标，加大政府财政的支撑力度，公共财政应当成为公立中小学机构的主要投入直至全部投入，并使之制度化和规范化，使这些外部性影响最为显著的事业得到持续稳定的发展。确保这些提供纯社会公益性产品与服务的部门与机构不因受市场经济社会的逐利性而被边缘化。其次，解决政府职能的"越位"问题，不该政府管的坚决不管，如一些市场化程度很高的教育产品与服务，那些可以并已经实现企业化运作的教育部门与机构，政府职能应当转变直接管理者的身份，从"运动员"的角色退役，担当起监控者的角色，还政府以"游戏"规则制定者和"裁判员"的正确身份定位。

2. 甄别现有教育部门与机构提供产品与服务的属性

现有教育的规模极其庞大，教育机构功能边界模糊不清的状况非常严重，营利与非营利行为混淆。常常是公益性事业被推进市场，使居民通过市场交易来获得这些产品与服务，从而迫使提供它们的部门与机构将公共物品当作私人物品，实行等价交换、优质优价等一系列市场规则，损害了教育部门与机构的声誉，最终导致社会效率降低。而一些完全可以或者已经按市场规则办事的教育产品与服务又被当作纯公益事业对待，使这些部门和机构既得到了政府财政的支持，又通过市场交易而获益，这就加剧了公共财政的紧张状况，也是造成教育领域各部门、机构之间苦乐不均的根源。因此，分清现有不同类型的教育产品与服务的属性，区分营利与非营利的机构，既是政府管理职能进一步转变的需要，也是规范政府财政对教育供给的必要前提。

3. 规范政府财政对教育供给的规则和机制

由于政事不分的状况依然存在，条块分割的传统教育事业管理体制的影响，市场经济体制下的利益驱动，使许多政府机构还在忙于直接举办一些"事业"，这不仅泛化了政府的职能范围，挤占了大量的教育发展经费，加剧了教育发展的困难局面，还同时造成政府对教育的管理职能难以转变和收缩，机构重复设置，办事效率低下，致使教育管理机构日益膨胀。在公共财政负担不堪忍受的条件下，又不加区别地导入市场机制，使教育领域中的市场秩序紊乱，乱摊派、乱集资、乱收费成为不同教育领域中屡禁不绝的现象，如学校乱收费的现象，在一些地区甚至被居民列为各行业不正之风的榜首。这种现象的产生是市场机制在这些领域的不恰当运用和不规范所造成的。解决这些问题的出路只能是调整和规范政府职能，才能保证教育领域公共财政投入的方向和重点，向义务教育阶段的学校及其他社会公益性突出的教育机构倾斜。在加大财政对教育投入力度的同时，剥离已经市场化的教育机构对财政的依赖，净化政府财政性事业经费支出的内容；对实际上按企业化运作的学校实行与财政脱钩，强化教育支出的预算约束和监督审计，提高政府用于教育支出的效果。

作为公共物品，义务教育在世界各国都严格限制市场机制的侵入，这几乎是持不同价值观念的人们的共识。在教育领域的其他部门，尽管人们对市场作用产生的利弊存有不同的看法，各国的具体做法也存在较大的差异，但在允许市场机制的介入方面则有一些共同之处，即不排斥市场在教育领域中的资源配置功能的发挥。不过，在价格、竞争、风险等市场机制在教育领域的运用方面，情况就变得十分复杂。公立教育领域中，涉及学额资源和公营教育机构的设置等方面，主要还是通过公共选择机制进行，基本上规避价格、风险机制的介入，市场影响的力度相当有限。竞争机制在进入20世纪90年代以后得到了全面引入，开始反映在教师的遴选、聘任与晋升等方面，并逐步在教育机构的绩效衡量等方面发挥作用；而对于市场机制的作用范围划定，则有着多种不同的情况，但无论是公立教育还是私立教育领域，教育机构的市场性行为主要依靠政府颁布的法律法规来约束，并受到较严格的限制，因为教育机构不可能也不被允许像私人经济领域中的企业那样，完全依靠价格机制的运用，获得足够的资源。倡导与推行竞争也是有限制的，因为教育毕竟是一个不完全的市场，运用风险机制或倡导企业家的冒险精神来取得学校经营业绩则可能给教育带来较多的负面影响。

（二）政府对教育领域的管制应受到约束

资源相对于人类社会不断增长的需求而言总是有限的、稀缺的，教育领域也不例外，这就迫使人们必须追求教育资源的合理、有效、充分的利用，即高效率地配置教育资源。但是，政府机制进行的资源配置通常不是高效率的。如上所述的经济学家瓦格纳的"政府行为扩张论"和尼斯卡南的"官僚行为增长论"等描述的现象及其弊端是现代国家公共事务管理中的通病，也同样给政府对教育领域的管制带来困境。

同经济领域的竞争性产业不同的是，政府用于教育领域的投入与产出效益难以精确衡量，在公共教育项目上的扩张意识与行为通常缺乏客观的约束，这就使政府部门缺乏足够的动力考虑其行为的效率。尽管从理论上说，许多服务并不强制公众接受，公众有选择的权利，但现实的状况往往是居民拒绝这种供给而自行选择消费方式，可能因地域、时间和信息的关系会使其付出的成本更高。因此，现代市场经济体制下的政府对教育领域的管制政策与行为应同计划经济时代无所不包的"全能"政府有着根本性的区别，为使管制不至于成为某些利益阶层或集团实现目的的途径，避免在消除自然形成的垄断过程中又人为打造出以政府名义实行的垄断，政府对教育领域的管制应当受到约束。

（三）如何约束政府对教育领域的管制行为

深化教育管理体制的改革，目的是建立起适应现代市场经济体制要求的教育制度，以向社会提供更多和更好的教育产品与服务，满足社会精神文明建设和人民群众日益增长的多方面需要。教育产品与服务的供给最终由各种类型的学校来完成，供给水平的高低、产品与服务的结构、品质和质量等，最终取决于学校的组织效率。从这个意义上说，必须规范与完善政府对教育领域的管制，才能实现政府教育管理职能的转变，避免教育领域内对市场机制的滥用和传统计划体制的回归。

1. 实行政事分开，建立健全学校事业法人制度

深化教育管理体制的改革，既是重新调整和完善政府教育管理职能范围的过程，同时也应当是实行政事分开的过程。在政府对教育领域的管制范围内，应当实行政事分开，以促进政府的教育管理职能从微观管理转向宏观管理，政府及其行政部门不再以行政命令、指示、规定或指令性计划等行政措施和手段为主，直接领导和管理学校，以改变学校作为政府附属机构的地位。政府还应当建立健全学校事业法人制度，使学校享有与政府机关平等的法律地位，具有独立的法人资格，具有民事权利能力和民事行为能力，成为享有法定权利与义务的实体，在组织目标的确立、人员构成、经费使用、内部分配等方面拥有自主权，依法面向社会自主开展教育教学等活动，从而为约束政府对教育的管制范围提供前提条件。政府的介入与干预应着重放在为教育机构运作创设良好的外部环境，提供高效率的行政服务上。通过学校的自主发展和自我约束，增强学校对社会的适应与服务能力，促进各类学校发展及其成员工作的主动性、积极性和创造性，提高教育产品与服务的质量。

2. 建立适应现代市场经济体制的新型教育组织模式

计划经济体制下的学校及其他教育机构是政府的附属物，管理运作以上级计划、命令为依据，科层规则严格，官僚主义盛行，组织模式与政府机构几无差别。深化教育管理体制的改革还需改变仿效政府机关建立起来的学校组织模式，推进现代学校的结构与功能创新，以有效约束政府对教育领域的管制。现代学校的体制创新包括事业领导体制、人事管理体制、财务管理体制和监督约束体制的创新。在领导体制创新方面，以政事分开为体制框架，取消学校的行政级别和淡化行政隶属关系，由学校相关各方组成民主、科学的领导决策权力机构，保证学校独立决策和自主经营管理。在人事管理体制创新方面，打破人才的部门、地区和单位所有制，依托社会化的劳动保障制度的建立，运用和发挥生产要素市场在人力资源配置上的作用，使学校组织的成员由"国家人"、"单位人"转向"契约人"；在激励机制方面，学校组织内部要引入竞争机制，建立健全完善的用人机制，并实行多样化的劳动分配制度，充分调动组织内部各类成员的劳动积极性、主动性和创造性；在财务管理体制创新上，通过规范化的国有资产管理制度的施行，建立和健全学校的成本核算制度和经费收入与支出管理制度，规范学校的收支管理，提高教育经费使用的效益，实现国有资产的合理有效利用。

在新型的学校制度的创建过程中，建立对学校的监督约束机制极其重要。传统学校作为政府机关的附属物，只受上级行政部门的制约，这对学校的监督与约束既有单一化的缺陷，也有简便化的优点。当学校成为独立的面向社会自主提供事业产品与服务的法人实体时，信息不对称的状况可能愈加突出。因此，在实施政事分开，淡化行政隶属关系的过程中，必须同时培育多元化的监督与制约主体，以制止或减少因信息不对称而造成的学校"败德"行为。在创新和强化政府对相关教育领域行政执法的内容、形式与手段的同时，应建立和加强学校的内外部民主监督制度，扩大法制约束的途径，增强法制监督的力度，建立起社会公众对学校的评价制度和实施常规监督的有效渠道，以推进教育事业的可持续发展。

第二章　现代市场经济体制下的
　　　　政府教育管理职能变革

随着社会主义市场经济体制在我国的确立和不断完善，人们日益认识到教育是一种准公共物品，教育管理也应当是教育的管理。因此在社会主义市场经济逐步发展的背景下，我国计划经济体制下形成的政府教育管理职能受到了挑战，本书认为这些挑战是社会转型时期计划经济体制下形成的旧的政府教育管理职能范式无法解释和解决的例外，只有在新的即市场经济条件下政府教育管理职能范式的产生才能使得这些例外获得完满解释和解决，最终推动教育的不断发展。

第一节　计划经济体制下的政府教育管理职能

一、计划经济时期政府教育管理职能的形成

1949年中华人民共和国成立以后，现代教育在中国开始得到迅速发展。从20世纪50年代起实施的国家工业化建设过程中，借鉴苏联模式，我国在经济和社会各个领域先后采取了一系列公有化措施，建立起了以中央政府高度集权为特征的计划经济体制，并逐步形成了与此相适应的经济管理模式和教育管理模式。这一体制主要的特征是，中央政府控制了经济及社会各个领域的人力、物力和财力资源的配置权力。政府直接组织和管理经济和其他社会各项活动，直接控制整个经济和社会各项活动的进行。政府被赋予了无限的权力，也必然承担起相应的责任与义务。在计划经济体制下，国家不仅包办企业，也包办了包括教育、科学、文化、卫生在内的各种社会事业，逐步形成了国家所有、国家经营、国家管理，政企不分、政事不分、政企事一体化的管理模式。

在我国建立起以公有制为主体的社会主义政治经济制度的同时，也建立起了单一国有化的教育机构。除了建立由政府投资和直接管理的公立学校、公立医院等之外，还伴随着生产资料所有制的社会主义改造进程，逐步将旧中国遗留下来的各类学校、医院及文化团体收归国有。到1957年，基本建立起了以国家为单一举办主体和政府直接管理学校及其他教育机构为特征的教育制度，并将整个教育的发展纳入了国家计划管理的轨道。这一制度的确立与施行迅速改变了旧中国公共教育发展水平极其落后的状况，极大地推进了教育事业的发展，居民受教育的规模持续扩大，各级各类学校迅速建立与发展，各学龄段人口的入学率和教育水平不断提高，国民受教育程度有了大幅度上升，学校教育教学设施设备的建设也取得了长足的进步，国家的教育面貌焕然一新。

二、计划经济时期政府教育管理职能的特征

以政府为单一主体举办和直接管理教育的体制,通常被人们称为传统教育管理体制,其基本特点就是政府对教育及其机构不分层次、类别、属性的统包统揽,政事不分,无论是教育整体发展还是教育机构的专业与业务活动,事无巨细均由政府及其行政主管部门严密控制,政府的行为决定了整个教育的一切方面。政府包揽的结果使教育提供的产品与服务既同教育的发展水平密切相关,更受制于经济体制、财政体制和政府组织机构职能的发展变化。参照产品经济模式的要求,国家对整个社会实行分层次、分部门的条块管理,权力集中于中央。中央政府通过高度集中的计划体制分配社会资源和平衡各地区、各部门的利益。各类教育的发展,不仅要由中央一级负责制定有关方针、政策,规定统一的制度,即便是各类事业机构的各项业务工作,也基本由国家统一规定。尤其是教育发展必须的各种资源投入与分配,在以统收统支为特征的高度集中的财政体制下,且不说教育机构本身,即便是县(市)乃至地(市)一级地方政府也没有多少自主权去发展教育,更没有主动配置教育资源的能力。传统教育管理体制的基本特征主要表现为以下若干方面。

(一)教育举办主体单一化

国家包办一切教育,是传统计划经济体制的一个基本特征。中华人民共和国成立初期,国家并没有包办所有的教育,就教育领域而言,当时还存在着相当数量的私立、私营以及外国教会举办的学校,高、中、初等教育都有。后来,通过接收教会学校,对各种私立、私营学校进行改造,形成了公办学校一统天下的格局。教育的国有化改造使国家成为教育的唯一举办主体,并由国家包办了教育的一切。

(二)教育机构的行政化

行政化是传统教育管理体制的一个重要特征。在国家包办一切教育的制度框架内,政府充当了教育的举办者或所有者、行政管理者和各种教育机构业务组织者的多重角色,极大地扩展了政府行政的范围和职能。政府行政与教育管理之间缺乏明确和规范的责、权、利界限,国家包办乃至直接控制教育机构的人力、物力、财力等几乎一切事务,使政府的行政职能严重泛化,政事不分、政事一体化,各级各类教育机构都具有相应的行政级别,事业机构变成了政府部门的附属物。政府及其行政主管部门以行政方式管理各类教育机构,它们的发展目标、任务、人员编制、岗位设置、人事任免、设施设备的配置、经费的安排与使用等均由上级行政主管部门通过行政管理系统,采用命令、指示、规定和指令性计划等行政手段来直接领导和管理其所属的各类事业机构。

(三)教育资源配置的非社会化

由于传统计划经济体制的封闭性,条块分割的弊端,使原本十分有限的教育资源的配置走了一条低效率的非社会化的道路。在传统计划管理体制下,人力资源、物力资源等的地方所有、部门所有乃至单位所有,各地区、部门和单位之间互不通有无,互不开放,相互分割,相互封闭,造成了各地区、各部门和各单位都追求"大而全"、"小而全"的发展模式,纷纷建立各自所属的教育体系和机构,形成了"政出多门"与"事出多门"的教育发展格局。以教育领域为例,诸多部委和企业部门不单要培养本专业的技术人才,往往要培养该部门所需要的几乎一切人才。中央各部委几乎都拥有部属的普通高等学校和中等专业学校,国有大中型企业、大专院校和科研院所等也几乎都有所属的中小学校。这种各门

各户的分割与封闭相叠加的非社会化的教育发展模式是教育资源不合理配置和大量浪费的重要根源。国家包办一切教育，是通过各级政府、政府各职能部门及其所属的各类企事业单位来实现的，各地区、各部门、各单位为了自身的利益，各自为"政"、各自办"学校"、办"医院"。表面上轰轰烈烈，其实是把国家办教育变形为行政办教育、部门办学校、企业办学校的局面，造成低水平的重复建设，必然降低各类教育资源的利用效率。学校专业人员的工作效率和专业设施设备的利用率都十分低下。

（四）教育机构职能的扩大化

在传统的计划经济体制下，由于政事不分的事业管理模式，行政系统处于绝对统治地位，导致事业机构行政化，混淆了政府机关和事业机构之间的职能界限，无限度地扩大了事业机构职能范围，从而刺激了这些机构的福利化倾向，最突出的表现即是"单位办社会"。

（五）教育运行机制的非效率化

在传统计划经济体制下，教育运行机制的非效率化突出地表现在各地区、各部门、各单位只争事业费投入，不讲事业活动效率，不计成本效益，人浮于事，机构膨胀重叠，运作效率低下。这种状况的根源在于国家财政统包一切教育经费，即国家独家垄断了各项教育，教育机构行政化，这就从制度安排上排斥了竞争机制的生成。由于事业单位的编制人员属国家公职人员，各类教育机构的员工工作考核没有硬性指标，既无利益激励，又无成本与风险约束，从而使教育机构在运行过程中难以建立起利益激励机制与竞争机制，造成教育产品与服务提供上的低效率。

（六）教育管理的非法制化

在传统计划经济体制下，各种教育的地位和作用通常依靠的是政治动员和行政指令，而不是国家法律的确认，各项事业经费的投入缺乏法律的保证，事业机构的管理也没有必要的法律监督，教育的发展主要取决于领导的重视程度，事业管理非法制化状况十分突出。由于没有法律的保障，发展教育的重要意义必须反复强调，文教卫生事业经费必须经常争取，否则，就会被忽视。

第二节 市场经济体制对政府教育管理职能的挑战

按照计划经济体制要求建立起来的教育制度已被市场经济的浪潮冲得支离破碎，导致城乡中小学教育在商品经济大潮中受到巨大冲击，如适龄儿童失学、中小学学生辍学、教师工资大范围拖欠、合格教师流失等现象反复出现，使基础教育屡受冲击。

一、所有权与管理权分离形成相对独立的教育机构

尽管现阶段的学校及其他教育机构事业和上级行政部门或行政主管部门之间尚存有隶属关系，但是，学校已开始改变作为政府行政部门的附属机构的状况，成为面向社会提供教育产品与服务的独立的事业法人，学校具有某种程度的自主权。作为向社会公众提供教育服务的专业性机构，学校不是一个行政化的组织，不仅本身带有很强的专业技术特征，而且其中的成员大都具有较高的教育和专业技术水平，运作也不同于政府机关。通过一个

相对独立性的组织承担社会事务，可以有效地降低政府投入的成本，因为独立组织所耗费的成本要低于政府部门。发展各种教育机构并实行规范化和制度化的管理，满足社会对教育需求的多层次性和选择性，可以促进社会资源的合理配置。

二、多种办学体制形成的竞争格局

在经济体制与社会转型时期，政府教育管理职能发挥中存在的与学校发展要求不相适应的诸多方面，这正是计划经济体制下形成的政府教育管理职能不能解决的例外。与此同时，自20世纪90年代以来，我国政府部门和教育界在改革实践中不断地探索政府如何转变教育管理职能的方式与途径问题。这可以从国内出现的一些典型教育改革中窥见一斑，它们包括90年代后期从广东兴起的教育储备金模式，发源于浙江省台州市椒江地区的教育股份制，1992年起在北京、上海等地先后出现的转制学校，以及2001年在浙江长兴一度试行"教育券"试验等。这些教育办学体制方面的改革探索是随着市场经济在我国的逐步发展而产生的，是政府教育管理职能面对市场经济冲击所作的改革尝试。尽管这些改革的尝试因种种原因或中止或夭折，但研究其中所留下的许多曲折与教训，对探索政府教育管理职能转变是有深刻意义的，可以为现代市场经济体制下政府教育管理职能的建构与行使提供重要的启示。

（一）教育储备金模式

教育储备金模式主要在经济发达的广东地区实行。这是一种特殊形式的教育收费制，也是教育与产业结合的实践性运作。这种模式要求学生入学时，家长将一笔钱存入教育基金，学生毕业（或中途离校）时，该钱如数返回家长，其利息收入将由基金会拨给学校用于日常开支。这类学校收费高于公立学校，每个学生2万～30万元不等。它的理论基础是教育产业论，就是把教育或学校作为一种特殊产业实体来经营。按照提出者的构思，教育储备金把青少年受教育的需求转化为一种特殊的学位需求，并以此去吸引社会的投资；然后以这些资金的一大部分投入学校的基本建设，其他剩余部分则作为教育基金，通过企业经营运作获取利润，以回报学校维持和发展教育。该模式产生于经济发达地区，针对了一部分家庭富有的有特殊教育需求的群体，体现了教育的商品属性和产业属性。教育储备金模式能够吸收一定的社会教育资源，引导人们的教育消费，有利于建立教育投资的多元体制，从某种程度上缓解政府教育投入的不足。但是，该模式要求教育产业发挥特有的"造血"运行机制，要求将部分教育基金通过企业运作，具有很大的金融风险；同时，由于教育产业的运作，可能因为资本的趋利性带来对教育质量的忽视，违背教育的初衷。因此，许多人对教育储备金模式提出了以下的疑惑：如何规避教育基金的金融风险，如何保证学校教育教学的质量？事实上，随着近年来我国宏观经济的调整，银行利率多次下调，这种模式受到巨大挑战，由于民办学校收取的教育储备金一般50%以上已投入学校建设，有的投入比例高达70%以上，还有部分学校的教育储备金被用于"体外循环"，剩余的教育储备金及其利息已无法维持学校的正常开支，少数学校难以为继，部分学校无法按期兑付退还学生的教育储备金，由此产生巨大的信任危机，甚至影响了社会的稳定。

教育储备金模式给建构和完善市场经济条件下政府教育管理职能范式一些经验。政府教育管理职能理念不能再囿于政府对教育的行政管理，而是要充分认识到教育准公共物品的属性，将教育作为公共事业来管理。政府要积极通过教育政策、法规等间接的职能方式引导公众投资教育，突破过去"全能"政府的职能范围，在"退位"和"补位"中做出新的选择，以解决旧范式下的例外。当然，教育储备金模式也给政府教育管理职能新范式的建构许多教训：正如许多人所质疑的一样，教育储备金制度带来的教育基金与教育质量风险也要求转变计划经济体制下形成的政府教育管理职能范式。这主要表现为市场经济条件下政府教育管理的"缺位"问题，因为传统的职能范式缺乏防止教育基金风险的职能范围，也缺乏保障教育质量的有效措施。因此，教育储备金制度带给我们的教训就是要在新的经济、社会发展状况下重新界定政府教育管理职能范围，并且建立引导家长、社区人士等参与监督教育基金和教育质量的管理机制，促进教育产业的良好运作，以适应市场经济对政府教育管理职能范式的挑战，使例外情况变成新范式下的常规情况。

（二）股份制办学

在我国，股份制办学最初产生于个体经济发展较快的浙江地区，也是市场经济相对发达地区在教育改革中的一项新举措。股份制作为现代企业的一种资本组织形式，是社会化大生产的产物，既是一种社会化生产的经营模式，又是财产所有权的组织形式。股份公司是股份制的一种载体，一般是作为营利性组织的一种企业形态，因此股份制办学与教育储备金最大的不同就是允许股东分得一定的股息。具体说来，股份制办学是以入股集资取得社会资本的所有权，以持股份额分配股息（不可分红，积累用于办学再投入）和承担有限风险，以招聘校长实行科学管理进行教育教学活动的一种办学体制。其主要特点是：办学主体多元化，经费筹集多渠道，面向实际，灵活多样，广泛利用民间教育资源。股份制办学充分利用市场经济中的融资手段，有利于调动国家、集体、个人三者的积极性和创造性；有利于聚集社会闲散资金，统一使用；有利于实行所有权和经营权分离。但教育"不得以营利为目的"，因而股份制办学引起了人们的争议，尚处于实验和探索阶段，只有部分地区允许它的存在，如浙江省（1998年）和山东省烟台市（2000年）对此发文做出了肯定的选择。股份制办学形式多样，可以有政府、企事业组织、社会团体、其他社会组织及公民个人等多种组合和运作形式。股份制办学具有一定的潜力，但很久以来我国形成的教育与社会脱节的封闭式办学模式在很多地方成为股份制办学实践的障碍，目前股份制办学只在先富裕的地区和人们之中产生一定的吸引力，以后的发展有待进一步实践。

股份制办学也是20世纪90年代以来为适应市场经济挑战而出现的一种典型的教育改革，其在实践中的运作也给政府教育管理职能范式的转变一些经验和教训。股份制办学在教育融资方面与教育储备金制度具有异曲同工之处，只是股份制融资来源的途径更为广泛，不仅仅涉及教育的直接利益相关者，而且股份制办学给予股东一定的经济激励作用。同样，股份制办学试图突破传统的政府办学校的模式，建立多元教育投资体制，也显示出了它的一定成效。政府还要负起指导和调控股份制章程制定的职能，并通过强化教育督导评估工作来规范学校办学行为和方向，也要求政府建立积极引导教育资源有效配置的机制。这些旧范式下的例外也为市场经济条件下政府教育管理职能范式的建构提供了很好的经验。股份制办学要求给予股东高于同期银行利率的股息，可能导致股东过分追求经济利益，违背社会办教育的初衷；同时，股份制办学突破了我国原有教育法律"不得营利"的禁区，对增值部分的股息分配也成为一个有争议的问题。这些旧范式下的例外情况，要求新范式下的政府教育管理职能范围中包含保护公民合法教育财产权利的管理职能，积极鼓励公民参与教育投资以解决我国教育投入不足的问题，但与此同时，政府也应当承担指导学校办学方向和保障教育质量的职能，承担促进合理分配股东利益和确保国有教育资产保值和增值等职能。

（三）转制学校

转制学校（Converted Schools）是一种由国家提供校舍、教师编制和开办费，由家长支付学费，接受社会资助，由校长和董事会承办的，效率优先资源多元的混合性学校。学校"转制"的目的是"充分调动一些热心教育的团体和个人的积极性，加快办学机制的转换和薄弱学校的建设，增加社会的投入，促进整体教育质量的提高，以满足社会对教育多层次的需求。"[①] 从1992年上海出现第一所转制学校到1998年年底，全国已经有近1000所转制学校分布于12个省市。转制学校的核心是，不仅让校长、教师、家长和社会共同参与学校自主管理，而且让家长和社会共同参与经费投入。同样，转制学校的产生也是与地区经济的发展和人们对优质教育资源的渴求等大有关系，也是市场经济冲击下政府放大已有教育资源来达到减少教育投资，充分发挥公立学校与民办学校的"杂交优势"的一种方式。在上海，公办学校转制形式上主要有"扶上马，送一程"和"直接断奶"两种。改革实践中，转制学校确实取得了一定的成果，通过转制改造了一批薄弱学校，也吸收了大量的社会教育资源，满足了部分群体接受优质教育的需求。

转制学校首先是在政府教育管理职能方式和职能程度上给市场经济条件下新范式的建构提供了一些经验，要求政府改变过去对学校微观、直接的管理方式，给予学校发展一定的自主权，与此相关的是政府教育管理职能由集权走向职能的高度分化。当然，在学校转制过程中也出现了许多引起人们争议的问题，给政府教育管理职能范式的转变带来许多教训。

1. 最大的争议是由于产权不清晰导致的"教育公平"问题。政府给予转制学校特殊的财政政策，转制学校"既占了政府计划经济的那一套好处，又占了市场经济这一套好处"，容易造成转制学校和民办学校之间竞争的不公平，对民办教育的生存造成一定的威胁。

2. 公办名校转制面临的难题之一是如何体现教育公平权利的问题。名校一改制，学生要么交纳高额学费，要么"另谋低就"，转入普通学校，导致"几个穷人领着孩子挥泪告别名校，更有成千上万孩子早已悄无声息地被排斥在名校校门之外，甚至排斥在普通学校校门之外。"[②]

3. 政府强力渗透，使转制学校的自主性极为有限，相当一部分转制学校的校长对自己的学校并没有太长远的打算。政府主导学校的转制确实也是利弊兼有，如何扬长避短、鼓励社会参与，这也给政府教育管理职能范式的转变带来考验。

4. 政府有"不负责任地卸'包袱'，不想承担办教育的责任和义务"之嫌。转制学校一个重要初衷是吸收社会的教育资源，有必要规范政府追求短期利益的行为。因此，转制学校确实给教育注入了很大的活力，但也启示着政府教育管理职能发挥作用的重要领域，即市场经济条件下政府应该在追求公平方面有所作为，当然政府也要注重职能方式的转

---

① 尹佳军. 我国基础教育与市场的制度学分析[J]. 教育发展研究，2004.
② 朱寅年. 公办名校"转制"是耶非耶[J]. 中小学管理，2003.

变,促进学校自主能力的提高。这些经验和教训给市场经济条件下政府教育管理职能范式的构建提供了很大的启示,为解释和解决实际工作中出现的例外提供了重要参考。

(四) 教育券

教育券(Education Voucher)是指政府把教育经费折算成一定数额的可以用作抵充学杂费的有价证券,直接发放给每个学生家庭,由他们自由选择学校。其概念起源于美国自由主义经济学家米尔顿·弗里德曼在20世纪50年代首先提出的教育券,即将公共财政的教育经费平摊于每个学生,手持教育券的学生可以自由选择(公立或私立)学校,政府再依照教育券的数额给学校拨款。2001年9月,浙江省长兴县在全国率先进行三种"教育券"制度试验:一是扶持民办学校、面向民办学校义务教育阶段学生的义务教育类教育券,面额为500元;二是促进职业技术教育,面向职业类学校的职业技术教育券,面额为300~800元;三是为了补助因特殊原因丧失或部分丧失就学费用来源,无力支付必要的就学费用或因突发事件造成家庭特别困难的本县中小学生的补助教育券。有学者认为,"教育券"最关键、最核心的东西是效益与公平。[①] 它给予学生一定的选择教育的自由权利,也激励了学校之间为获得政府的资助而相互竞争,对促进基础教育的均衡发展有一定的意义。教育券还通过财政资助的方式引导民办教育和非普通教育的办学行为,使之符合国家和社会的需要。长兴县的教育券也同时承载了政府促进教育公平的理念,对贫困学生进行资助。因此,教育券的发行在某些方面回应了公共管理运动对旧的政府教育管理职能范式的挑战。政府在教育券计划实施过程中的主要职责就是加强对学校资格的审查和对教育券的管理,促使政府教育管理职能方式、职能范围及管理机制等方面的转变。

长兴县发行的教育券引起了社会各界和媒体的广泛关注,也开始得到许多地方的呼应,浙江其他地区纷纷仿效推行"教育券",全国已有47个地市县都愿意尝试这种模式,且有进一步扩大的趋势。目前动作幅度最大的非湖北监利县意欲实行的义务教育卡改革莫属,该县决定在2004年秋季前将近七百所中小学以对外出售或出租的形式实现市场化运作,由出资方、学校校长、教师代表、家长代表组成的学校民主管理委员会成为校内新的决策机构。县财政将不再按照教师人数给学校拨款,而是发给学生义务教育卡,学生用该卡抵充学杂费,自主择校,各公办、民办学校用义务教育卡从政府领取教育经费。义务教育卡制度跨入了义务教育的雷区,引起各方的争议,包括如何保证政府履行对基础教育的义务,如何防止国有资产的流失,是否能真正形成学校之间的竞争,怎样保证学校教职工的权益和教育消费者参与管理的权益等。同时,有面值的教育券可以改变教育资源的配置,使得好学校能够得到较多的经费,但是并不能引导更多的社会资源进入教育行业,所以不能解决教育经费总量不足的问题。

由长兴县的教育券引起的监利县的义务教育卡等一系列的教育改革也意味着计划经济体制下形成的政府教育管理职能范式面临着无法解释和解决的例外。教育券等的改革似乎在探索着新的范式,当然也给政府教育管理职能范式转变提供了很多的经验和教训。经验主要是政府将教育管理作为公共事业管理的一部分,在促进教育公平方面、服务公众利益方面有所作为。预示着政府可以通过政策、宏观、间接和计划与市场有机结合的职能方式管理教育,放弃旧范式下的行政、微观、具体和仅仅计划的方式,其职能定位也要由管制

[①] 熊全龙. 中国教育券制度的实践与探索[M]. 北京:中国教育出版社,2003.

走向服务,也要求政府从上往下的统治管理机制逐步走向鼓励公众参与教育管理的治理机制等。

当然,转制学校等给教育尤其是义务教育带来了各种争议和问题,这也给政府教育管理职能范式的转变提供了很多的教训,包括如何转变范式来保障所有公民接受教育的权利、保护学校教职工应有的权益和保护国有资产等。

总之,近年来在教育改革中出现的政府主导的教育储备金、股份制办学、转制学校和教育券等模式,是转型时期市场经济对计划经济体制下形成的政府教育管理职能范式挑战的结果,也是政府在面对教育经费投入不足、教育效率低下等困境做出的改革尝试,当然其中也体现出了政府对教育公平(教育券)和社会参与教育(义务教育卡)的追求。尽管这些改革有的已经或者将会出现一些难以预料的结果,但它们的经验与教训还是值得我们去思索,这也会给面向社会主义市场经济的政府教育管理职能范式的构建带来很多的启示。

三、多元利益格局下形成的教育资源获取途径

在我国由计划经济体制向市场经济体制的转型时期,教育市场的形成要求政府在利用市场机制的同时,也要在教育资源的基础性配置中发挥宏观管理和调控作用,形成恰当、有序的政府教育管理职能,以解释和解决市场经济带来的诸多"例外",迎接挑战。具体地来说有以下几个方面。

(一) 市场经济条件下多元化的教育资源获取途径

市场经济的本质属性在于对社会资源配置发挥基础性作用,这一属性给政府教育管理职能范式带来的既有机遇也有挑战。与计划经济体制下单一的公有制相适应,政府包办各级各类教育的学校,成为办学的唯一主体。但在社会主义市场经济体制下,以公有制为主体、包括各种非公有制在内的多种所有制结构经济基础,必然要求在教育领域内形成以政府办学为主体、包括多种非政府办学主体的多元的办学体制。"穷国办大教育"的基本国情决定了国家对教育领域资源配置的"一统天下",如果仅仅是维持低水平的教育规模与质量的话,政府还能勉强维持。但当人们不再满足于接受这种低水平教育的时候,政府就难以为社会提供所需的丰富多样的教育产品与服务了。从此种意义上说,市场经济的发育给了教育发展的良好机遇,有利于形成教育的多元投资体制,因为优质教育资源能够获得众多先富起来的人们的青睐,他们愿意为此做出投资。与此同时,教育资源获取途径的多元化打破了计划经济体制下政府"全能"的教育管理职能范围,要求政府建立适当的机制来充分吸收社会各界的教育资源,并促进教育资源在学校和其他教育机构之间的合理分配。然而,过去计划经济体制下形成的政府教育管理职能,在某些方面并不利于社会多种教育资源进入教育领域,管制型的政府教育管理职能定位导致了市场经济条件下的各种问题,如《中华人民共和国民办教育促进法》(以下简称《民办教育促进法》)对民办学校赢利性问题的模糊界定、国家对学校及其他教育机构产权的不确定性等。市场经济促进社会资源进入教育领域带来的另一个问题是:由于各自的历史背景等多方面原因导致的各学校之间在获取教育资源方面存在的巨大差异,带来了教育公平问题。这一点在我国教育领域已经屡见不鲜了,政府的教育管理职能就面临如何在公平与效率之间获得平衡的挑战。

(二) 市场经济强调竞争和效率,强调资源的充分利用

市场经济强调竞争和效率,强调资源的充分利用,这为提高政府教育管理效率带来了契机。近年来,各地通过转让、出售、股份制改革等方式来改革学校,提高教育教学效率,产生了许多明显的效果。在过去计划经济体制下,绝大部分学校是被国家垄断并无所不包的管着,产生了诸如机构臃肿、人浮于事等弊端。市场经济则为政府改革教育管理职能、提高竞争和效率意识、增强学校管理效益提供了很好的机遇,但与此同时的挑战是政府如何去协调教育公益性与资本趋利性之间的矛盾冲突。资本的本性在于获取利润,但教育却不能完全以此为评价标准,这是计划经济体制下政府教育管理职能中的例外,为市场经济体制下政府教育管理职能的建构提供了借鉴,即如何合理、有效地利用社会的教育资源?前些年发生在广东的"教育储备金"风波为我们敲响了警钟。另外,在各种学校转制的过程中,政府也应该防止学校等国有资产的流失,完善其使国有教育资产保值、增值的教育管理职能,这一点尤需引起人们的足够重视。

(三) 对教育财产权利的尊重

市场经济保护个体或组织合法的财产权利,并以此激励人们投资教育,这为促进社会各界参与教育事业提供了难得的契机。但在传统计划经济体制下形成的政府教育管理职能范式看来这些却是例外,因为计划经济体制下国家对几乎所有的教育机构采取了垄断的方式,个人或组织难有自主的财产所有权,此举尽管在过去曾经发挥过重要作用,但教育市场的形成必然要求政府在教育的某些领域退出,转而要建立健全的制度来保证个人或组织投资教育的合法产权,这样才能形成公平、稳定的教育市场,保护人们参与教育的积极性。这对计划经济体制下政府教育管理职能理念、职能定位、职能范围等都带来了挑战。

(四) 市场经济促使学校寻求自己的生存空间,进而形成办学特色

在计划经济体制下的政府教育管理职能范式,地方缺乏自主权,事事按上级指示,造成学校缺乏生机和活力,产生极大的惰性,不利于学校办出特色,压抑教育的个性发展。市场经济给人们带来了前所未有的自由选择权利,也必然促使各个学校形成自己的办学特色,以此获得教育资源。这要求政府转变职能范围,充分给予学校发展自主权,把微观层次的教育决策权(还)归学校,宏观层次的教育决策权(还)归政府,政府集中精力进行宏观教育决策,而不是像以前那样从课程设计、课程结构、课时安排等面面俱到地管理学校。与此同时政府应该思考的是如何让学校健康、良性地发展,学校自主权的"度"到底有多大,政府如何在信息服务等方面给学校发展以支持,如何评价学校的办学水平和办学特色?这些都是计划经济条件下政府教育管理职能所缺失的,需要着力地进行各种探索实践,以适应新的社会环境的要求。

第三节 转型时期政府教育管理职能转变的实证研究

在经济体制与社会转型时期,政府教育管理职能是否应该发生变革,在哪些方面还存在不适应市场经济条件下学校发展的要求?摸清楚这些旧范式下的例外,可以为建构市场经济条件下政府教育管理职能范式提供感性的材料。为此,我们进行了问卷调查。由于政府教育管理职能的内容非常丰富,而且囿于各方面客观条件的限制,我们仅从校长这一个角度来反映转型时期政府教育管理职能发挥的现状,为建构市场经济条件下政府教育管理职能新范式提供必要的实证基础。问卷以中小学为样本来调查目前政府在教育管理职能发挥中微观层面的现状,选取的是国内市场经济较发达地区的中小学校长进行问卷调查。因为在当前校长负责制下,校长是学校的行政首长,对外代表学校,对内全面领导和管理学校。校长是学校行政工作的决策者和统一指挥的中心,对学校的办学方向、教育质量和社会效益负有完全责任。校长是政府教育管理职能转变程度的指示器,也是衡量政府教育管理职能同学校管理实际适应与否的晴雨表。

一、调查的基本状况与设计

具体的调查对象分成两部分,一部分是参加上海师范大学校长培训班的校长,另一部分是通过邮寄的方式在上海和浙江调查了部分校长。调查的内容是转型时期政府教育管理职能的实际行为,重点是政府对教育领域干预的方式,假设是现阶段政府教育管理职能的不当之处,其主要表现在三个方面,即越位、缺位和管理方式不当。所谓"越位",是指政府管了学校认为不该管的事情。所谓"缺位",是指政府没有管理好学校认为应该管的事情。所谓"管理方式不当",是指政府在教育管理过程中的方式、方法不恰当。在上海邮寄问卷33份,回收16份;在浙江邮寄问卷66份、回收30份,总的回收率约46.5%,在邮寄调查中回收率尚可以。最后总计问卷上海50份、浙江30份。

问卷内容主要包括"越位"、"缺位"、"管理方式不当"三个方面,每个方面又通过设置典型事件来得到反映。在正式调查之前,我们对问卷进行了信度和效度检验。两周以后重测信度为0.92,信度较高;专家评定认为测题基本能了解本研究所要调查的问题,因此本问卷具有较好的内容效度。问卷包括封闭式和开放式两种问题。封闭式问题部分的每一题目下的选择项都采取五档的莱科标度("一直如此"记5分、"经常如此"记4分、"有时如此"记3分、"很少如此"记2分、"从来不是如此"记1分,5分反映了在校长看来该方面政府在教育管理中的行为完全符合目前该学校发展的要求,5、4、3、2、1反映符合程度的依次递减),以获得校长的真实态度。开放式问题则是为了获得具体的相关材料。获得数据和资料以后,我们应用SPSS11.0社会统计软件进行分析,结果如下。

学校基本情况:本次调查的校长所分布的学校中中学46所、小学34所;普通学校38所、重点学校42所;城市学校48所、乡镇学校32所;学校规模是12个班级的4所、13~24个班级的26所、24~36个班级的32所、36个以上班级的18所,比例大致相当,样本具有一定的代表性。

二、从学校视野透视的政府教育管理职能"越位"与"缺位"状况

根据调查所做的描述性统计,我们从三个方面分析如下。

(一)越位情况(T2等表示题目在问卷中的序号)

T2 在学校使用校产、设施和经费方面,上级主管部门给予完全的自主权。

T3 上级主管部门对学校的人事调动、教师的招解聘尊重学校的意见。

T4 上级主管部门在学校对教师的考核、奖惩方面给予学校完全的自主权。

T6 上级主管部门在学校的招生方面给予学校合适的自主权。

T7 在学校学籍管理、学生惩罚和处分方面,上级主管部门给予完全的自主权。

T9 在学校课程设置、考试、发放证书方面，上级主管部门给予学校合适的自主权。

	N	Mean	Std. Deviation	Minimum	Maximum
T2	80	3.5000	.9808	1.00	5.00
T3	80	3.6625	.9929	2.00	5.00
T4	80	4.3750	.7356	2.00	5.00
T6	80	3.2750	1.1248	1.00	5.00
T7	80	4.1000	.9359	1.00	5.00
T9	80	3.4250	1.1989	1.00	5.00

卡方检验：Test Statistics

	T2	T3	T4	T6	T7	T9
Chi-Square	30.875	7.500	53.200	19.250	56.000	14.125
df	4	3	3	4	4	4
Asymp. Sig.	.000**	.058	.000**	.001**	.000**	.007**

＊＊表示差异极显著

各题选项的百分比：

	5	4	3	2	1
T2	16.3%	35.0%	32.5%	15.0%	1.2%
T3	22.5%	36.3%	26.2%	15.0%	0%
T4	50.0%	40.0%	7.5%	2.5%	0%
T6	13.8%	33.8%	23.7%	23.7%	5.0%
T7	38.7%	41.2%	12.5%	6.3%	1.3%
T9	25.0%	21.3%	30.0%	18.7%	5.0%

由卡方检验可知：T3 选项之间差异不显著（sig.为 0.058，大于 0.05），说明政府在学校人事调动、教师的招解聘方面有的干预程度较大，有的则没有多大的干预，很难获得大多数意见，但得分为 3 及以下的占到 41.2%，可以看出被调查者中仍有多于 1/3 的校长认为政府在这个方面越位程度较大。其他五题的选项之间差异极显著（sig.均小于 0.01），均值能够反映出大部分校长的态度。T2、T6、T9 的均值都在 3～4 分，说明多数被调查者认为政府在保证学校财产权、招生以及发放证书方面离学校要求还有很大的差距；T4、T7 约大于 4分，相对来说在保证学校对教师的考核、奖惩和学籍管理、学生处分等方面，政府还是有些积极的作为。从各项选择答案来看，得 5 分（即"一直如此"）比例最大的是 T4，其次是 T7，最小的是 T6（13.8%）、T2（16.3%），与均值的结果一致。

总体来说，六道客观题调查结果显示：从校长的角度来看，政府在尊重学校招生

(T6)、校产使用（T2）、课程设置（T9）等方面显然存在越位的情况，还没有让学校真正成为一个独立的主体。因此在转型时期，计划经济体制下形成的政府教育管理职能范式在职能范围方面出现了许多无法解释和解决的例外。

Q1. 您认为，随着市场经济发展的不断深入，学校的发展在哪些方面受到上级主管部门的制约？（可举例说明之）

对此题的回答主要有：自主招生、收费、特色科研项目开设、人事自主权、课程设置权等。有问卷是这样回答的：经济是最大的制约，其次是上级主管部门对学校的办学自主权下放不够，统一管理和干涉相对还比较多，对学校办学的束缚还比较多；在学校人员合理流动方面还受到上级主管部门的制约；经费的投入，如今成为公办初中发展的"瓶颈"等。应该说最突出现象是政府对学校经费和办学自主权上的制约，学校很难自主招生和自主收费。当然这些确实是当前转型时期学校发展面临的巨大障碍，也对政府教育管理职能提出了很大的挑战，即如何适当地在某些方面"退位"，以促进学校在市场经济条件下的健康发展。这道开放题目与上面客观题的回答反映了旧的政府教育管理职能方式面临的类似的"例外"。

（二）缺位情况

T1　上级主管部门保证学校教育教学活动的开展有宽裕的经费。

T5　学校人事改革能及时得到上级主管部门的政策、财力等的支持。

T8　上级主管部门及时制止任何其他组织和个人对学校正常教育教学活动的干预。

T10　上级主管部门保证学校有良好的周边环境、自然环境。

T11　上级主管部门能积极帮助学校处理与其他政府职能部门的关系。

T12　在学校出现困境和突发事件后上级主管部门能采取有力的措施保护学校的权益。

T13　上级主管部门能为学校的改革、发展提供必要的相关信息。

	N	Mean	Std. Deviation	Minimum	Maximum
T1	80	2.8000	1.1518	1.00	5.00
T5	80	3.1125	1.0062	1.00	5.00
T8	79	3.7722	.9864	1.00	5.00
T10	80	3.5125	.9412	2.00	5.00
T11	80	3.2000	.9987	1.00	5.00
T12	80	3.7000	.8627	2.00	5.00
T13	80	3.4875	.9277	1.00	5.00

卡方检验：Test Statistics

	T1	T5	T8	T10	T11	T12	T13
Chi-Square	15.500	36.000	33.089	21.500	40.875	21.100	52.875
df	4	4	4	3	4	3	4
Asymp. Sig.	.004						

*.000
**.000
**.000
**.000
**.000
**.000
**

**表示差异极显著

各题选项的百分比：

	5	4	3	2	1
T1	8.8%	18.8%	28.8%	31.2%	12.4%
T5	8.8%	23.8%	43.8%	17.4%	6.2%
T8	27.5%	31.3%	31.3%	7.6%	2.3%
T10	20.0%	22.5%	46.3%	11.2%	0%
T11	11.3%	22.5%	46.2%	15.0%	5.0%
T12	20.0%	36.3%	37.5%	6.2%	0%
T13	16.3%	27.5%	47.5%	6.3%	2.5%

卡方检验证明各题选项之间差异极显著（sig.均小于0.01），因此均值能反映样本中大部分校长的态度。从均值来看，此7题都在4分（"经常如此"）以下，反映出政府在管理学校中的财力和政策支持、阻止其他组织或个人干预学校教育教学、保证学校周边环境以及协调各种职能部门之间关系等方面普遍存在缺位的现象，尤其是T1（上级主管部门在保证学校教育教学活动开展有宽裕的经费方面），校长评价得分的均值是2.8分，与校长对"越位"问题的回答具有异曲同工之处，说明政府在此方面越位、缺位并存，政府教育管理职能范围不清。从得分为5分的选项来看，最低的是T1、T5，均为8.8%，反映出政府在支持学校的财政、政策方面存在很大的缺位，另外在政府帮助学校协调其他政府职能部门之间关系（T11）和为学校的改革、发展提供必要信息方面（T13）比例也低（11.3%、16.3%），而这些都应该是市场经济条件下政府教育管理职能的范围。在其他几个方面政府的教育管理也存在一些缺位的现象，对原有的政府教育管理职能提出很大的挑战。这些都是计划经济体制下政府教育管理职能难以解释和解决的例外，需要新的职能方式做出完满的回应。

Q2. 您认为，随着市场经济发展的不断深入，上级主管部门在哪些方面还可以给予学校的发展予以支持？（可举例说明之）

对该题的回答，主要有：财力、人员录用、自主性开设（调整）课程、政策性支持、教职工流动等。有人的回答是：完全下放人事权，全力下放管理权限，及时解决（出现的）矛盾，上级不能求平稳而求和；学校的经费问题困扰校长，教师的福利、学校的硬件建设和软件建设因缺少经费的支持而影响学校的发展；（上级主管部门）经济方面应有足够的投入，免去校长的后顾之忧等。由此可见，学校经费的投入、政策、人事等方面还需政府给予支持，政府在教育管理中的"越位"与"缺位"同时并存，政府对学校某些方面过分的干预也意味着政府在某些方面的失职。

(三) 管理方式不当情况

Q3. 您认为，随着市场经济发展的不断深入，上级主管部门对学校的哪些管理方式需要改变？（可举例说明之）从您的角度简要说明怎样改变？

"管理方式不当"方面因为涉及内容太多，我们采取开放式的题目。回答主要有：改变对学校评价方式、资源投入方式、激励方式；会议、活动太多；应改变统得过死、管得过细的管理方式，宏观控制人、财、物，发挥学校积极性，因校制宜，办出学校特色；增强服务意识，了解学校所需，给予机制、投资体制支持；由管事型向执法型转变；要改行政监督、检查职能为服务学校职能，上级主管部门不需要出教育思想、不需要确定某一学校的发展方向，这些都是学校校长的事；权力下移，任务简缩等。

由此可见，在我国由计划经济体制向社会主义市场经济体制转型的时期。学校越来越要求成为独立发展的主体，政府的教育管理的职能方式必须发生转变，要从微观转向宏观、从直接转向间接，并且要树立依法治教、服务学校的观念，这也构成市场经济条件下政府教育管理职能范式的重要内容。

(四) 相关分析

根据所得数据，我们还进行了地区之间的比较研究和差异显著性检验，发现某些方面在地区和学校类型之间存在显著差异。

	地区	N	Mean	Std. Deviation	Sig. (2-tailed)
T2	上海	50	3.4800	.9739	.816
	浙江	30	3.5333	1.0080	
T3	上海	50	3.8000	.8806	.110
	浙江	30	3.4333	1.1351	
T4	上海	50	4.4800	.6773	.100
	浙江	30	4.2000	.8052	
T6	上海	50	3.2800	1.2296	.959
	浙江	30	3.2667	.9444	
T7	上海	50	4.2400	.9161	.084
	浙江	30	3.8667	.9371	
T9	上海	50	3.6400	1.2578	.038
	浙江	30	3.0667	1.0148	

越位方面：上海与浙江两地得分用 SPSS 均值比较中的独立样本 T 检验进行分析，发现在 T9 问题上的得分，两地存在显著性差异（sig. 为 0.038，小于 0.05），而上海该题的均值高于浙江均值（sig. 为 3.6400，大于 3.0667）。数据显示，在学校课程设置、考试、发放证书方面，上级主管部门给予被调查的上海学校较被调查的浙江学校更大的自主权（T9）。从某种意义上，这与上海近些年开展得红红火火的课程改革是相一致的。其余 5 题因 sig. 值大于 0.05，差异不显著，无法比较。另外，通过用各题得分与学校类型之间的卡方检验（Crosstab Test），我们发现：T6 的回答中重点学校与普通学校的得分差异极显著（Pearson Chi-Square sig. 值为 0.01＊＊），表明政府在保证学校招生方面，重点学校与普通学校存在极显著的差异，重点学校具有更大的自主权；T3 的回答中中小学得分

有显著差异（Pearson Chi-Square sig. 值为0.02*），中学得分均值是3.7885，小学得分均值是3.4286，表明在"政府对学校的人事调动、教师的招解聘"方面中学具有更大的自主权；T11的回答进行卡方检验得出 sig. 值为.**002（小于0.01），表明在"上级主管部门能够积极帮助学校处理与其他政府职能部门的关系"方面，得分与学校规模之间差异极显著。

第四节 "渐进式"改革中的政府教育管理职能的转型

一、发达国家政府教育管理职能转变的探索

"世界上许多国家，无论是发达国家还是发展中国家，在20世纪80年代后期和90年代初期都开始了一场持续的公共部门管理变革运动，这场改革运动至今仍在很多方面继续对政府的组织和管理产生着影响。"[①] 教育，作为对现代社会生活产生极其重要影响的领域，当然不能免受冲击。在政府失灵、西方国家出现财政危机的特定社会背景下，在新自由主义经济思想和公共管理主义的影响下，以美国、英国、澳大利亚等为代表的西方国家在这场公共管理运动中也掀起了对教育的重大改革，改革的内容包括校本管理、学校选择、公校私营、家长参与等。这些都是西方国家为了适应现代社会发展的挑战而进行的以市场逻辑和公共管理理念为导向的教育改革，同时也是各国政府教育管理职能的不断调整和完善。研究近年来西方国家教育改革中政府教育管理职能转变的经验和教训，可以为建构我国市场经济条件下政府教育管理职能新范式提供一些启示。

（一）发达国家教育改革的社会背景：政府失灵和财政危机

最近三十年来，由于西方各国"政府失灵"（Government Failure）问题的凸现和财政危机的困扰，新自由主义思潮所掀起的公共管理改革要求国家重新调整其在社会各个领域的作用范围、程度和方式，教育的国家干预行为和观念也受此影响。正是在这种影响之下，很多西方国家的政府进行了重大的教育改革。这场教育改革产生的社会背景就是在西方国家出现的所谓"政府失灵"问题和财政危机问题，而其理论基础则是新自由主义经济思想和公共管理主义，它们共同促成了近年来西方国家市场逻辑和公共管理理念导向的教育改革。

"公共选择学派创始人布坎南说过，如果说本世纪三四十年代在西方经济学中占主导地位的是市场失灵论的话，那么，到了七八十年代，这种主导地位已经让给政府失败论了。"[②] 他所谓的政府失败论指向的也就是近年来开始引起各国学者、政治家等关注的政府失灵问题。这一问题是与西方国家出现的财政危机密不可分的，也是西方福利国家经济和社会危机所导致的人们对市场经济的反思。"因为福利国家在实施福利政策时主要以国家大规模的经济干预作杠杆，以人为刺激消费与投资，扩大'有效需求'，缓和生产过剩和就业不充分等间接手段为具体措施，因此，这种政策的基础是财政赤字和信贷膨胀。在福

---

① 〔澳〕欧文·E·休斯. 新公共管理的现状[J]. 中国人民大学学报, 2002.
② 陈振明. 公共管理学[M]. 北京：中国人民大学出版社, 2005.

利国家,往往是高财政赤字,高通货膨胀,高失业率和高利率同时并存,几者之间相互掣肘。其结果最终导致一种恶性循环:政府债务日益加重,从而导致政府干预刺激作用日益减弱,而为了加大这种干预的刺激,国家又只能进一步积累债务。这种情形的循环发展,使50年代至70年代发展的福利国家观念普遍受挫,庞大的公共开支更是成为西方各国政府沉重的财政负担。从1980—1986年,西方各国对教育的投资在国民生产总值中的比例均有不同程度的下降。美国由5.4%下降为4.2%,英国则由5.6%下降至5.2%。可以说,正是这种严峻的经济与财政困境,使各国政府放弃了过度的政府干预而采取新的市场对策。"① 因此在西方各国教育改革中也在适当地引入市场的机制,以缓解政府福利政策下教育投入不足的严重危机,同时促进学校之间的相互竞争以提高学校的教育教学效率。

政府失灵的原因也可以用公共管理理论中关于政府的非中立性来解释。公共选择理论突破了传统经济学和政治学政府"中立人"的观念,认为政府也是"由具有个人动机和个人利益的个人所组成的",② 由这些个人组成的政府自然要把个人利益带进政府和政府决策中。于是,政府失灵就成为必然的了。美国经济学家斯蒂格利茨把政府失灵的原因归结为以下三个方面:信息不完全;政府官员的动机;难以预期私营部门对政府计划的反应,从而使政府行为的后果具有不确定性。政府失灵带来的后果就是公共物品供给效率的低下、政府目光短浅和行为短期化、政府寻租行为等。于是,各国面临在"不完美的市场与不完美的政府之间进行抉择,或者说是在不完美的程度和类型之间,在失灵的程度和类型之间进行抉择"。③ 在这种社会背景下,西方在各国教育改革中选择了积极倡导社会各界对学校事务的管理,力图提高政府供给教育物品的效率,减少政府失灵。这也促使近年来西方教育改革中公共管理理念的形成。

(二) 西方教育改革的理论基础:新自由主义思想和公共管理主义

在西方国家政府失灵问题凸现和财政危机发生的社会背景下,新自由主义思想和公共管理主义出现了,成为西方国家这二三十年教育改革的主要理论基础,推动着教育改革中市场逻辑和公共管理理念的形成,对各国政府教育管理职能的转变产生了巨大的影响。

兴起于20世纪七八十年代的"新自由主义经济学派"也称"芝加哥学派",主要代表是美国著名经济学家、诺贝尔经济奖获得者弗里德曼和哈耶克。新自由主义思想的根本观点是:当代社会所有弊病是由于资产阶级国家干预过多造成的,希望返回到自由竞争的资本主义社会去。他们认为国家对社会事务干预过多的话,就会形成"国有化企业"、"福利国家"和巨型垄断企业等。④ 这样就会抑制市场机制在社会资源配置中的基础性作用。因此,市场资本主义(如果真正让它起作用的话)则是唯一使每个人最可能在社会中得到他所希望的东西的一种制度。于是,新自由主义思想推动了国有企业的改革,也开始打开了西方教育市场化之路。其实,弗里德曼很早就提出了西方教育市场化的观点,他认为教育不应该是政府提供的一项服务,而应该是自由市场体系中的一部分。⑤ 弗里德曼将美国公立学校称为市场经济海洋中最后一个计划经济的堡垒,在他看来,公立教育所患的病——

---

① 曾晓洁,代俊. 当代西方公立学校制度中的"国家观念"与"市场逻辑"[J]. 教育理论与实践,1999.
② 方福前. 公共选择理论——政治的经济学[M]. 北京:中国人民大学出版社,2000.
③ 刘宇飞. 当代西方财政学[M]. 北京:北京大学出版社,2000.
④ 朱科蓉. 竞争——英美教育市场化改革的核心[J]. 教育科学,2003.
⑤ 朱科蓉. 竞争——英美教育市场化改革的核心[J]. 教育科学,2003.

"社会集权过度症",与许多福利计划的病是相同的。他在1955年发表的《政府在教育中的作用》一文中指出:政府的作用限于保证被批准的学校的计划必须维持某些最低标准,很像目前对饭馆的检查,要求保证最低的卫生标准一样。① 弗里德曼认为只有竞争才能迫使公立学校按照顾客的意愿改革自身,为此他提出了教育券计划。尽管弗里德曼早就提出了对教育市场化的观点,但只有直到近二十年来,由于政府失灵和财政危机问题的出现,人们才开始真正意识到这一点,意识到政府在教育管理中的职能转变,并以此为理论基础开始了各种教育改革。

除了新自由主义思想外,影响西方国家教育改革的另一个重要思想就是公共管理主义。20世纪90年代初,在美国、英国、澳大利亚和新西兰等先进国家中产生了一种新的公共部门管理模式,带来了一场公共管理的运动,对许多国家公共部门的改革产生深远的影响。所谓公共管理,是指政府及其他公共机构为了适应社会经济的发展和满足公众的利益需求,对涉及公众利益的各种社会事务所实施的有效管理。"它强调的是政府的社会管理和公共服务职能,而弱化了政府的政治统治职能。因此,公共管理主义的着眼点应该是社会事务的管理,社会性是公共管理的内涵。"② 公共管理主义对美国、英国、澳大利亚和新西兰等发达国家产生了巨大的影响,正在改变着政府对公共事务的管理实践。公共管理主义的一个基本前提是政府应该是掌舵者而不是划桨者,因此特别强调社会参与公共管理,强调建立提供公共物品的公共服务决策的机制,重视为公众服务。由此,公共管理主义对教育改革的假设是:在市场革命的背景下,教育组织从集权的官僚化的教育体制转化为一种发展性组织,学校承担服务职能和责任,权力进行重新分化和分配,以更好地增进学校效能。③ 公共管理主义导致的教育改革在各发达国家获得了蓬勃的发展,促使政府下放教育权力,给予学校一定的自主权,盛行各国的所谓的"校本管理"等理论就与这种理论密不可分。无疑,公共管理主义促使各国政府对其教育管理职能发挥是否适度做出深刻的反思,蕴涵了政府从公共视野角度进行公共管理的深刻理念。

(三)国外教育改革的基本理念及实践启示

西方国家在面临政府失灵和财政危机的情况下,新自由主义和公共管理主义的思想开始在教育领域获得人们的青睐,正是在这种特定的社会背景和理论的推动下,很多国家进行了教育改革。大致来说,近二十年来西方国家的教育改革基本上是以市场逻辑和公共管理理念为指导的,当然有些时候这两个理念是交织在一起的,共同影响着这场巨大的教育改革。如前所述,教育改革的市场逻辑起源于弗里德曼的自由主义经济思想,"市场逻辑则反映了学校教育的'生产投资'和'商品消费'的新属性,强调在竞争和效率的目标下,要减少政府的直接干预,通过保证自由交易的选择(即'择校')来提高教育的质量与效率。"④ 市场逻辑导向下的西方国家教育改革的典型代表就是学校选择(School Choice),包括教育券计划、特许学校、公校私营等多种形式。公共管理则倡导与教育相关的各主体都参与教育管理,建立政府、学校、社区和家长等共同合作的新模式,这就要

---

① 〔美〕米尔顿·弗里德曼.资本主义与自由[M].张瑞玉,译.北京:商务印书馆,1986.
② 王乐夫.论公共行政与公共管理的区别与互动[J].管理世界,2002.
③ 谌启标.澳大利亚"新管理主义"教育改革述评[J].外国教育研究,2003.
④ 曾晓洁,代俊.当代西方公立学校制度中的"国家观念"与"市场逻辑"[J].教育理论与实践,1999.

求政府在某些方面放权,促进教育消费者在教育管理中发挥积极作用。在西方各国教育改革中,校本管理主要体现了这一改革的基本理念。当然,市场逻辑和公共管理理念导向的教育改革也并不是绝对分开的,许多教育改革是两者共同作用的结果,只是有一者占主导地位而已。西方国家这些典型的教育改革无疑影响着政府教育管理职能的转变,也给我国市场经济条件下政府教育管理职能范式的建构很多启示。

1. 学校选择

按照西方学者的解释,所谓"学校选择"系泛指任何用于打破学生居住地与就读学校所在地之间的关联、旨在降低传统公立学校地理位置限制性的政策措施。[①] 其思想渊源还是 1955 年弗里德曼在《政府在教育中的角色》中提出的观点:就配置社会服务而言,竞争性的市场机制远胜于国家经营的科层制,因此主张将市场模式向公立教育延伸,并第一次提出了采用教育券的思想。但这并不是"学校选择"改革实践的直接原因,因为弗里德曼的主张并没有立即引起各国基于市场的教育改革,直到 20 世纪 80 年代,在美国、英国、澳大利亚等国家出现经济滑坡和财政危机,经济、政治及教育研究界重提弗里德曼的理论,主张开放公共服务市场;同时具有质量意识的家长和其他教育消费者人数不断增加,公众对公立教育之平庸开始普遍不满等原因,终于在 80 年代汇聚成了一股推行"学校选择"的巨大压力和动能。[②] 学校选择的类型不尽相同,有的是"开放入学"或不划区"开放入学"(英、澳),有的是发放"教育凭证"或"教育支票"(美、俄),有的是建立"磁石学校"(Magnetic School)或"特色学校"(美、澳)。[③] 美国自 20 世纪 80 年代以后出现了可由家庭自主选择公校或私校的教育券计划、私营公司接管学校等多种"学校选择"的类型。为了真正打破垄断,刺激学校积极改善管理,提高办学质量,有些地区还实行了学券制,即政府按照所投入的生均教育经费发给每个孩子等额的学券,孩子可以持学券择校就读,学校可以通过向政府兑现学券来获得相应经费资助,因而择校带来的是各类学校之间面临教育资源的竞争。于是,有人将"择校"作为 90 年代美国教育改革和发展的标识性语汇之一。[④] 竞争的机制逐渐引入了公立教育体制中,开始显示出其成效。"公立中小学委托私营教育管理公司(MOE)经营后,积极优化管理、改革课程教学、整顿校园秩序、更新教学设施设备,有的私营教育管理公司还自编教材,努力提高教育质量,所有这些改革措施都得到地方教育管理部门和学生家长的普遍欢迎。"[⑤] 在学校选择的教育改革中,私营教育公司也获得了较好的经济利润,市场逻辑导向下的教育改革也给西方国家教育体系注入了很大的活力,"使学校一直处于紧张的竞争状态之中,这样便能提高学校教育的质量"[⑥]。

西方国家"学校选择"的教育改革也是其为应对市场经济发展带来的挑战而做出的教育改革,在很大程度上这些挑战与目前我国计划经济体制下形成的政府教育管理职能范式无法解释和解决的例外具有一致性,因此学校选择的教育改革实践给了我国政府教育管理

---

① 冯大鸣. 美、英、澳教育管理前沿图景[M]. 北京:教育科学出版社,2004.
② 冯大鸣. 美、英、澳教育管理前沿图景[M]. 北京:教育科学出版社,2004.
③ 易红郡. 家长择校:世界教育改革的新趋向[J]. 贵州师范大学学报(社会科学版),2003.
④ 项贤明. 20 世纪 90 年代以来的美国教育改革[J]. 比较教育研究,2003.
⑤ 项贤明. 20 世纪 90 年代以来的美国教育改革[J]. 比较教育研究,2003.
⑥ 易红郡. 家长择校:世界教育改革的新趋向[J]. 贵州师范大学学报(社会科学版),2003.

职能范式的转变很大的启示。学校选择最明显的一点在于在教育领域引入市场机制，促使学校之间相互竞争，这就要求"政府的行为最好是配合市场机制去进行，并且要最大限度地保护市场的竞争机制不受伤害，并建立以（教育）消费者主权为核心的市场机制"[①]。因此，在学校选择的教育改革中，政府的职能转变为提供教育补助和为教育服务活动制定规章，并促成公立学校之间及公校与私校之间形成竞争。[②] 这启示着在我国市场经济条件下政府教育管理职能范式中，政府教育管理职能要定位于服务型政府，服务于促进教育市场的公平竞争，政府也要保护公民和组织合法的教育财产权利，建立有效的激励制度；与此相应的是其职能范围应该是有限与适度的，分清楚政府该为与不该为的权力边界，给予学校一定的自主权力，积极运用市场的职能方式，促进学校提高教育教学的效率。

2. 校本管理

如果说市场逻辑给西方教育改革注入了竞争活力的话，那么公共管理理念导向下的教育改革则给西方教育改革注入了民主的因子，公众开始要求政府教育权力的下放，也要求政府教育管理服务于公众的利益。校本管理（School-Based Management，SBM）是教育改革对公共管理理念的回应，它是对学校管理现状的挑战，也是一定的社会经济、文化背景下的产物。它产生的社会背景是：世界范围内传统官僚制的公共管理模式的变化，现代企业管理理论与实践的发展，后现代主义思潮的影响和教育民主化的倡导。同时，校本管理也是对传统外控的、官僚制的学校管理模式的突破，在这种传统外控模式下，校长、教师、学生、家长和社区人士等学校的相关利益者对学校的管理及决策没有发言权，他们只是机械地执行各级教育行政管理部门的指示、命令，缺乏工作的积极性、主动性和责任观，使得学校的组织、管理效率低下。

事实上，校本管理是与教育分权化相联系的概念，也常常被看做是教育分权的一种较为激进的形式。它倡导一种基本假设：把决策权下放给学校，将有利于学校教育的改进。因此，校本管理概念基本上包含以下要素：学校管理的决策权应该从上级行政管理部门下移到学校；那些最接近决策的实践、最易受决策结果影响或对决策执行负有基本责任的人，是一项决策的制定者和参与者；学校教师在校本管理中将成为重要的参与者；学校将在财政、人事和课程等方面获得更多的权力。由此可见，校本管理中，校长、教职员、学生及其家长和社区都有权参与学校的决策，"参与式管理"被认为是校本管理成功的关键，这正好体现出教育改革的公共管理理念。

校本管理的称谓繁多，如"管理分权"、"以学校为中心的管理"等，但其核心在于"分权"，即"权责下移"。在英国、澳大利亚等英联邦国家，校本管理的一般称谓是"自我管理学校"（Self Managing School）。校本管理与直接拨款学校（Grant Maintained Schools）、教育行动区计划（Education Action Zone）、学校委员会（School Council）、社区参与的委员会或董事会等概念有密切关系，这些改革意旨主要在于吸引教育以外的社会力量参与学校的管理和运作，从而为学校带来新的管理思路、经验和资金，提高学校办学质量，满足教育消费者的要求。

西方国家校本管理的教育改革要求政府转变原有的教育管理职能，将学校管理不仅仅

---

① 张维平，伍晓鹰. 经济自由主义思潮的对话[M]. 上海：三联书店出版社，1989.
② 冯大鸣. 美、英、澳教育管理前沿图景[M]. 北京：教育科学出版社，2004.

看做是政府的事情,更应该是学生、家长、社区等所有利益相关者的事情。这是与近年来西方教育行政改革中由中央集权走向地方分权的趋势一致的,也是公共管理运动对教育管理影响的结果,其中渗透着公共管理的理念。校本管理给市场经济条件下我国政府教育管理职能范式的建构和完善最大的启示就是应当转变职能理念,促使计划经济体制下形成的教育的行政管理理念向教育的公共管理理念转变,给予教育消费者应有的权利,促使政府教育管理职能方式、职能范围的转变,并建立公民参与治理的教育管理机制,满足公民的教育需求。

3. 特许学校

特许学校(Charter School)是在市场逻辑和公共管理理念共同导向下的教育改革,是两者集中的表现。特许学校是美国中小学教育领域近年来出现的一种新型学校,也是美国 90 年代教育改革中的热门话题。[1]"据美国教育部 2001 年秋的统计,全美已有 34 个州开办了特许学校,另外 4 个州在没有开办特许学校的情况下通过了特许学校法,特许学校数已达 2063 所,在校生人数为 51.9 万人。"[2] 作为一种新型的公立学校,特许学校主要由公共教育经费支持,由教师团体、社会组织、企业集团或教师个人申请开办并管理,在相当程度上独立于学区的领导和管理。特许学校在享受相当的自主权的同时,须承担相应的责任,而办学者必须提出明确的办学目标,并与地方教育当局为此而签订合约。[3] 从政府角度而言,提出创办特许学校主要在于给家长为其子女选择合适的公立学校的权利,并在改革公立教育的过程中提供一种选择模式和形成竞争的氛围。[4] 因此,特许学校也是在市场逻辑导向下的教育改革之一,也是"择校"运动中的一种形式。但与此同时,特许学校实行合约式管理,也允许中介组织参与,[5] 具有自主(自治)的特征,[6] 所以从某种程度上说美国的特许学校也是在公共管理主义导向下的教育改革,也对政府形成教育的公共管理职能理念有一定的启示意义。当然,特许学校也面临着诸如教育质量、教育经费等问题的挑战,[7] 也给政府教育管理职能范围等带来一定的挑战。总之,特许学校集中地体现了西方教育改革的市场逻辑和公共管理理念,在目前我国政府教育管理职能面临与西方国家类似例外的情况下,给市场经济条件下政府教育管理职能范式的建构和完善很大的启示。如在职能方式上政府要改变过去主要依靠行政手段的做法,转为运用法律手段、资助政策、政策引导、信息服务、监督评估等,也要建立教育中介组织参与教育的管理机制等等;[8] 同时,政府也要在职能范围方面有进有退,积极营造学校之间公平竞争的环境。

二、构建社会主义市场经济体制下教育的公共管理体制

在经济与教育服务全球化的背景下,我国目前正由计划经济体制向社会主义市场经济

---

[1] 冯大鸣. 沟通与分享:中西教育管理领衔学者世纪汇谈[M]. 上海:上海教育出版社,2002.
[2] 颜辉. 美国特许学校的管理[J]. 特区理论与实践,2002.
[3] 冯大鸣. 沟通与分享:中西教育管理领衔学者世纪汇谈[M]. 上海:上海教育出版社,2002.
[4] 冯大鸣. 沟通与分享:中西教育管理领衔学者世纪汇谈[M]. 上海:上海教育出版社,2002.
[5] 颜辉. 美国特许学校的管理[J]. 特区理论与实践,2002.
[6] 冯大鸣. 沟通与分享:中西教育管理领衔学者世纪汇谈[M]. 上海:上海教育出版社,2002.
[7] 冯大鸣. 沟通与分享:中西教育管理领衔学者世纪汇谈[M]. 上海:上海教育出版社,2002.
[8] 颜辉. 美国特许学校的管理[J]. 特区理论与实践,2002.

体制转型，我国社会经济、政治环境的巨大变化给政府教育管理职能的发挥带来了巨大的挑战，出现了许多计划经济体制下形成的政府教育管理职能所无法解释和解决的例外；从微观层面上看政府对学校的管理存在越位、缺位和管理方式不当等问题；从宏观层面看政府也面临着引入市场机制后的难以解决的例外。这就要求政府教育管理职能做出适应经济与社会体制变革要求的转型，以回应政府在教育领域管理中面临的挑战。

教育作为国家公共管理事业中的重要组成部分，要求学校、社会、政府等的共同参与，市场经济体制的不断发展和完善，传统社会向现代社会的快速转型，要求加快变革计划经济下形成的教育行政管理体制，克服我国原有教育行政体制带来的"缺乏效率"和"质量低下"两大缺陷。[①] 为此，需要在对政府干预经济与社会公共事务作用的反思基础之上，深入分析市场经济体制下政府职能的基本问题：它的作用应该是什么，它能做什么和不能做什么，以及如何做好这些事情。[②] 通过教育体制改革的创新实践，重构学校、市场和政府的关系，以建立教育的公共管理体制，其核心内容是在教育分权和适度引入市场机制的前提下逐步推进政府宏观管理、社会广泛参与和学校自主办学。

教育分权是指"现实背景中的规划者决定教育体系中的哪些要素（如资金、聘任、课程开发）可以分权，以及把权力分配到哪个层级（是地区、学区，还是地方、学校）"。[③] 教育分权为学校、社会等参与教育管理提供了契机，也是市场机制的引入对政府教育集权带来挑战的结果。当然，市场机制的引入促进了教育资源的有效配置，提高了学校教育教学效率。教育的公共管理体制重新调整了政府在教育管理中的定位，要求政府在宏观管理方面发挥作用，适当调整自身的角色。同时，政府也要创设恰当发挥市场机制的宏观环境，促进多元教育投资体制的形成，吸引社会力量和民间资本的介入，并建立人才就业服务市场或制度等。而社会的广泛参与制度则主要体现在社会教育资源的投入，社会各界（学生、家长、社区人士以及中介机构等）参与教育管理等方面，充分体现教育管理的公共性，真正形成教育的公共管理体制。学校自主办学也是教育的公共管理体制中的重要内容，学校要突破过去教育的行政管理体制下"无权"的状况，形成自主办学的制度和机制，在人事、财经以及业务等方面具有自主权，充分发挥学校教育的专业优势，适应市场经济发展的挑战。

在教育的公共管理体制下的学校制度可以借鉴现代企业的董事会制度，建立校董事会领导下的校长负责制，包括董事会、监事会、教职工代表大会和校长等进行相互监督、相互约束的组织机构，赋予学校依法自主管理权。这种学校制度应当"以学校法人制度为主体，以有限责任制度为核心，以教育管理专家经营为表征，以学校组织制度和管理制度以及新型的政校关系为主要内容"。[④] 现代学校制度是一个在实践中内涵不断得到丰富和更新的动态概念，它的核心是"政校分离，产权清晰、利益共享，充分自治"，其中"政校分离"是指"政府退出教育活动的微观层面"；"产权清晰"是指完善学校法人制度和学校法人治理结构，推行"校长经营责任制"；"利益共享"是指形成学校利益共同体；"充分自治"是指以培育学校及其内部组织的自治精神为核心，建立有助于学校可持续发展的学校

---

① 劳凯声. 重构公共教育体制：别国的经验和我国的实践[J]. 北京师范大学学报（社会科学版），2003.
② 世界银行. 1997年世界发展报告：变革世界中的政府[M]. 北京：中国财政经济出版社，1997.
③ Edward B. Fiske (1996): Decentralization of Education: Politics and Consensus, Washington, D.C.: World Bank.
④ 黄兆龙. 现代学校制度初探——兼论国有民营学校管理模式[J]. 中小学管理，1998.

内部管理体系。① 由此可见,现代学校制度正是从教育分权和引入市场机制出发,是我国教育的公共管理体制下值得实践的学校管理制度。

三、公共管理体制下政府教育管理职能的转型

计划经济体制下出现的政府教育管理职能范式无法解释和解决的"例外"导致新的范式的出现,这就是市场经济条件下教育的公共管理体制下政府的教育管理职能范式。按照本书对教育管理职能范式的界定,作者认为社会主义市场经济条件下我国政府教育管理的职能范式应该从以下方面建构。

（一）职能理念：教育的公共管理

教育管理是现代市场经济体制国家社会公共管理的主要领域之一。它既不同于政府的行政管理,也与工商企业管理有着本质的区别,是以提高居民文化科学素质为目标的社会公共事务的管理。因此,社会主义市场经济体制下的政府教育管理首先应该树立教育的公共管理的职能理念,从教育的行政管理向着教育的公共管理转变。计划经济下的教育行政管理体制过分强调政府对教育的控制,因而对教育事业的管理主要表现为一种以命令与服从为主要特征的高度集权的方式。② 事实上,这种将教育管理仅仅看做是政府教育行政管理的做法,排斥了学校、学生等及其他利益主体参与教育管理的可能性,导致学校缺乏自我发展的动力,学生等及其家长作为教育消费者没有利益诉求的渠道。而在现代市场经济条件下,社会要求学校提高教育教学效率的呼声越来越高,学生等教育消费者也日益关注自己合法的权益,因此必须转变教育行政管理的政府教育管理职能理念,从公共视野下管理教育事业。

教育的公共管理的职能理念是以现代社会条件下教育的准公共物品属性为理论基础的,可以解释和解决转型时期政府教育管理中的许多例外。问卷调查所反映的在学校管理微观层面政府职能发挥不当的情况,从公共管理的职能理念出发就要求政府不该也不能独自承担教育管理职责,而应充分认识到学校也是教育管理的主体。同时,包含公共性和社会性的教育的公共管理理念在我国近十多年来的典型教育改革也可以觅到踪迹,尤其是承载教育公平理念的教育券,它也与西方校本管理和特许学校的教育改革体现出一致性,也是民主精神在教育管理中的体现。教育的公共管理的职能理念要求政府认识到教育在国家发展中的巨大作用,充分保证教育的公益性,从而为市场经济条件下实现教育的公平发挥作用。我国20世纪90年代以来的教育改革中能够发现一些这样的踪迹,但总体说来仍然体现得不够,而基础教育均衡化发展似乎也在追求这一理念。社会性则要求政府教育管理职能的社会化,对我国尤其具有特殊意义,因为公众参与公共管理的意识还有待增强。政府教育管理职能社会化意味着充分发挥政府在教育管理中的领导作用,特别是政府通过计划、组织、指挥、协调和控制等对教育管理的宏观调控作用,但在教育管理的具体事务和教育服务的具体提供方面,则以市场运作方式充分发挥政府外组织的作用,逐渐实现教育管理的社会化。③ 近年来西方教育改革中的校本管理强调学校独立自主,强调家长、社区等共同参与学校管理,也正是体现出政府教育的公共管理管理职能理念。

---

① 徐正福,吴华,徐晓东,等. 现代学校制度探索：源于椒江实践的理性思考[M]. 北京：中央文献出版社,2002.
② 中国教育与人力资源问题报告课题组从人口大国迈向人力资源强国[M]. 北京：高等教育出版社,2003.
③ 郎佩娟. 中国公共管理模式的合理选择[J]. 新华文摘,2002.

将教育的公共管理作为市场经济条件下政府教育管理职能范式中的职能理念,意味着政府要努力去实现教育的公共管理,包括有效地、合法地筹措教育的公共资源,制定和实施公共政策,保障公共管理的规范化运行,进行公共关系的协调和处理,有效地和公平地提供公共服务,追求公共利益的最大化等。同时,教育的公共管理理念是政府教育管理职能发挥中的指导思想,深刻地影响到政府教育管理职能范式中的职能定位、职能范围、职能方式和职能程度等。

(二)职能定位:服务型政府

服务型政府的职能定位鲜明地体现出市场经济对计划经济体制下形成的政府教育管理职能范式的挑战。计划经济条件下,政府教育管理职能定位于管制型政府,政府高度垄断所有的教育资源。但是,正如我国近十多年来教育改革所追求的教育投资主体多元化一样,市场经济在教育资源的配置方面发挥越来越重要的作用,政府教育管理的职能也必须从直接垄断教育投资转向创设有利、公平的教育投资环境,积极为吸收社会教育资源服务,并建立良好的激励机制。同时,在市场经济条件下政府也应当充分保护个人和团体合法的教育财产权利,为教育资源发挥最大效益提供服务。在服务型政府教育管理职能定位中,我国教育储备金模式、股份制办学等教育改革中出现的原有的"例外"不复存在,因为在新的范式下,教育基金金融风险的防止、股息的界定等问题只是政府的常规职能。服务型政府的职能定位要求政府通过政策、法规、发布信息等宏观的、间接的措施来为学校发展提供软的环境,也为社会各界参与教育管理铺设有利的平台。

(三)职能范围:有限政府

计划经济体制下的政府教育管理职能范式中的政府职能范围是全能的,政府包办整个教育。而在市场经济体制下,政府教育管理职能范围应该是有限的。在教育管理上,政府退出一般性公共竞争领域,把办学竞争的利益和责任"归还学校,回归社会";政府从过于微观、具体、细致的管理职能中退出,把办学的微观职能"归还校长、回归学校",从而确保学校作为相对独立事业法人依法办学的权利。[1] 我们认为,在市场经济条件下,为了使市场机制在教育资源配置中发挥更积极的作用,政府应从一切可以由学校自主决策的领域逐步退出。这些领域包括专业设置、课程方案(义务教育除外)、招生计划、收费标准(义务教育)、毕业生资格认定等。按照学者的观点,结合自己的思考,本书认为在退出之后,政府有限的教育管理职能范围如下。

1. 政府专心于教育产业政策的制定和法规建设、宏观发展战略研究、信息服务、教育督导和质量评估;积极鼓励教育科学研究和教育创新;加快制定规范、公开、公正和效益导向的公共经费拨款制度,使之成为推进教育发展的有力政策工具。

2. 政府应该逐步全面退出教育活动的微观领域,在积极鼓励民间投资教育的同时,还应该积极鼓励非政府机构管理经营公立学校,实行"教育民营"或"学校民营"。

3. 政府的职能是维护和创设良好的制度环境,而不是亲力亲为去从事一项具体的活动。[2]

从另一个角度来看,市场经济条件下政府教育管理职能范围主要集中于两个方面,即

---

[1] 中国教育与人力资源问题报告课题组. 从人口大国迈向人力资源强国[M]. 北京:高等教育出版社,2003.
[2] 中国教育与人力资源问题报告课题组. 从人口大国迈向人力资源强国[M]. 北京:高等教育出版社,2003.

解决教育领域中的市场失灵和促进教育公平。具体来说,政府教育管理职能主要表现在"拨款举办各级各类教育并促进教育机会的公平分配;建立并实施国家教育标准,鼓励各种社会力量举办教育;建立专门化的学校运行机制,保证学校教育机构的自主办学地位;培养师资并建立教师专业化管理的机制等。"①

当然,社会和经济的发展是迅猛的,我们也很难预料政府细微的职能范围,但可以肯定政府应该把握的是教育准公共物品的属性和政府教育的公共管理职能,以此认识和管理公办、民办教育,防止在学校和学生之间出现严重的两极分化现象,平衡教育公平与教育效率的关系,并积极创设公平、公开的社会参与教育管理的环境。

总之,构建服务型的政府教育管理职能范式,要求"由政府本位、官本位和计划本位体制向社会本位、民本位和市场本位体制转变"②。市场经济条件下,政府应该处理好"退位"和"补位"的问题,总的原则是:对于那些政府"不该管、管不了、管不好"的事项,政府应坚决"退位";对那些政府应该管却没有管或没有管好的事项,政府必须及时"补位"。这样,问卷调查反映的政府在学校管理微观层面的越位就不再是例外,通过界定政府教育管理职能的边界来获得很好的解释和解决。

(四)职能程度:职能集权和混淆不清向职能高度分化转变

计划经济体制下政府的教育管理职能是高度集中的并且很多时候是混淆不清的。过去是中央政府高度集权,对各级各类教育实行全方位的管理,随着我国政治、经济体制的改革,中央集权的行政管理体制逐渐走向分权、共治的行政体制。政府教育管理职能分化主要体现在以下两方面的公共教育权力的分化:"一是政府的公共教育权力的体制内下放,改变过去以命令和服从为主要特点的权力关系,在政府各级行政组织机构之间、在中央和地方之间建立以命令、指导、监督为特征的权力关系,以最大限度地提高地方各级政府组织和人员的积极性。二是政府的公共教育权力向市场领域和社会领域的转移,改变主要由政府垄断公共教育的状况,把过去由政府提供的具有竞争性、选择性的公共教育交由市场和社会提供,在政府与市场、社会、学校之间建立以参与、协商、谈判、监管为特征的权力关系。"③因此,市场经济条件下政府教育管理的职能程度应该是职能高度分化的。市场机制扩大了人们的教育选择权,各教育利益相关者都力图实现自身合法的教育权益,他们要求接受自己选择的教育,因而积极要求参与教育管理。另一个就是,从近年来我国教育改革和西方国家教育改革的实践来看,公共管理的理念一直在不断地获得人们的回应,人们逐渐认识到教育管理也是一种公共事业管理,公民有参与教育管理的权利。因此,市场经济条件下政府教育管理职能范式中的职能程度应该是职能的高度分化,与教育利益相关的个体或组织都有权利参与到教育管理中来,获得自己合法的权益。这实质上是民主理念在教育管理中的不断深入的结果,也成为政府教育管理职能转变中的重要内容。

(五)职能方式:以宏观间接管理为主

计划经济体制下政府教育管理的职能方式表现为政府对学校运用行政的手段进行管

---

① 劳凯声.重构公共教育体制:别国的经验和我国的实践[J].北京师范大学学报(社会科学版),2003.
② 梁建东,魏丽艳.从管制到服务——我国政府审批制度改革的理念追寻[J].福建行政学院福建经济管理干部学院学报,2003.
③ 刘复兴.公共教育权力的变迁与教育政策的有效性[J].教育研究,2003.

理,也是一种微观的、直接的管理方式,几乎很少运用市场的手段。但是,在市场经济条件下,政府的教育管理职能范式中的职能方式应该是服务型的政府职能方式,政府管理教育应该是宏观的、间接的管理方式为主,以法规、政策为依据和手段,注重运用教育规划、教育战略等形式的职能方式,也善于运用财政拨款、财政转移支付的间接的职能方式;同时,由于市场机制在现代教育领域中的作用日益明显,政府也要运用将计划与市场的有机结合起来的职能方式,充分发挥市场在资源配置、财产权的保护等方面的作用。从上面我们对中小学校长进行的问卷调查中可以发现,许多校长提出政府教育管理职能发挥中存在统得过死、管得过细以及行政监督过多而服务职能过少等管理方式不当的问题都是计划经济体制下政府教育管理职能范式所无法解释和解决的例外;而近年来西方教育改革尤其是校本管理模式表明,完全可以发挥学校及其他相关利益者在教育管理中的作用,政府只需在结果如学校绩效考核等方面进行间接的管理,而无须对学校亲力亲为。

（六）管理机制：教育管理的治理机制

机制指的是"有机体的构造、功能和相互关系",[①] 或曰:"有机体内部各构成要素之间相互联系、作用和调节的方式"。[②] 据此,本书认为政府教育管理职能范式中的管理机制指的是构成政府教育管理职能范式各要素之间的相互联系和相互作用的方式。教育的公共管理体制下的政府教育管理机制是教育管理的治理机制,与计划经济体制下政府教育管理职能范式中的教育管理的统治机制迥然不同。

"1989年世界银行在概括非洲的情形时,首次使用'治理危机'（Crisis in Governance）,此后'治理'一词便广泛地用于政治发展研究中,对治理的研究也成为90年代政治学的最新发展。"[③] 对"治理"（Governance）一般界定为:"各种公共的或私人的机构管理其共同事务的诸多方式的总和,它是使相互冲突的或不同的利益得以调和并且采取联合行动的过程"。其特征是:治理不是一整套规则,也不是一种活动,而是一个过程;治理过程的基础不是控制,而是协调;治理既涉及公共部门,也包括私人部门;治理也不是一种正式的制度,而是持续的互动。[④] 在这里,我们将治理机制作为市场经济条件下政府教育管理职能范式中的管理机制,作为新范式中各要素相互联系、相互作用的方式。教育管理中的治理机制区别于计划经济下的统治机制的主要方面在于以下几个方面。

1. 管理主体的多元性。教育管理的治理机制最首要的是突破计划体制下教育管理权威仅仅来源于政府的单一性,而是注重政府国家与市民社会、政府部门与非政府部门、公共机构与私人机构的合作,发挥全社会多元主体参与教育管理的巨大优势。

2. 管理过程中权力运行向度的上下互动性。传统的统治的教育管理机制是政府自上而下的依靠行政手段的单向度运行方向,而治理的教育管理机制则是相关主体上下互动的管理过程,是通过协商、合作和伙伴关系,确立认同和共同的目标等方式实施对公共教育事务的管理,其实质是建立在市场原则、公共利益和认同之上的合作。

3. 治理过程的高效性。市场逻辑和公共管理理念都主张对效率的重视,因此市场经

---

① 社科院语言所. 现代汉语词典[M]. 北京:商务印书馆,1986.
② 张会军,戎占怀,相力. 教育产业化实用全书[M]. 北京:开明出版社,2000.
③ 梁莹. 治理、善治与法治[J]. 求实,2003.
④ 全球治理委员会. 我们的伙伴关系[M]. 伦敦:牛津大学出版社,1995.

济条件下教育管理的治理机制也要求政府引进企业模式,获得教育教学的效率。

4. 治理的法治性。法律是公共管理的最高准则,它既规范公民的行为,更制约政府的行为,治理的教育管理机制是以法治教的,通过法律对政府、个人、社会团体等的行为进行规范。①

市场经济条件下教育管理的治理机制是与西方各国教育改革中的政府职能转变相一致的,校本管理的教育改革就是试图突破政府教育管理的单一权威,形成多方互动的管理机制。我国90年代以来教育改革背景下政府教育管理职能发挥中出现的一些例外,如公民办学校自主权空缺、教育经费投入的不足等都促使教育管理治理机制的形成。

总之,市场经济体制下政府教育管理职能范式从职能理念、职能定位、职能范围、职能程度、职能方式以及管理机制等方面都要发生转变,这样才能解决计划经济体制下形成的政府教育管理职能范式中微观层面和宏观层面的例外,适应市场经济的挑战,发挥政府在教育发展中应有的作用。

---

① 参见:梁莹.治理、善治与法治[J].求实,2003.沈远新.迈向知识社会进程中的公共治理转型[J].新东方,2001.胡仙芝.治理理论与行政改革[J].中国行政管理,2001.俞可平.权利政治与公益政治[M].北京:社会科学文献出版社,2000.俞可平.治理与善治[M].北京:社会科学文献出版社,2000.[美]B·盖伊·彼得斯.政府未来的治理模式[M].吴爱明,夏宏图,译.北京:中国人民大学出版社,2001.

第三章 政府教育管理职能转变中的教育均衡发展

进入 20 世纪下半叶以来，世界各国都从未来国际竞争和解决整个社会问题的高度来思考教育的现实与走向，在教育的公平成为各国发展教育过程中核心理念的背景下，改革的重点指向教育制度、结构等宏观问题，在追求教育的普及与提高以及教育改革进程中，高度关注教育的社会公平问题，大力推进教育特别是基础教育的均衡发展。

第一节 政府教育管理职能旨在推进教育公平

一、基础教育均衡发展的政治基础和法律基础

1980 年 12 月，中共中央发出《关于普及小学教育若干问题的决定》，提出 20 世纪 80 年代全国应基本实现普及小学教育的历史任务。邓小平同志作为党中央第二代领导集体的核心，始终从社会主义现代化建设全局和中华民族的前途命运的高度来考虑教育问题，强调教育要从中小学抓起。1982 年党的十二大召开，党的十二大确定教育是社会主义现代化建设的战略重点之一，使全党全社会对教育的重要作用有了新的认识，为教育战略地位的进一步确立打下了良好基础。1983 年，中共中央、国务院发出《关于加强和改革农村学校教育若干问题的通知》，提出了在农村经济迅速发展的新形势下，普及初等教育的任务和应当采取的方针、措施。1992 年党的十四大指出："必须把教育摆在优先发展的战略地位，努力提高全民族的思想道德和科学文化水平，这是实现我国社会主义现代化的根本大计。"十四大做出决策：到 20 世纪末基本普及九年义务教育，基本扫除青壮年文盲。1993 年，中共中央、国务院发布了《中国教育改革和发展纲要》，确定了到 20 世纪末我国教育改革与发展的基本目标和任务，并把基础教育作为重中之重提出来。同年，全国人大通过了《中华人民共和国教师法》。1994 年，党中央、国务院召开了全国教育工作会议，重点部署基础教育的发展问题，会议宣布：力争到 20 世纪末在 85％人口地区普及九年义务教育，其余 15％人口地区将继续普及小学或初级小学教育；使青壮年中的非文盲率达到 95％左右。1997 年召开的党的十五大站在时代和历史高度，提出要认真落实"科教兴国"战略，培养同现代化要求相适应的数以亿计的高素质的劳动者和数以千万计的专门人才，发挥我国巨大人力资源的优势，要调动各方面的积极性，大力普及九年义务教育、扫除青壮年文盲，要切实把教育摆在优先发展的战略地位。至此，教育首次成了领先于经济发展的"根本大计"，它在中国现代化建设中取得了前所未有的地位，而正是这种战略地位的确立为基础教育均衡发展奠定了政治基础。

同时，基础教育在一个国家的教育体制中也是处于具有战略意义的基础地位。基础教

育在整个教育体制中的战略地位体现在两个方面：一方面是在人的全面发展中具有重要作用；另一个方面是它在整个教育体制中的基础地位。基础教育是奠定一个人生存、发展基础的教育，是人才培养的基础，是奠定一个国家国民素质基础的教育；是保证一个国家、民族赖以生存、发展的基础。《中国教育改革和发展纲要》则更明确地指出："基础教育是提高民族素质的奠基工程"。基础教育具有两个基本性质：一是公平性，二是基础性。[①]综观世界各国的基础教育，它都是人人必须接受的、法定的国民教育，是人人应享有的神圣权利，是国家对公民应尽的义务。同时，基础教育又具有基础性，要为提高全民族的素质奠定基础，它强调的是人的基本素质的培养，而不是专业或某些专门人才的培养。基础教育的对象和着眼点是全体人民而不是一部分人，更不是少数人。因此基础教育的性质、地位客观上也要求基础教育必须均衡地发展，保证每一个适龄儿童、少年的基本素质得到培养和开发，从而提高整个中华民族的素质。

进入 20 世纪 80 年代后，为了将基础教育的战略地位落到实处，我国先后颁布与实施了一系列教育法律、法规和规章。特别是全国人大及其常委会先后通过的《中华人民共和国义务教育法》（1986，以下简称《义务教育法》）和《中华人民共和国教育法》（1995）更是推进基础教育均衡发展的法理依据。在这两部法律中，有很多关于受教育权利平等的法律条文。前者赋予了适龄儿童少年享有接受九年义务教育的权利，使保障少年儿童接受九年义务教育成为政府的义务性规范；后者则确认所有公民依法享有平等的受教机会。

此外，《中共中央关于教育体制改革的决定》（1985）、《中国教育改革和发展纲要》（1993）以及《中共中央、国务院关于深化教育改革全面推进素质教育的决定》（1999）等也都提出要改善基础教育特别是义务教育的办学条件，逐步实现标准化，改造薄弱学校，提高义务教育阶段的整体办学水平等。并且在进入新世纪之后，我国不失时机地提出基础教育均衡发展政策。2002 年 5 月，在北京召开了第三次全国基础教育工作会议，会议的主题就是"促进基础教育的均衡发展"。《国务院关于基础教育改革与发展的决定》明确指出，要实施基础教育的均衡发展政策。2006 年 8 月，新修订的《义务教育法》规定："政府应当合理配置教育资源，促进义务教育均衡发展，改善薄弱学校办学条件，"并要求"政府教育督导机构对义务教育工作执行法律法规情况、教育教学质量以及义务教育均衡发展状况等进行督导。"[②] 所有这些法律、法规与规章的颁布与实施使均衡发展义务教育有了法律依据，也使均衡发展义务教育成为政府及其职能部门履行法律责任的义务行为。

二、基础教育均衡发展与资源配置

长期以来，我国教育发展存在着严重的不均衡发展现象，主要表现在：一是地区差别，最典型的就是东西部教育发展水平的不均衡；二是城乡差别，城市与农村在教育设施、教育质量和教育机会上的不均衡；三是民族群体差别，指教育源配置不均衡的恶性循环；四是家庭差别，即家庭经济状况不同所造成的教育机会不均等。

---

① 罗兴根. 教育平等与现阶段我国教育发展的两种态势[J]. 安徽教育学院学报, 2000.
② 《中华人民共和国义务教育法》（1986 年 4 月 12 日第六届全国人民代表大会第 9 次会议通过、2006 年 6 月 29 日第十届全国人民代表大会常务委员会第二十二次会议修订）。

改革开放以来,上海的基础教育在历届政府的重视和广大教育工作者的努力下,先后经历了3轮大规模的建设改造。第一轮改造是在1985—1993年,主要目标是解决历史欠账和办学中突出的困难与矛盾;第二轮改造是1994—1998年实施的"薄弱学校更新工程";1992—2002年实施的"中小学标准化建设工程"(简称"达标工程")是上海中小学第三轮的改造建设。经过这三轮改造,上海的基础教育取得了令人瞩目的成绩并处在全国领先的地位。但就其中义务教育的发展来看,也还存在着不均衡的现象。这些不均衡主要表现在城乡之间的差别、城区与城区间的差别、校际间的差别等,但尤以城乡差别较为突出,还存在着群体间的不平衡。农村地区、远郊区县基础教育发展还较困难,弱势群体接受义务教育的权利还没有从根本上得到保障。

优质教育的供求矛盾是基础教育均衡发展的内在动力。我国正处在劳动年龄人口不断上升时期,将在长时间内面临巨大的就业压力。由于劳动力供给大大超过就业需求量,劳动就业方面的压力越来越大。而在上海这样一个人才济济的地方,就业竞争则更加日趋激烈。近年来的人才招聘市场上,招聘单位对应聘者的要求在发生变化:从要求有学历到要求有高学历,从要求有高学历到要求有名牌大学的高学历。于是人们便争相攀登教育阶梯,以期在未来的就业竞争中占据优势地位。也就是说,人们争相寻求优质教育资源,实质上是在竞争就业。基础教育是教育的基础,而人们又一贯认为教育又具有累积的效果,所以人们为了不在竞争中输掉起点都渴望得到优质基础教育资源。

同时,收入因素导致居民消费方向的改变及消费能力的提高,使得对受优质教育的需求更为强烈。随着我国经济形势的好转,居民的生活水平与收入水平稳步增长。上海1997年城市居民家庭年人均可支配收入是8439元,食品支出占总消费支出的51.7%,而2007年城市居民家庭年人均可支配收入为23623元,食品支出占总消费支出只有35.5%。① 在10年之内上海城市居民年人均可支配收入增长了近2.7倍,恩格尔系数下降了约16个百分点。② 随着居民收入的增长、生活水平的提高,家庭教育消费能力也增强了,也使家长为其子女提供高质量教育的期望成为可能。1997年上海城市居民家庭年人均教育消费828元,而到2009年家庭年人均教育消费达到3139元,③ 教育消费超过了房产、医疗等,仅次于食品消费与交通和通信消费,这表明上海居民对子女受教育的重视程度及对优质教育的需求都更为强烈。

但受政府公共财政投入及教育总供给能力不足等因素的影响,我国教育总资源存在短缺,优质教育资源严重匮乏,远不能满足人民群众日益增长的接受优质教育的需求。上海也不例外,在基础教育方面,社会信誉好、教育质量高、有特色的学校和教育品牌建设速度较慢,优质基础教育资源的提供远远低于人民群众对它的需求。基础教育阶段优质教育的供求矛盾日益突出,而正是这种矛盾的产生使得基础教育优质均衡发展有了内在的动力。因为只有实现基础教育的均衡发展,才能解决旺盛的教育需求和优质教育资源供给不足的矛盾,满足人民群众对优质义务教育的需求。

---

① 上海市统计局. 上海统计年鉴(2008)[M]. 北京:中国统计出版社,2008.
② 恩格尔系数是指食品支出占消费支出的比重,恩格尔系数越低,表明生活水平越高。
③ 中华人民共和国国家统计局. 中国统计年鉴(2010)[M]. 北京:中国统计出版社,2010.

三、基础教育均衡发展的内涵与标准

（一）基础教育均衡发展的含义

所谓基础教育均衡发展，是指通过法律法规确保给公民以同等的受教育的权利和义务，通过制定政策与调配资源而提供相对均等的教育机会和条件，从而实现教育效果和成功机会的相对均衡。可以说，教育资源配置的均衡是教育均衡发展的基础和前提。[①]

对于"基础教育均衡发展"的内容，学术界有不同的认识。有的认为是教育与其他社会领域之间的均衡发展，有的认为是教育领域内部各级各类教育之间的均衡发展，有的认为是教育系统内部各种要素之间的均衡发展问题，以及教育各要素内部的各组成单元的均衡发展问题，还有的认为是教育领域横向各要素之间的均衡发展，以及纵向各阶段之间的均衡发展问题，等等。[②]当前人们关注的基础教育均衡发展应包括三个层面：区域之间的均衡，即不同地区和同一地区的城乡之间教育均衡发展的问题；学校之间的均衡，是基础教育在一个区域内不同学校之间均衡发展的问题；群体之间的均衡，是同一学校不同群体之间的教育均衡发展问题，即应该更加关注弱势群体的教育问题。就其实质而言，教育均衡发展主要涉及三个方面：一是关注受教育者平等受教育的权利，确保人人都有受教育的权利和义务；二是相对均衡地配置优质教育资源，为受教育者提供相对平等的教育机会和条件；三是关注每个受教育者潜能的最大限度的发挥，为受教育者提供相对均等的教育成功机会和效果。

（二）基础教育均衡发展是一个与时俱进的动态发展过程

教育的均衡发展规律与经济的均衡发展规律类似，教育的均衡发展之路也是一条从不均衡到均衡，又从均衡到新的不均衡再到新的均衡的探索发展之路。过去均衡的，发展到现在不一定均衡；现在均衡的，发展下去也不一定均衡。随着居民的物质生活和文化需求的提高，对教育的要求也越来越高。人民群众从孩子"能够上学"发展成"能够上好学校"，从过去的"有教师任教"发展成"择教师任教"。基础教育的均衡发展应该顺应社会经济的发展，顺应人民群众的需求，与时俱进，不断确立更高更新的目标，实现阶梯式发展，螺旋式上升。[③]应该说教育均衡发展是一种理想的状态和全新的教育发展观，是人们长期的追求和理想，它属于一个历史的范畴，它和经济发展一样，也是在矛盾运动中前进的，即是一种动态的均衡。

（三）基础教育均衡发展是一种百花齐放、特色纷呈的发展态势

均衡发展是一个相对而言的概念。不均衡是绝对的，均衡是相对的。均衡发展不是搞绝对平均主义，不是"一刀切"，使所有的学校都"齐步走"，而是要缩小区域之间、学校之间的发展差距，让所有的受教育者在基础教育阶段都能接受到他所应享受到的社会给予他的公平的教育。当然均衡发展也不是要千校一面，而是要在办学条件、师资水平相对平衡的情况下，积极鼓励学校办出特色。教育个性化、办学特色化是当前国际基础教育发展的大趋势，也是实现教育向更高层次的均衡方向发展、全面推进素质教育的要求。教育如

[①] 毛伟宾. 关于基础教育均衡发展的几点理论思考[J]. 当代教育科学, 2003.
[②] 周峰. 试论基础教育均衡发展的若干问题[J]. 教育研究, 2002.
[③] 华长慧. 均衡：宁波基础教育发展的平台[J]. 中国教育学刊, 2003.

果没有个性也就没有生机。我们所致力追求的均衡不应是"千校一面"、千篇一律的均衡发展,而应是鼓励学校积极创新,努力办出特色、办出个性的均衡发展。① 均衡发展与办出特色是不矛盾的,每一个学校都要为了孩子的终身发展奠基,为孩子的成长留出空间,为孩子的个性发展提供条件。均衡本身并不是目的,真正的目的是要促使所有的学校都提高教育教学质量,提高办学水平,追求整体功能的优化,推动教育的发展,在发展中达到较高水平的均衡。

(四) 基础教育均衡发展的着眼点应主要放在区域内

区域内教育的均衡发展是区域间教育均衡发展的基础。教育发展的差异既表现在区域之间,又表现在区域内部。教育发展既要追求区域间均衡发展,又要追求区域内的均衡。实现了区域内的均衡发展,追求区域间均衡发展就有了动力。

在经济上,我国一直实行的是一种差异发展的战略。邓小平同志提倡允许一部分人先富起来,打破了平均主义的倾向,为社会发展带来了生命活力。从改革开放到今天,各个地区都在快速发展,而区域差异、城乡差异、阶层差异也在拉大。从教育投入来说,可能西部的省区和北京、上海就差个十几倍甚至几十倍。在这种情况下,现在在全国范围内实现教育均衡发展是不可能的。同时,现行的行政区划管理体制和财政管理体制也决定了教育的均衡发展应是区域内的均衡发展。当然,教育在区域内的差距也相对小一些,也就更容易实现教育的均衡发展。所以,这里讲教育均衡发展,只能是努力推进区域内的均衡发展,而区域间的教育不平衡、教育的差距,则不宜再提倡继续扩大,而应通过财政转移支付尽可能地缩小。

(五) 基础教育均衡发展的基本标准

要想对我国基础教育均衡发展问题进行具体、深入、有效的研究,除了要明确基础教育均衡发展的内涵外,还应了解其标准问题,即基础教育具体发展到什么状态才达到了均衡。均衡标准的确立首先要解决的是选择哪些要素作为衡量的依据。在选取衡量要素时我们可以借鉴有关学校效能问题的研究成果。

所谓学校效能研究,根据荷兰学者斯坎纳教授的理解,就是"以寻找或发现对学校的产出有积极影响的学校特征或其他因素为目的的研究"。其实质在于,以学生的学习进步程度为指标并同时考虑该指标同学生进步有关的各类因素。②

关于影响学校效能的主要因素问题,著名学者富勒的研究颇有参考价值。他的研究不仅告诉人们有哪些指标、有多少次曾被用来作为影响学生学业成绩的因素,而且告诉人们这些指标在多大程度上被证明确实同学生之间存在正向或负向联系。1985年,富勒为世界银行"教育与培训丛书"撰写了一份报告,题目为《提高发展中国家的学校质量:什么投入推动了学习?》。在这份报告中,作者动用了教育研究元分析中最简单而又最常用的方法——计数法,对已有的大量有关影响学生学业成绩的学校因素问题研究进行了再研究。富勒对已有的每一个研究进行了如下分析:研究者在研究中所采用的学校质量指标内容;研究者在研究中对指标影响学生学业成绩效果所持的假设前提,即期望效果;研究者在研究中所发现的指标影响学业成绩的实际效果,在分析各个研究的基础上,富勒归纳出了同

---

① 华长慧. 均衡:宁波基础教育发展的平台[J]. 中国教育学刊,2003.
② 张煜,孟鸿伟. 学校效能研究与教育过程评价[J]. 教育研究,1996.

一学校质量指标在已有研究中期望效果得到验证的百分比,即期望效果与实际效果相一致的百分比。① 根据富勒的研究结论,第一,"生均经费"、"教科书与阅读材料"、"图书馆规模与活动"、"教师的受教育年限"、"教师的备课时间"、"教学计划的跨度"、"学生家庭作业频率"、"校长的素质"等因素不仅多次被用作影响学生学业成绩的学校因素,而且得到验证的百分比很高;第二,在富勒列出的 27 项因素中,至少有 11 项直接与教师相关。可见,影响学校效能的因素概括起来就是物质投入、人员素质以及教育教学的组织与管理等。②

借鉴影响学校效能的主要因素,结合我国的实际情况,判定基础教育发展是失衡还是均衡时,应从教育的过程与投入看,即用教学设备的配备与使用、教师的学历结构、生均经费、生师比、学生辍学率等指标来衡量。当基础教育阶段各学校之间在这些方面大体相当时,就应视其为均衡发展关注弱势群体子女受教育权利

美国从 20 世纪 80 年代以来历届政府都把推进教育改革、重视教育公平、提高教育质量作为一项重要工作。1991 年 4 月 18 日,布什总统签发了由教育部部长亚历山大负责起草的全美教育改革文件——《美国 2000 年:教育战略》(AMERICA 2000:An Education Strategy),这份纲领性文件提出了美国教育改革的六项"国家教育目标"。1993 年 4 月 21 日,上台不久的美国克林顿总统政府就宣布了题为《2000 年目标:美国教育法》(Goal 2000:Educate America Act)的全国性教育改革文件,该法在前布什总统的《美国 2000 年:教育战略》制定的六大国家教育目标的基础上,该计划又增加了两项。在这八大目标中就对"弱势群体"表现出特别的关注,"教育同样应该为他们提供同等的成就机会"。"每一个儿童都有权享受高质量的教育(不论他的经济地位、种族还是学业成绩),每一个儿童都应该被看做是有很强学校能力的、值得被教育的对象,每一个儿童都应该被提供同样的教育机会去帮助他们在未来获得成功——这是当代美国教育改革所追求的平等的实质。"③ 特别是 2001 年 1 月 23 日,布什总统在宣誓就任总统后的第二个工作日就制定了联邦政府关于美国教育改革的新政策,并公布了《不让一个儿童落后(No Child Left Behind)》的教育蓝图。这个教育蓝图特别强调了重视教育公平,要帮助处于不利情况下的学生,并要奖励"不让一个儿童落后"的学校。

2002 年 9 月 8 日,英国首相布莱尔在参观地方的"确保起点"项目中心时发表讲话,强调说:"我们的目标是在一代人中消灭贫困,不把贫困带到第二代。无论一个人的出身背景和阶级,每一个人都能享有我国日益增长的繁荣。"同时还强调:"我们要实现真正的平等——平等的身份和平等的机会。""确保起点"是英国政府消除儿童贫困和社会排斥的一个里程碑。④

同样,法国、日本和韩国等国家也十分重视基础教育公平和均衡发展问题。日本和韩国两国的义务教育已经基本做到了"关爱每一位学生,使每个学生都能得到发展"。所有的小学和中学,只要有智力障碍和伤残儿童的,都有为这些儿童专设的教室并配

---

① 朱益明. 影响学生学业成绩的因素:富勒的研究结果[J]. 教育研究信息,1995.
② 朱家存. 论我国义务教育发展不均衡的成因及其矫正对策[J]. 教育理论与实践,2003.
③ 史静寰. 当代美国教育[M]. 北京:社会科学文献出版社,2001.
④ 杨昌江. 论我国基础教育均衡发展及其策略[J]. 中国教育与经济论坛,2004.

有受过专门培训的教师,对外国儿童也是如此。不仅世界各国政府和学校重视基础教育公平,广大民众也有极大热情。[①]

以教育公平和教育民主为核心的终身教育和全民教育思潮在全球形成和传播,已经成为世界各国基础教育发展的主导思想。这一切为基础教育发展赋予了新的内涵,可以说,强调教育公平和均衡发展的时机已经到来。在这样的时代背景下,要"建设一流城市"、"建设与一流城市相适应的一流教育"的上海顺应国际基础教育发展潮流显然是一种必然的选择。

第二节 转型社会中教育公平遇到的挑战

一、基础教育发展失衡的状况描述

长期以来,我国教育发展存在着严重的不均衡发展现象,主要表现在:一是地区差别,最典型的就是东、西部教育发展水平的不均衡;二是城乡差别,城市与农村在教育设施、教育质量和教育机会上的不均衡;三是民族群体差别,指教育资源配置不均衡的恶性循环;四是家庭差别,即家庭经济状况不同所造成的教育机会不均等。目前我国教育的非均衡发展现象中尤以东部与西部、民族地区与汉族地区的教育非均衡发展较为明显。

(一)城乡间教育投入的差距

上海的义务教育城乡差距越来越大,已经严重地阻碍了基础教育的发展,造成了上海教育发展的一个瓶颈。农村教育的发展相对滞后、教育的质量相对较低等问题拖住了上海基础教育的整体水平的提高。城乡教育无论是在办学条件、基本投入还是教师配备等方面都存在着巨大的差距。

从下表中的一些数据,我们可以看出上海市区与郊县的差距是非常明显的,下面对其进行进一步的分析和说明。

从表3-1中数据可以看出,2006年上海的小学生均教育经费支出为11632.49元,初中生均教育经费支出13623.58元,无论是小学生均教育经费支出还是初中生均教育经费支出都位列全国第一。而且综观全国水平而言,上海的平均水平是全国平均水平的4倍左右,应该说还是比较乐观的,但就全市城乡间的教育经费而言,义务教育的经费存在着较大的差异,不能不引起有关部门的重视。首先,生均教育经费支出中,城乡差距明显,农村小学、初中的生均教育经费支出都远低于全市平均水平。其次,从平均数看,城市和农村间教育经费的绝对差异明显,严重影响了上海市义务教育的均衡发展。

[①] 杨昌江.论我国基础教育均衡发展及其策略[J].中国教育与经济论坛,2004.

表 3-1　2006 年上海市义务教育生均教育经费支出比较　　　　（单位：元）

地区	小学	初中
全国	2121.73	2669.49
全市	11632.49	13623.58
农村	9560.69	11399.44

资料来源：根据中国统计出版社出版的《中国教育经费统计年鉴》(2007)整理。

（二）区县间教育投入的差距在拉大

义务教育发展水平不仅存在城乡差距，区县间随着各区县经济发展水平的不平均和人口导入、导出的差异，引出各区县之间生均拨款水平差异过大，义务教育的发展也产生了巨大的不平衡。

从表 3-2、表 3-3 可以看出，2006 年小学实际生均拨款最高的卢湾区（22848.41 元）是最低的奉贤区（7383.22 元）的 3 倍多，相差 15465.19 元；初中实际生均拨款最高的卢湾区（21625.31 元）与最低的青浦区（7656.23 元）相差 13969.08 元；而且结合 2007 年的数据来看，这些差距没有缩小，反而有拉大的趋势。2007 年，小学实际生均经费最高的卢湾区（29281.86 元）是最低的奉贤区（8562.02 元）的 3 倍多，相差 20719.84 元，初中实际生均经费最高的卢湾区（28463.71 元）和最低的青浦区（9182.44 元）相差 19281.27 元。无论是财政拨款生均还是生均公用经费这些绝对差异也都非常明显，并且还有扩大的趋势。

表 3-2　上海市小学生均经费分析　　　　（单位：元）

	2006 年			2007 年		
	财政拨款生均	实际生均	其中：生均公用费用	财政拨款生均	实际生均	其中：生均公用费用
卢湾区	22413.45	22848.41	10585.52	28947.20	29281.86	14676.57
静安区	20485.60	21219.58	9855.50	25396.89	24151.60	10143.70
黄浦区	17600.07	18149.51	5070.73	19884.55	20339.78	5299.74
长宁区	9249.95	10346.05	2041.61	10954.04	11931.94	2185.70
崇明县	9341.44	9933.27	1156.65	11186.56	11214.39	1427.98
南汇区	7955.06	8539.56	2277.89	9929.81	10075.53	2609.43
青浦区	7440.27	7826.87	1610.45	8689.51	9103.55	1672.28
奉贤区	7038.89	7383.22	1981.87	8258.84	8562.02	2399.18

资料来源：根据上海教育出版社出版的《上海教育年鉴》(2007)和《上海教育年鉴》(2008)整理。

表 3-3 上海市初中生均经费分析　　　　　　　　　　（单位：元）

	2006 年			2007 年		
	财政拨款生均	实际生均	其中：生均公用费用	财政拨款生均	实际生均	其中：生均公用费用
卢湾区	18902.37	21625.31	7478.85	25837.83	28463.71	9820.23
静安区	17450.57	16808.79	6985.37	20756.52	19285.54	7120.31
黄浦区	17050.18	18517.12	5614.04	19939.52	21525.08	5753.62
闵行区	10742.18	12315.42	3109.07	15303.23	16437.05	4647.23
杨浦区	11225.84	12374.84	2205.95	14176.76	14849.12	2279.50
青浦区	7656.23	8152.56	1852.75	8674.46	9182.44	1882.12
金山区	8527.26	8646.62	1467.67	10219.06	10288.98	2011.50
崇明县	7971.96	8801.93	1357.74	10139.86	10419.88	1986.83

资料来源：根据上海教育出版社出版的《上海教育年鉴》(2007) 和《上海教育年鉴》(2008) 整理。

由于财政教育投入差异大，在办学条件方面，各区县的差距也比较明显。郊区、县中小学实验室及功能教室、计算机与网络及外部设备、馆藏图书三类装备的投入远低于中心城区（参见表 3-4 和表 3-5）。

教师的资源方面，各区县也存在着非常大的差距，中心城区和近郊区集中了大部分的优质师资，而远郊区县受交通、待遇等因素的影响，仍然存在着教师特别是优秀教师紧缺的矛盾。以崇明县为例，近几年来崇明县财政对教育的投入每年均呈递增状态，但由于崇明经济总体发展的相对迟缓，可用财力又相当有限，因此教育经费的投入还不能完全适应提升办学条件、改善教育环境的需要。崇明师资依旧紧缺，流失依旧严重，优秀教师难以引进，应届大学生或外省市在职教师来县任教的数量依旧偏少。有数据显示，现平均每年有 350 名老教师退休，又有近八十位骨干教师流失。从 2000 年起，崇明籍学生到市区师范大学学习毕业后回流崇明当教师的就很少。目前教师缺口每年至少有 250 名。崇明县崇西中学校长周思忠曾参加过几次市教委主办的招聘会，他无奈地说，名牌高校学生不愿来崇明工作，有意向的人却往往自身条件不符合，偶尔有符合条件的，又因没有教师资格证书等原因被否决。海岛上的个别学校尽管开出一次性 3 万元津贴，却依然招不到合适人选。[①] 而在其他郊区、县也存在这种类似的情况，2002 年，南汇区初中教师缺编 397 人，造成开课困难；奉贤区近三年流失骨干教师 194 人；青浦区 10 所列入"加强初中工程"重点建设学校 5 年中流失骨干教师 160 名。[②] 相比远郊区县的这种情况，中心城区各区的中小学则往往是几十个人竞争一个教师岗位。各区县之间的师资在数量上、结构上的这种矛盾，严重影响了上海基础教育的持续、均衡、健康的发展。

---

① 周慰. 崇明之"重"[J]. 上海教育, 2004.
② 上海市教育委员会. 上海教育年鉴(2004)[M]. 上海：上海教育出版社, 2004.

表3-4   2007年上海市部分区县小学尚需教育技术装备资金统计表   （单位：万元）

单位名称	尚需教育技术装备资金				
	总计	实验仪器	实验室设备	功能室器材设备	其他
黄浦区教育局	0	0	0	0	0
南汇区教育局	167	24	34	89	20
长宁区教育局	91	12	18	40	21
虹口区教育局	241	53	28	67	92
金山区教育局	561	39	128	314	81
崇明县教育局	588	55	88	286	159
宝山区教育局	8203	229	253	3975	3746
浦东新区社会发展局	2320	355	378	767	820

资料来源：根据上海教育出版社出版的《上海教育年鉴》（2008）整理。

表3-5   2007年上海市部分区县中学尚需教育技术装备资金统计表   （单位：万元）

单位名称	尚需教育技术装备资金				
	总计	实验仪器	实验室设备	功能室器材设备	其他
黄浦区教育局	26	5	5	12	4
静安区教育局	395	103	36	157	98
闵行区教育局	0	0	0	0	0
嘉定区教育局	531	120	109	168	134
虹口区教育局	493	98	140	95	160
徐汇区教育局	0	0	0	0	0
崇明县教育局	993	224	136	306	327
浦东新区社会发展局	2648	421	642	1194	392

资料来源：根据上海教育出版社出版的《上海教育年鉴》（2008）整理。

（三）学段以及校际间的差距不容忽视

1. 基础教育各阶段的失衡发展现象

上海基础教育不仅存在区域性、城乡间的差异，还存在学段发展的不平衡。许多现象表明，小学阶段由于学生数迅速下降，小学升初中取消了升学考试，小学的改革效果比较明显。高中阶段新建了11所寄宿制学校，优质教育资源的学校招生量已占普通高中招生数的50%，发展的前景良好。[①] 令人担忧的是初中阶段，它是义务教育的最后阶段，是义务教育质量的最终检验，也是人生成长道路上极为关键的一个阶段，但它的发展恰恰还有许多障碍。

初中阶段的教育投入在教育的投入结构中处于低端，教育的财政投入在整个教育的财

---

① 傅禄建．新时期上海基础教育发展的新应对[J]．教育发展研究，2001．

政投入中比例偏低，生均公用经费标准多年未变，生均经费过低。表现之一，连续几年来上海初中生拨款低于小学生均水平，这是不正常的（从国际比较数据看，初中生均经费应高于小学30%左右）。表现之二，2002年初中生均经费支出（5997元），尚不足高中生均经费支出（10138元）的60%，两者差距过大（从国际比较数据，初中生均支出应不低于高中的80%）。其原因是各区县高中生均拨款标准普遍高于初中1000元以上，同时还可收取生均3000元以上的学费，造成差距过大。①

初中教师平均收入只有高中教师平均收入的60%~70%（人均月收入少1000~1500元）；与市重点高中（特别是寄宿制高中）教师相比，本市初中教师的平均收入只有他们的一半左右。造成初中骨干教师流向高中。近十年来，本市高中招生规模每年递增10%~15%，教师数量严重不足，更加剧了初中骨干教师往高中跳槽。另外，高中教师队伍中的高级教师岗位数达到24%，晋升机会多；而初中教师同样是本科学历，但高级教师岗位数只有5%左右，这也加剧了优秀教师流向高中和其他社会岗位。②

总之，上海的中小学经历过"达标工程"后，初中学校相对薄弱的原因主要不在硬件设施，而在于生均教育投入水平低、教师待遇低、晋升机会少等方面。

2. 同类型学校间失衡发展的差距有拉大趋势

同一区县内，义务教育阶段除了由于初中、小学校际间专项拨款差异较大而引发的学段之间的发展不均衡外，另外还有因为同级别学校间的中心校、实验校、重点校获得资源较多而引发的优势学校与薄弱学校之间发展的不均衡。当然在这里本书指的薄弱学校是指相对意义上的薄弱，而并非绝对意义上的薄弱学校。因为在"达标工程"后，原先的薄弱学校在硬件特别是校舍方面基本达标、教师学历形式上也基本达标，然而，形式不能取代内容。一所学校外观的改变、教师学历形式上的达标等并不能代表它的办学条件与办学水平就能令人满意，况且居民对教育质量的要求也在不断提高。实际上，从总体上看，在上海，绝对意义上的薄弱学校已基本消失，但相对意义上的薄弱学校还是依然存在的。并且，应该指出的是，尽管小学与高中阶段也存在薄弱学校，但薄弱初中则更为突出。

（1）愈演愈烈的"择校潮"造成校际间的差距拉大

在义务教育阶段，根据《义务教育法》第九条第一款"地方各级人民政府应当合理设置小学、初级中等学校，使儿童、少年就近入学"的规定，实施"就近入学"原则。在上海，上海市教委出台的《1996年上海市初中入学工作的意见》强调，继续坚持取消全区性统考，推行绝大多数学生就近入学的方法。但事实是，近年来由于种种原因，人们利用高价择校、迁户口、托关系等手段导致该政策执行不力，优势学校"独占优秀生"的局面并未改变，"薄弱学校"优秀生源流失现象依然严重，优势学校与薄弱学校之间生源的质量差距拉大，这样更进一步拉大了校际间的差距。

由于薄弱学校在长期办学过程中形成的不良社会声誉一时难以消除，社会舆论和学生家长对业已更新改造过的薄弱学校并不认可。每年新生入学时，仍有相当数量的学生家长不愿让自己的孩子进这类学校。结果造成部分学校生源不足、办学资源严重浪费，而另一部分学校则出现人满为患、资源紧张的局面。以普陀区的某薄弱初中为例，2000年最初

---

① 胡瑞文. 关于上海义务教育几个热点问题的思考[J]. 上海教育科研，2004.
② 胡瑞文. 关于上海义务教育几个热点问题的思考[J]. 上海教育科研，2004.

区里为该校划了 377 名新生,但最后只有 224 人去报到。学生不到位,学籍只好退回区里。校长说这是民办校和好的公办校把生源"抢"走了。① 实际上,流失的学生基本上是比较优秀的学生,这些学生均是按"就近"政策分到该校却又没到校报到的学生。

近些年来,家长对独生子女接受优质初中、小学教育急剧增长的需求与本市优质初中、小学学位供应严重不足的矛盾,使得国家有关部门曾三令五申制止义务教育阶段的"择校"行为非但没有得到有效遏制,相反却愈演愈烈。在这里,我们尚且不论"择校"的褒贬,而仅仅看"择校潮"给学校带来的结果是:优势学校更加有优势,薄弱学校更加薄弱;一些办学条件好的学校日子越过越红火,一些学校则越办越难,校际间的差距不是在缩小,而是在扩大。因为基础教育发展的不均衡,所以才有了择校问题,但"择校潮"的愈演愈烈又加剧了基础教育的不均衡,加深了基础教育均衡发展的难度,这样一来就形成了"不均衡"和"择校"之间的恶性循环。要制止这种恶性循环,只有重视就近入学政策的前提条件——义务教育的均衡发展。

(2) 不同学校所处社区严重影响生源素质,进一步拉大了学校间的差距

上海历史上一直就有"上只角"和"下只角"的分野。市中心静安、卢湾、黄浦等区自然是"上只角",一些工厂区当然是"下只角"了。在同一区内,也有"上只角"和"下只角"的区别。以卢湾区为例,靠近淮海路、复兴路和瑞金路一带是上海著名的商业区之一,是所谓的"上只角",而打浦桥一带由于是老工业区和棚户区,成为"下只角"。② 很明显,"上只角"文化层次高,自然环境相对优越,人文景观多,居民文化和生活水平比较高,学生素质也比较高。

同时,城市为了便于管理,办公区、文化区、行政区、工业区往往比较集中。如武汉市,武昌区为文化区,高校林立;汉口为商业区,商贸业发达;汉阳为工业区,工厂较多。上海也不例外,在上海整个城市功能的改造中,行政区划概念愈趋淡化,代之以功能性的区域划分,如嘉定作为汽车城、金山作为化工基地、张江作为高科技园区等。在作者对薄弱学校校长的访谈中,许多校长抱怨自己学校或在流动人口集中区,或在城乡结合部,或在工业区,学生家长素质普遍不高,进而影响了学生的素质。这种情况的确有,但我们的招生政策却没有考虑到。如果严格按照"就近"入学政策进行生源划分,那么一所学校所处的社区环境状况则直接决定了该校生源的质量。因为家长的文化素质、职业状况与其子女的素质有着直接的关系。一般来说,高校、科研单位、政府机关集中的地方,其生源质量则明显好于工业密集区、城乡结合部。如某校周围科研院所较多,受家长影响,其子女的素质较高;如某校周边为城乡结合部,小商小贩较多,则其生源素质相对就低。而在一座城市中,工业区、文化区往往是比较集中,这就要求招生政策更完善一点。

(3) 同类学校之间校长或教师的工资性收入差异过大,导致人力资源的非理性流动

由于政府财政拨款数额十分有限,一些薄弱学校经费严重不足,使校长在经济方面压力很大。除工资外,其他的如奖金、结构工资、节日费等都要校长想办法。此外,退休教师的费用也是学校的负担之一。而义务教育阶段,社会对学校收费又十分敏感,学校收取的杂费很少。剩下的就只能靠学校自己创收。薄弱学校声誉不高,不可能收取什么赞助费

---

① 朱家存. 教育均衡发展政策研究[M]. 北京:中国社会科学出版社,2003.
② 黄焱. 贵在"就近"难在"就近"——关于"就近入学"引发的思考[J]. 江西教育科研,1996.

之类。另外,薄弱学校一般位置较偏僻,校办产业收入微薄。如普陀区某薄弱初中,在职97人,离退休135人。校办产业(门面收入)每年只有18万～20万元,而离退休人员的共享费每年就要15万元。奖金如果按300元/月·人算,每年需要40万元,缺口靠学校自筹。[①] 在此条件下,教师的收入就要比其他优势学校少很多。而相比之下,家长为子女选择的最热门的初中和小学的生均支出成本都在8000～12000元,比同类一般学校高出50%以上;而教师的收入比一般初中、小学高出50%～100%。[②] 同类型学校教师收入差异的过大就造成了学校人力资源的非理性流动,这也阻碍了义务教育的均衡发展。

(四) 阶层之间的教育差异明显

从20世纪70年代末以来,我国社会分层状况发生了很大的变化,在经济收入普遍提高的同时,贫富差距在拉大,描述贫富差距的基尼系数在增加,形成了相对富裕阶层和相对贫困阶层。早几年,中国的基尼系数就进入了国际警戒线,据中国社科院2005年社会蓝皮书报告,2004年中国基尼系数超过0.465,2005年逼近0.47。[③]

在上海经济持续保持两位数的速度增长的同时,城市居民收入也快速提高,1990—2002年,上海城市居民家庭可支配收入增长了1.56倍。伴随着居民收入的增长,收入差距也逐步扩大(参见表3-6、表3-7)。居民贫富之间的这种差异在教育上也得到了体现。在基础教育阶段,学校的质量参差不齐,多数学习成绩较差的学生在公立教育系统内享受不到有限的优质资源,但他们中家庭经济条件好的学生可以选择进入收费高、条件好的学校,而经济条件差、没有选择能力的学生只能进入薄弱的公办学校。

同样,在重点中学以及高等教育的入学机会上,不同阶层、家庭背景的学生也存在明显差别。一般的,那些父母受过高等教育与社会地位高的孩子比同样聪明的普通工人农民的孩子有更好的机会进入好的中小学,然后再进入较好的高等学校。"城市重点中学42%的入学机会被包括高中级管理层和技术人员在内的社会上层人士的子女获得;仅有27%的入学机会由包括农民、工人、无业在内的草根阶层子女获得。重点中学成为教育利益集团的近水楼台。在重点中学里面存在三类学生,一类是靠分数,一类是条子生,还有一类是交费生。去年我到上海浦东地区的一所重点中学去,该校的一位老师向我透露:浦东地区区政府处级以上干部的孩子都能在那里上学。"[④] 这样一来,重点学校的学生多来自具有某种资源(权力、知识和经济)的家庭背景,而家庭职业地位较低的学生,在基础教育非均衡发展过程中总体上处于相对不利的地位。教育均衡化是在社会财富普遍增长、贫富差距拉大、阶层之间教育差距日趋显现的背景下,教育政策的必然选择。

值得一提的是,随着上海社会、经济的发展,外来人口的增多,流动人口子女受教育的问题日益突出。首先,这部分学生与普通学生相比更具有明显的"弱势"特点:"人户分

[①] 朱家存.教育均衡发展政策研究[M].北京:中国社会科学出版社,2003.
[②] 胡瑞文.关于上海义务教育几个热点问题的思考[J].上海教育科研,2004.
[③] 基尼系数是国际上用来考察居民内部收入分配差异状况的一个重要分析指标,由意大利经济学家洛伦茨于1922年提出。其经济含义是:在全部居民收入中,用于进行不平均分配的那部分收入占总收入的百分比。基尼系数最小等于0,表示收入绝对平均;最大等于1,表示收入分配绝对不平等;实际的基尼系数介于0—1之间。按照国际惯例,基尼系数在0.2以下,表示居民之间收入分配"高度平均",0.2—0.3之间表示"相对平均",在0.3—0.4之间为"比较合理",同时,国际上通常把0.4作为收入分配贫富差距的"警戒线",认为0.4—0.6为"差距偏大",0.6以上为"高度不平均"。
[④] 石岩等.中国教育的公平之痒[N].南方周末,2005.

离",没有固定的户口。根据我国《义务教育法》的相关规定,每一个适龄儿童、少年都享有接受义务教育的权利,"弱势"少年儿童自然也不例外。由于城市义务教育政策具有明显的"以户籍为准"的属地性质,而流动人口子女则是"人户分离"。其次,我国的义务教育并不是全免费的,如果想享受优质教育需交"借读费"。这对于外来务工家庭、经济困难家庭而言仍是一个较重的负担。虽然,从2005年开始,上海取消了"借读费",实行流动人口子女"就近入学",但问题是要全部使这些流动人口子女享受到与本地居民一样的教育,还存在很大的障碍,有些公办学校特别是优质的公办学校还是会以各种借口拒绝这些"弱势"少年儿童,弱势群体子女受教育问题特别是享受优质教育没有相应的保障机制。而在实际的教育政策制定中,也常常忽视或轻视他们的受教育状况,使他们对教育政策的享受及实际教育资源的占有上不公平,没有占有应有的份额。

表 3-6 1995—2007 年上海城市居民家庭人均可支配收入 （单位：元）

年份	人均可支配收入	低收入户	中低收入户	中等收入户	中高收入户	高收入户
1995	7172	4587	5412	6600	8005	10032
1996	8159	5147	6092	7528	9257	11147
1997	8439	5369	6475	7939	9659	11834
1998	8773	5626	6740	8132	9997	12126
1999	10932	6837	7949	9534	11893	15221
2000	11718	7607	8815	10529	12892	16135
2001	12883	7700	9170	11155	13812	16935
2002	13250	7969	9917	12162	14794	18550
2003	14867	6546	9816	12602	16363	30282
2004	16683	7065	10664	14149	19371	34404
2005	18645	7851	11800	15668	21313	37722
2006	20668	8973	13045	16774	22994	42884
2007	23623	10297	15131	20249	27286	47149

资料来源：根据上海人民出版社出版、上海市统计局编的《上海统计年鉴》（2004）、《上海统计年鉴》（2005）、《上海统计年鉴》（2006）、《上海统计年鉴》（2007）和《上海统计年鉴》（2008）整理。

表 3-7 1990—2002 年上海城市居民收入差距（基尼系数）变化情况

年份	1990	1992	1994	1995	1996	1998	2000	2001	2002
基尼系数	0.15	0.158	0.158	0.253	0.211	0.217	0.221	0.263	0.266

资料来源：赵农华：对上海率先基本实现现代化的宏观特征判断(2)。

二、基础教育发展失衡的原因简析

上海基础教育发展的差异可以归结为很多方面的影响因素。如地区经济发展差异、财政收入情况、财政投入的强度、拨款结构、社会力量办学的规模、人口变化以及观念等。

下面主要从政策的角度对影响基础教育均衡发展的原因进行简要分析。

1985年中共中央下发的《关于教育体制改革的决定》明确指出:"实行九年制义务教育,实行基础教育由地方负责、分级管理的原则,是发展我国教育事业、改革我国教育体制的基础一环。"在20世纪80年代中期到21世纪初的基础教育办学体制改革过程中,"重心下移"是改革的主要取向。办基础教育的责任主要落实到区(县)、镇两级地方政府和人民群众上。回顾、分析上海的经济发展历程,可以发现上海和全国一样,根据国情和市情选择了重城市、轻农村的非均衡经济发展战略,把有限的财力主要用于城区道路交通、住房和产业开发区的建设等方面。这对于上海二十多年来经济总量和综合实力的迅速增长起到了巨大的支撑作用,但与此同时也不可避免地加剧了原本就客观存在的区县间的经济差异,导致地区间经济实力出现巨大反差。这种区县间的经济发展差异造成了区县间办学条件的差异,进而影响到基础教育的发展。

另外,上海对于中小学的资源分配,主要是靠政策分配而非靠法规来分配。而教育政策的偏颇导致了教育资源配置的不均衡。1978年1月,经国务院批准教育部颁发的《关于办好一批重点中小学校的试行方案》中指出:"切实办好一批重点中小学,以提高中小学的质量,总结经验,推动整个中小学教育革命的发展。"[1] 这样,在短短的二三年时间里,一批省级重点、地市级重点和县级重点的中小学校在各地涌现出来。仅以上海为例,先后列入市、区县级重点中学的就有76所。[2] 在随后的相当长的一段时间里,我国各地区在发展教育的过程中都曾集中一定的人力、物力、财力,重点建设和发展了一部分学校,使这些学校成为"重点校",客观上造成这些"重点校"与其他普通学校在校舍、教育教学设施、师资、管理等方面存在着很大的差异,加之以前择优选拔、层层淘汰的考试制度,这些学校的生源质量又高出其他学校一截,由此形成了校际之间发展的很不平衡。应该注意的是,尽管目前上海市教育行政部门早已明文规定取消重点小学、重点初中的称谓,但是情况并没有改变,这些原先的重点学校仍然处于优越地位。因为办重点学校时,在为重点学校积累人、财、物等有形资源的同时,还为其创造了良好的社会声誉等无形资产。在有限的重点中小学资源与社会需求之间存在巨大缺口时,这些良好的社会声誉为这些学校带来的是"高额的赞助费"和"择校费",而这些"额外的收入"又进一步提高了重点校的经费自筹能力,为其改善办学条件提供了保障。这种好者更好,差者更差的"马太效应"加剧了学校与学校之间的不平等,使有限的教育资源更趋失衡。

在1999年4月,上海市教育委员会发文《关于本市开展实验性示范性高中规范评审的意见》,正式启动了上海市实验性示范性高中建设工程。但这种取消重点高中,替之以实验性示范性高中的做法让人欢欣又担忧:欢欣的是重点中学的名称总算被取消了,担忧的是实验性示范性中学会不会是新瓶装旧酒?

应该承认实验性示范性高中建设对于扩大高中招生规模、扩大优良的高中教育资源起到很好的促进作用。但是,它对于义务教育却带来两个负面影响。一是减少了优良的初中教育资源。目前,上海市的市区(县)重点中学多数都取消了初中,一般情况是初中分离出去成为分校,或者缩小初中规模。因为扩大高中规模和保高中教育质量的原因,初中的优秀教师多数被调到高中任课;同时,为了达到示范高中校园校舍的面积要求,或者把初

---

[1] 金铁宽. 中华人民共和国教育大事记[M]. 济南:山东教育出版社,1995.
[2] 袁振国. 论中国教育政策的转变:对我国重点中学平等与效益的个案研究[M]. 广州:广东教育出版社,1999.

中挤出去，或者对高中"锦上添花"，把它搬到更大、更现代化的校舍，致使初中的办学条件受到很大影响。另一个负面影响是与原来重点校挤占其他学校教育经费类似，实验性示范性高中建设也多多少少出现了挤占义务教育经费的现象，在一些区县造成义务教育学校办学条件经费短缺。可以说在实验性示范性高中建设取得成绩的同时，义务教育的发展也受到了不同程度的影响。所以在今后上海"示范高中"建设时应该注意，"示范高中"的建设不应当造成新的教育发展不平衡，而应当使处于各层次的学校在动态发展过程中谋求更高水平的平衡和循环。

第三节 推进教育均衡发展实现政府教育管理职能的转型

1997年，世界银行发展报告指出：每一个政府的核心使命包括五项基本的责任：(1)确定法律基础；(2)保持一个未被破坏的政策环境；(3)投资于基本的社会服务和社会基础设施；(4)保护弱势群体；(5)保护环境。[1] 由此可见，在基础教育阶段以政策机制保证提供与社会发展和人民群众不断增长的需要相适应的义务教育，避免不公平是政府责无旁贷的义务。"不管教育有无力量减少它自己领域内个人之间和团体之间这种不平等的现象，但是，如果它要在这方面取得进步，它就必须事先采取一种坚定的社会政策，纠正教育资源和力量分配不公平的状况。"[2] 尽管地区之间基础教育的差异根源于区域经济发展水平的差异，但考虑到基础教育的属性，上海目前的这种不均衡情况已经严重影响了上海基础教育事业的整体发展，成了上海建设"一流基础教育"的障碍。所以我们必须努力去缩小这种差距。要解决上海义务教育不均衡的问题，市区（县）两级政府要把缩小区域间差异与减少区域内差异统筹考虑。区县政府主要致力于本区域内的义务教育办学条件和师资的均衡化，市级政府主要负责区县间的差异调控，为条件较差的区县提供财政和师资的支持，从而达到全市范围内义务教育的均衡发展。

一、基础教育均衡发展是提升"普九"质量的必然要求

基础教育实行均衡发展是教育发展到一定阶段的必然要求。大量的实践表明，当一类教育已经或即将进入普及阶段后，要加快普及进程，必须实行均衡发展方略。因此，基础教育实行均衡发展是推动基础教育实现普及的必要条件和内在要求。[3]

2002年，上海九年义务教育入学率保持在99.9%，高中阶段教育入学率99.3%，可以说上海"普九"目标已实现，整个基础教育阶段教育机会供求矛盾算是基本解决，但基础教育质量方面的矛盾却日益突出，这在各大中城市也普遍存在。在上海，不同城区之间，同一城区的不同学校之间都还存在着显著的质量差异。虽然政府在政策、经费、师资

---

[1] 杨颖秀.基础教育均衡发展的政策视点[J].教学与管理,2002.
[2] 联合国教科文组织国际教育发展委员会.学会生存:教育世界的今天和明天[M].北京:教育科学出版社,1996.
[3] 韩清林.基础教育均衡发展方略的政策分析[J].国家高级教育行政学院学报,2002.

配备等方面加大改革力度、实行政策倾斜,少数社会认可的中小学与大量薄弱学校并存的供给现状令家长及其子女感到不安。为此,上海市委明确提出了"建设与一流城市相适应的一流教育"的宏伟目标,"要使上海教育的规划和布局、体系和机制、规模和质量等,都要与建设一流城市的战略目标相匹配和协调"。因此,建设一流基础教育,实现"双高普九"就成为上海基础教育发展的新目标。所谓"双高普九",就是国家对经济发达的地区在普及程度、师资水平、办学条件、教育经费、教育质量等方面制定的高水平、高质量"普及九年义务教育"指标体系和标准。高水平、高质量普及九年义务教育是新世纪基础教育的重中之重,是继"两基达标"之后义务教育阶段新的工作目标,是教育现代化的重要标志。

就整体上来看,在当前和今后一个时期,缩小校际间差距,提高办学质量,实现基础教育均衡发展是上海深化"普九"、实现"双高普九"的必然要求。以政策保障来促进义务教育均衡发展,满足人民群众的迫切要求。这也充分说明提高基础教育的办学质量,缩小学校间的差距,实现义务教育的均衡发展将是今后大中城市"普九"的关键。

二、调整教育财政政策加大转移支付的力度

(一)加大对基础教育的投入,特别是对义务教育的投入

教育经费是教育发展的物质保证,是教育发展的命脉。为了保证上海"一流基础教育"的建设,就必须要有"一流"的基础教育经费投入。近年来上海基础教育的投入逐年有所增长,但与"一流基础教育"的标准相对照还有很大的差距。就教育经费投入而言,上海对教育事业的投入还低于世界水平。可见,作为经济发达地区,上海与我国总体情况一样,公共教育经费投入严重不足。另外,在这有限的教育经费投入中还存在一种不合理的教育财力配置格局,高等教育占用了大量的经费,基础教育的财政支持力度不够,并且在基础教育阶段还存在义务教育生均经费低于非义务教育的学前教育和高中教育的生均经费的情况,这就造成了义务教育特别是初中教育阶段的相对薄弱。所以,加大对基础教育特别是对义务教育的投入、合理配置教育财力应该是上海市政府今后不断努力的方向。

首先,要加大财政对基础教育投入的力度,就必须遵照《教育法》第五十五条规定的教育经费投入的"三个增长",即各级人民政府教育财政拨款的增长应当高于财政经常性收入的增长,并使按在校学生人数平均的教育费用逐步增长,保证教师工资和学生人均公用经费逐步增长。其次,应该建立保障教育经费落实到位的监督机制,即各级人民代表大会要依照《宪法》、《教育法》等法律,定期督促各级政府加大教育投入,为教育优先发展提供物质保证。各级人民政府的教育督导部门也要加强对教育经费使用情况的监督,促使教育经费得到合理利用,发挥教育经费效益。

(二)建立责任清晰的财政转移支付制度

我国基础教育采取的财政体制是以地方政府财政负担为主,中央和省级通过财政转移支付形式给予地方补助的模式。这样一种公共投资体制属于低重心的分权型,它使得地方基础教育的发展完全依赖地方经济的发展和地方政府的财政收入,致使地区之间经济发展的不平衡就直接导致基础教育发展的不平衡。所以为了减小上海市区域内基础教育发展的差异,在中央、市、区(县)、乡镇各级政府基础教育公共投资中,有必要强化市级政府的投资责任。这实际上也是国外许多国家为了促进基础教育均衡发展的做法。如美国义务

教育财政的投资主体主要是联邦、州、学区三级。1959—1960年，美国义务教育财政主要是由学区来投入，来自联邦、州和学区的投入比例分别是4.4%，39.1%，56.5%，1997—1998年这个比例变为了6.8%，48.4%，44.8%。改革的结果发现，在某种程度上，州政府对义务教育的投入越多，学区间内的不均衡性越小，这说明州政府在均衡义务教育资源配置上的确扮演了一个重要角色；同时美国联邦政府通过资助教育项目等财政转移支付方式实现了联邦对州和学区义务教育的影响，也弥补了由于各地经济发展情况不同而产生的财政差异。[1]

为了强化地方政府的责任，国家可以制定区域性的义务教育的基本生均费用、最低财政拨款标准等，对于低于最低财政标准的区（县）、乡（镇），则可由上级财政通过建立规范化的转移支付或专项补助制度给予财政支持，而对于区县内生均支出远远高出平均水平的学校，要促使其扩大办学规模或者进行必要而合理的经费调剂，这样既可逐步缩小区县之间、学校之间的教育经费差距，也可逐步增强政府对全市、全区县义务教育均衡发展的宏观调控力度。对于基本生均经费的确定问题，我们可以借鉴美国的一些做法，如新泽西州的"示范学区（Model District）设计法"。

为确定基本的生均费用，美国新泽西州教育部在1996年设计了一个拥有3075名学生的"示范学区"。在示范学区中，共有3所小学，每所小学500名学生；1所初中，675名学生；1所高中，900名学生；不超过10%的学生是有特殊教育需要的学生。班级规模设定为学前班到小学三年级为每班平均21人，四年级和五年级每班平均23人，初中每班平均22.5人，高中每班平均24人。初级中学配备2名指导咨询老师、2名媒体服务或技术专家。这类服务人员在高级中学中的数量是初级中学的2倍。每个学校均有正副校长、校长助理、办公室职员和一个保安人员。其他方面的投入包括平均5名学生一台计算机（5年更新一次），教师职业发展所需要的时间，课堂辅助活动和课外活动补助（小学生每人23美元，初中生每人137美元，高中生每人434美元）。同时，新泽西州教育部规定了这样的投入水平需要达到的教育产出。根据对示范学区的设计，新泽西州教育部计算出了达到这样的投入水平需要的生均基本支出。在1997—1998学年度，小学一至五年级生均基本支出为6720美元。相对于一个小学生，一个幼儿园（学前班）儿童的权重为0.5，初中生的权重为1.12，高中生的权重为1.20（即一个幼儿园儿童需要的费用是一个小学生的0.5倍，一个初中生需要的费用是一个小学生的1.12倍，一个高中生需要的费用是一个小学生的1.20倍）。1998—1999学年度所需要的生均基本支出按照地区消费价格指数进行了调整。新泽西州允许各学区在正负5%的幅度内调整所需基本经费。[2]

（三）引入市场机制，多渠道筹措教育经费

实现基础教育的均衡发展仅仅依靠政府的投入是不够的，还需要全社会的参与和支持。上海目前的基础教育投资体制与全国其他的地区一样，是一种以地方财政拨款为主、其他多种渠道筹措教育经费为辅的体制。我们在要求政府继续加大对教育经费投入的同时，要注重采取有效措施、制定合理政策，吸引市内更多的民间资金投向教育事业，充分发挥全社会各个方面的积极性，以解决教育经费不足和满足人们对教育的多方位需求的

---

[1] 李锋亮. 政府有义务对义务教育资源进行均衡化[J]. 教育科学研究, 2005.
[2] 李文利, 曾满超. 美国基础教育"新"财政[J]. 教育研究, 2002.

问题。

发行教育彩票等募集教育经费。目前,我国已经发行了体育彩票、福利彩票等专项彩票,这些彩票的发行在发展我国体育事业和福利事业中起到了巨大的作用。由此可以预见,教育彩票的发行同样能得到丰厚的回报进而投入基础教育事业中去。从国外彩票业的发展来看,利用教育彩票来资助教育事业发展的情况也很普遍。

鼓励社会团体及公民个人办学。办教育单靠国家是不行的,必须充分调动各方面的积极性,在国家办学的同时,鼓励地方、企业、乡村、社会团体及公民个人都来办学,要尽快完善有关民办学校管理的政策法规,对民办学校要积极鼓励、大力扶持、正确引导和加强管理,与公办学校一视同仁,将它们当成整个教育事业的一部分。并且,可以考虑向非义务教育的民办学校拨付生均经费,而对实施非义务教育的民办学校则可根据实际情况由区县决定是否拨付生均经费。

另外,教育储备金模式、股份制办学、转制学校和教育券也是政府在教育经费投入不足的困境下可以考虑的教育投资的多元体制。但值得注意的是,对近年来,上海出现的"转制学校"要加大规范的力度:一是限制优质学校的转让,限制优质学校的"转制";二是对已经"改制"的学校,甚至"依托型"的学校,要完全脱钩。目前"改制"的学校享受着最优厚的政策待遇,又可以高收费,又可以考试选择学生。结果,尽管在分离的时候把一个薄弱学校改造了,但是在办学的过程中实际上又强化了择校风。我们反对公办名校"变"民校,允许依托公办名校"办"民校,但依托名校举办的民校必须限期实现"四独立",即独立法人、独立校舍校园、独立经费核算、独立的教学和人事管理。另外,对"改制"学校的收费,教育部门还可以确定一定的比例,拿来促进区域教育均衡发展。因为,这类学校高收费靠的是公办教育的资源,不是学校自身的资源,收了以后,应当拿出一定的比例帮助别的学校。[①]

三、合理配置教师资源与均衡生源质量

相对均衡的学校标准化配置是基础教育均衡发展的基本条件,但如果仅仅只有硬件上的均衡还不足以算得上完整的均衡发展。因为不管具备了什么样的物质条件,均衡教育始终都要由人来推动的。事实上,基础教育的均衡发展与否,很大程度上取决于基础教育的学校间师资力量是否均衡。如前所述,上海基础教育非均衡发展,很重要的一个原因就是师资水平间存在差距。要扭转这种局面,必须着重抓好教师队伍建设,合理配置教师资源。为此,教育行政部门要在调配、培训和职称等方面制定倾斜政策,以尽快提高薄弱学校的师资水平。

在师资调配上,应实现区域内资源共享,建立合理的师资流动机制。教育行政部门应该在宏观调控的基础上,调整所在区域内的教师资源,合理配置优势学校与相对薄弱学校以及城乡中小学校的教师,将优势学校的超编教师调配到薄弱学校之中,并采取相应优惠措施鼓励教师在学校、城乡之间的流动。因为只有教师和校长之间的轮换调整才能保证各校的师资力量和管理水平的相对均衡性。在这方面日本的做法已经比较成熟。日本的教育法规规定:一个教师在同一所学校连续工作不得超过 5 年。教师既可以在城乡间轮换,也

---

① 李连宁. 要从教育发展战略上思考和促进基础教育的均衡发展[J]. 人民教育,2002.

可在校际间轮换;既可以在同级同类学校之间流动,也可以在公立基础教育各类学校之间流动。另外,日本还相当重视校长的资历,一般要到50岁左右才有可能出任校长。校长任期2年,连任者,需在校际之间轮换。从校长到教师的定期轮换流动制,既保证了各中小学教学管理与教学水平的均衡性,又有利于各校办学经验的交流。在国内,浙江、江苏和山东等从2000年起也首先在部分重点学校、实验学校试行这种教师轮岗制度,规定所有在职教师都必须安排到农村学校、薄弱学校轮岗,工资、奖金和待遇从优,并把轮岗的经历以及期间的表现作为评聘教师职务的必备条件和依据。① 近年来,上海的一些区县也开始采取措施鼓励教师、校长在校际间的流动。如杨浦等区教育局规定,重点中学教师晋升高一级专业技术职称的,必须到初中任教1~2年以上。宝山区规定,凡是申报中学高级教师职称的教师必须有初中任教1年以上的经历或1年中在初中指导达到240课时以上的教师,经所在初中学校认定承认其具有初中任教1年以上的经历。徐汇区为了鼓励各校长和特级教师到薄弱学校去任职、任教,根据不同对象和任职学校分别给予每月400~800元不等的津贴。

在师资培训上,教育行政部门应重视基础教育阶段教师的培训工作,特别是对薄弱学校的师资要加大培训力度,每年应拨出专项经费用于薄弱学校的师资培训,为他们提供出去学习、进修的机会,或帮他们请优质学校的优秀教师给他们传经送宝。同时,要加快教师"校本"培养、培训模式的构建,确保义务教育整体水平的不断提高。目前,上海部分区县也在做些有益的尝试。2003年1月,徐汇区教育局被正式批准成为联合国教科文组织亚太地区"教育革新为发展服务计划"联系中心,引进了加拿大维多利亚大学等学院的教师培训课程,实现了教师境外培训的本土化探索。至2003年止,教育局先后建立了美国马里兰大学、英国牛津语言中心、澳大利亚圣·爱德蒙学院及加拿大UCC大学等7个境外教师培训基地。区内各学校也都把教师专业发展作为促进学校内涵发展的主线。一些学校把师资建设作为立校之本,根据教师专业发展的特点和规律,探索教师成长的阶段内容和要求、教师培养的方式特点。五十九中学以"外请内学"的方式,聚焦课堂,师生互动,建立常规,研究策略;紫阳中学开展"微格教研",对教师的课堂教学进行"2+2"的评议方式,提高教师的教学能力;田林二中以教研组建设为核心,不断优化教师的专业能力。

在师资引进方面,合理引进新师资,对于每年高校毕业生到上海从事教育的工作人员,应优先将新师资安排到落后地区学校,优先满足落后地区、薄弱学校师资的需求;在福利待遇上,要有政策上的保障,如教师流动期间,其行政关系、工资关系等保留在原单位,工资、奖金、福利、医疗等待遇不变,有条件的地区,还应适当增加支教教师的工资。另外,基础教育教师的收入要逐渐均衡化。徐汇区在给学校拨款时每个教师的拨款都一样,这种做法体现了均衡化的理念,值得借鉴。

调整招生政策导向,均衡生源质量。在学校软件建设的均衡发展中,除了师资队伍建设的均衡外,还有一个不容忽视的因素,那就是生源质量的均衡。上海市政府及教育行政部门有必要从目前的招生政策入手,改革、完善目前的小学、初中、高中三方面的招生政策,实现生源的相对公平分配,以生源的均衡推动学校的均衡发展。

---

① 黄晓妹.均衡发展:我国义务教育的决策选择[D].福州:福建师范大学,2003.

为促进生源质量的均衡,可以考虑从两个方面调整招生政策。一是可以把"就近入学"政策与分配指标相结合,更大限度地实现教育公平,实现基础教育均衡发展。对于初中来说,可以设计将办得较好、家长普遍认可的初中学校的全部或部分招生指标,根据各行政区小学毕业人数,按比例分配给各小学,在社会监督下择优选送。而对剩余的小学毕业生则严格按照"就近、免试入学"政策,实行公立学校的划片招生。对于高中来说,可以采取类似的做法,可以在中考前把优势高中的部分招生指标按比例分配给各个初中学校,同样,各个初中学校在社会监督下择优选送。这样做将可以淡化初中学校之间的竞争,对于初中的均衡发展将起到良好的效果。当然,在利用政策平衡基础教育学校生源的同时,也要适当满足学生、家长对教育的选择机会,但应该严格坚持"公办不择校,择校找民办"的原则。二是在条件许可的前提下,要鼓励区县、学校打破行政区域界限扩大招生范围,要特别注意加强县镇地区义务教育学校建设,并努力扩大接收农村学生的范围和数量。

四、强化并完善学校督导评估机制

教育行政部门的督导评估对各地中小学的教育发展起着十分重要的评价与导向作用。以前,各区县纷纷花大力、投巨资,常常为的是某所学校上等级,做"窗口"。学校被评为三六九等,家长和学生自然就别无选择,只能使出浑身解数,往重点学校拼搏。这样的评估实际是变相促使基础教育两极分化,在某种意义上讲,对基础教育均衡发展起负面导向作用。在基础教育均衡发展的理念提出来后,现行的教育评价体系也必须从促进教育均衡发展的角度进行审视。

在普及巩固了义务教育后,教育行政部门应当制定评价办法,将义务教育整体水平、均衡化水平,作为评价一个地区义务教育发展水平的主要指标予以突出出来。评价一个地区政府和教育行政部门管理义务教育的业绩,要先看总体再看局部、个别,不能只看个别学校。在对学校进行评价时,要建立对学校的生均教育支出情况进行评估和调控的机制。各类"示范校"的评估、认定,要突出优质资源共享水平。在对学校进行督导评估时,还要进一步突出效益评价,不要只看学校投资几百万、几千万建设了气派的大楼,而是要着重看这些投资与产出的比,是否产出了相应的效益。另外,教育行政部门应督促各学校端正办学方向,转变教育理念,面向全体学生,创建学校特色,督促学校和教师走"素质教育"之路。

第四章　现代学校管理中家长与社区的管理职能转变

20世纪80年代以后,发达国家开始在经济政策上抛弃凯恩斯主义,实行新自由主义政策,依靠市场调节。反映在教育上,发达国家为提高教育质量也普遍在教育系统内引进市场竞争机制,实行家长自由选择学校的制度。如80年代以后,美国一些教育改革者倡导打破公立学校的垄断局面,强化学校竞争的择校制度;在80年代以后,英国实行"开放招生制",进入90年代以后,家长的选择又得到了进一步的扩大。《1993年教育法》使家长获得了更多的择校帮助。[①] 实行家长择校,把学校推向市场,必须给学校以更大的自主权。20世纪70年代末发端于美国而后波及大部分发达国家和地区的学校管理改革运动——校本管理是采用一种集体管理学校资源的方式,集体的组成人员是:学校委员会、学校监督、校长、教师、社区成员、家长代表以及学生。强调权力下放与决策参与,促进了学校管理方式从外控向内控的转变,特别是20世纪90年代特许学校的创办,更有利于校本管理的实施。[②]

第一节　学校管理中家长、社区人员角色定位与职能的实证研究

1993年,中共中央、国务院颁发了《中国教育改革和发展纲要》,提出要"改革办学体制,改变政府包揽办学的格局,逐步建立以政府办学为主体、社会各界共同办学的体制"。1999年中共中央、国务院《关于深化教育改革全面推进素质教育的决定》提出,要进一步推进非义务教育包括学前教育、高中教育和高等教育的办学体制改革,"积极鼓励和支持社会力量以多种形式办学,满足人民群众日益增长的教育需求,形成以政府办学为主体、公办学校和民办学校共同发展的格局"。这种新的体制格局在一定程度上扩大了社会参与学校管理的权利,主要表现为优化了教育资源组合,缓解了教育经费的供需矛盾;另一方面,改革后出现的多元办学格局,也在一定程度上满足了社会对教育的不同需求,缓解了社会择校的供需矛盾;对基层学校而言,学校的教育教学及其他工作不再完全听命上级教育行政部门的各项规定,需要听取学校利益相关者,包括教职工、学生及其家长以及社区人员等对学校各项工作的意见和建议,建立起学校与政府部门、学生家庭以及其他机

---

① 冯大鸣.美、英、澳教育管理前沿图景[M].北京:教育科学出版社,2004.
〔英〕杰夫·惠迪,萨莉·鲍尔,大卫·哈尔平.教育中的放权与择校:学校、政府和市场[M].马忠虎,译.北京:教育科学出版社,2003.
② 冯大鸣.美、英、澳教育管理前沿图景[M].北京:教育科学出版社,2004.

构的合作关系,为学生和教师的发展获取资源与机会,也为社区建设提供力所能及的人力资源与物力资源的支持,创设学校发展的良好社会环境。

一、家长、社区人员参与现代学校管理的实证研究

正处于由计划经济向市场经济体制转型时期的我国,是否已树立了家长、社区人员参与学校管理的理念?对家长、社区人员参与学校管理是否已达成了共识?家长、社区人员是否真正参与了学校管理?是否享有真正的知情权、管理权、决策权、监督权和评价权?通过怎样的途径发挥其管理职能?影响家长、社区人员参与学校管理观念及管理职能的因素有哪些等。本研究分别采用问卷调查、访谈等研究方法,力图在对家长、社区人员参与学校管理的现状及影响因素进行分析研究的基础上,从微观层面较全面、客观地揭示转型期家长、社区人员在学校管理中的"到位"与"缺位"现象及其形成的认识论根源和和社会根源,为建构社会主义市场经济条件下家长、社区人员参与学校管理的角色和职能新范式提供启示。

(一) 实证研究之一——问卷调查法

1. 调查时间:2005年1月

为比较全面、客观、真正地反映家长、社区人员在学校管理中的角色与职能,因此,在一个学期即将结束时进行了问卷调查。

2. 调查对象

调查了上海和江苏两个地域公立中小学、幼儿园的校长(园长)、教师和家长。因为,在当前校长负责制下,"校长是学校的行政首长,他对外代表学校,对内全面领导和管理学校。校长是学校行政工作的决策者和统一指挥的中心,对学校的办学方向、教育质量和社会效益,负有完全责任。"[①] 校长既要大胆果决地行使决策权和指挥权,又要善于集中和发挥学校其他管理人员和教师集体的智慧,在广泛发扬民主的基础上形成集中和统一的管理。即在实施校长负责制条件下,仍然需要全心全意依靠教师办好学校。[②] 因此,在学校中调查了校长和教师这两类对象;家长是孩子的主要监护人,对孩子承担教养责任。世界学前教育组织(OMEP)和国际儿童教育协会(ACEI)在1999年召开的"21世纪国际幼儿教育研讨会"上通过了《全球幼儿教育大纲》,指出:儿童的发展是"家庭、教师、保育人员和社区共同的责任",教师要和家长"就儿童的成长以及和儿童家庭有关的问题,经常进行讨论、交流"。[③] 因此,对这三类人员进行调查,可以比较全面地反映家长、社区人员在学校管理中的现状。

具体的调查对象如下。

(1) 在上海抽取了黄浦区、闸北区、闵行区、宝山区和青浦区共五个区,调查了50所幼儿园、50所小学和50所初中,共调查了150名校长(园长)、300名教师和300名家长。共发放调查问卷750份,实际回收有效问卷615份,总的回收率82%。最后统计问卷615份,其中129名校长(园长)、242名教师、244名家长。

[①] 王道俊,王汉澜. 教育学[M]. 北京:人民教育出版社,1989.
[②] 魏志春. 公共事业管理[M]. 上海:上海教育出版社,2004.
[③] 李生兰. 幼儿园与家庭、社区合作共育的研究[M]. 上海:华东师范大学出版社,2003.

(2) 在江苏省抽取了泰兴市和姜堰市,调查了20所幼儿园、20所小学和20所初中,共调查了60名校长(园长)、120名教师和120名家长。共发放调查问卷300份,实际回收有效问卷256份,总的回收率85.3%。最后统计问卷256份,其中47名校长(园长)、110名教师和99名家长。

因此,本次调查共发放了1050份问卷,有效问卷为871份,其中,包括176名校长(园长)、352名教师和343名家长。

3. 调查内容

家长、社区人员参与学校管理,关键是了解对家长、社区人员参与学校管理理念的确立及具体参与管理的组织及职能的发挥,才能知晓家长、社区人员在学校管理中的"到位"与"缺位"现象(所谓"到位"是指家长、社区人员参与管理了对学校应该管的事情。所谓"缺位"是指家长、社区人员没有参与管理对学校应该管的事情),进而分析造成这种现象的认识论根源和利益驱动因素。因此,确定了以下调查内容框架,问卷均为封闭式问题。

(1) 学校、校长、教师和家长的基本情况:①学校的基本情况:学校类型、学校与社区的联系状况、家长对学校工作的意见和建议反映的渠道;②校长、教师、家长的基本情况:性别、文化程度、角色。

(2) 校长、教师、家长对家长和社区人员参与学校管理的角色与职能的观念(观念是人对外部事物的一种比较稳定的看法,属于主观意识的范畴。但观念不是人与生俱来凭空产生的,它是客观事物在人脑中的反映,既具有历史传承性又具有时代发展性[①]),其中包含有角色观、知情观、管理观、决策观、监督观和效益观。角色观是对家长、社区人员在学校管理中所具身份的看法。知情观是对家长、社区人员对学校发展规划、办学方向、教育教学质量、财务和总务工作等情况了解的看法。管理观是对家长、社区人员参与学校内部管理的看法。决策观是对家长、社区人员与学校一起做出重大决定的看法。监督观是对家长、社区人员对学校工作进行监察督促的看法。效益观是对家长、社区人员参与学校管理效果与功用的看法。

(3) 家长、社区人员参与学校管理的组织、途径、职能以及困惑。这里的职能主要是指家长、社区人员在现代学校管理中的职责和功能。具体说来主要有知情权、管理权、决策权、评价权和监督权。知情权是指家长、社区人员有对学校发展规划、办学方向、教育教学质量、财务和总务工作等情况了解的权利。管理权主要是指家长、社区人员有参与学校内部管理的权利。决策权主要是指家长、社区人员有与学校一起做出重大决定的权利;监督权主要是指家长、社区人员有对学校工作进行监察督促的权利;评价权主要是指家长、社区人员有对学校工作进行衡量其价值的权利。

属于"请进来"的:①家长、社区人员参与学校管理的组织:家长、社区人员参与学校管理的组织的种类;②家长、社区人员参与学校管理的途径情况:家长、社区人员参与学校管理的途径的种类,家长会的最主要的目的;③家长、社区人员参与学校管理的职能:知情权、管理权、决策权、评价权和监督权。

属于"走出去"的:①每学期学生参加社会实践活动的次数;②家访目的困惑:家长、

[①] 李洪曾. 学前儿童家庭教育[M]. 大连:辽宁师范大学出版社,2002.

社区人员参与学校管理最困难的方面。

4. 调查的方式与组织

本研究采用问卷调查的方式,具体组织如下。

在上海,调查主要通过区教育学院(教师进修学院)科研室进行。

(1) 对校长和教师的调查

由所选取区教育学院(教师进修学院)科研室的科研员将问卷发放至选取学校的校长,向校长说明调查的目的、意义和具体要求;然后由校长组织本校抽取的教师,将问卷发放至教师,并且对教师进行了具体的说明;然后请被调查者自行阅读问卷填答,填写完毕即当场收回问卷。

(2) 对家长的调查

对选取的家长由班主任老师将问卷发放给学生,向学生说明调查的目的、意义和具体要求,并由学生将书面说明和问卷带回家,请家长填写后由学生再将问卷带回学校,交给班主任老师,再由区教育学院(教师进修学院)科研室的科研员收回问卷。

在江苏省,调查主要通过泰兴、姜堰市教育局进行,具体操作步骤同上海一样。

5. 数据资料的统计处理

调查数据共分为二大类,一类为类别资料,一类为数量化资料。对所获得的这两类数据资料均采用 SPSS11.5 社会统计软件进行统计分析。①

(1) 类别资料(学校、校长、教师和家长的基本情况,社会参与学校管理的组织的情况,成效与困惑):主要用 SPSS11.5 社会统计软件计算百分数,并进行 X^2 检验。

(2) 数量化资料(校长、教师和家长对家长、社区人员参与学校管理的观念,具体管理职能):主要用 SPSS11.5 社会统计软件计算平均数、标准差等,并进行 t 检验。

在正式调查之前,为保证问卷的可靠性和有效性,对问卷进行了信度检验,信度为 0.95,说明本研究问卷具有较高的内容信度。

下面主要说明本研究数量化资料部分项目的计分方式。

(1) 校长、教师和家长对家长、社区人员参与学校管理的角色和职能的观念

校长、教师和家长对家长、社区人员参与学校管理的角色和职能的观念主要有角色观、知情观、管理观、决策观、监督观和效益观。每题都有一个与家长、社区人员参与学校管理观念有关的叙述,选择项采取等距量表的四级记分法,被调查者需由"非常不同意"、"不同意"、"同意"和"非常同意"四个选项中选出一个以表示其同意程度;计分时,自"非常不同意"至"非常同意"依次给予 1—4 分(4 分反映了被调查者在家长、社区人员参与学校管理方面树立了完全符合世界发展潮流的观念,3 分、2 分、1 分反映符合程度依次递减)。每个方面 1 题,共有 6 题,这样,每个方面有 1 个分数,6 题分数累加后总分即为"校长、教师和家长对家长、社区人员参与学校管理的观念"分数。此为以后各项有关的统计分析的基础。

(2) 家长、社区人员参与学校管理的职能

家长、社区人员参与学校管理的职能是家长、社区人员参与学校管理活动的职责和功能,具体有知情权、管理权、决策权、评价权和监督权。选择项也采取等距量表的四级记

---

① 李燕琛. 社会科学统计软件包 SPSS[M]. 北京:中国人民大学出版社,1999.

分法，每题都有一个与管理职责和功能有关的叙述，请被调查者视实际情况在"没有"、"偶尔"、"有时"和"经常"四个选项中择一作答。计分时，由"没有"至"经常"，依次给予1—4分（4分反映了所在学校有完全符合世界发展潮流的家长、社区人员参与学校管理的情形，3分、2分、1分反映符合程度依次递减），每个方面1题，共有5题，这样，每个方面有1个分数，5题分数累加后总分即为"社会参与学校管理具体管理职责"的分数。此为以后各项有关的统计分析的基础。

（二）实证研究之二——访谈法

在问卷调查的基础上，有目的地选择街道副主任、教育局分管局长和中学校长进行了访谈，以更深入地了解相关材料。

1. 访谈时间：2005年2—3月。
2. 访谈对象：街道办事处副主任、教育局分管局长和中学校长各1位。
3. 访谈内容

（1）对街道办事处副主任的访谈内容主要涉及社会评议协调委员会设置的目的与运行、组织结构及评议工作的实施与操作的描述等。

（2）对教育局分管局长的访谈内容主要涉及对家长、社区人员参与学校管理的看法；家长、社区人员参与学校管理，在学校能很好推行或难以推行的原因；家长、社区人员参与学校管理需具备的条件等。

（3）对中学校长的访谈内容主要涉及家长、社区人员参与学校管理的内容、方式及成效的描述。

访谈的问题分为两种类型，一种为非结构性访谈，除了开始时会指向某些范围外，接下来的谈话则尽量追随着被访谈者的思绪，由他们畅所欲言，以期得到较深入、较全面的了解；另一种是结构性访谈，事先按一定的结构设计好问题，访谈时尽量按照此问题让访谈者叙说。具体访谈情况同前。

4. 访谈资料的整理：访谈结束后立即整理成文。
5. 分析资料：把访谈记录资料依其各自性质加以分类，相同的类别则加以归类合并，并从中找出它们的共同模式或一再出现的主题。

二、学校管理中家长、社区人员角色定位与职能发挥的分析

（一）家长、社区人员参与学校管理的观念初步形成

表4-1 上海、江苏地区对家长、社区人员参与学校管理的角色与职能观念的平均分数比较 （分）

	分类	人数	平均分数	标准差
角色观	上海	615	3.34	0.67
	江苏	256	3.25	0.60
	合计	871	3.32	0.65
知情观	上海	615	3.16	0.51
	江苏	256	3.07	0.48
	合计	871	3.13	0.50

续表

分类		人数	平均分数	标准差
管理观	上海	615	3.04	0.59
	江苏	256	2.82	0.62
	合计	871	2.98	0.61
决策观	上海	615	3.07	0.62
	江苏	256	2.87	0.59
	合计	871	3.01	0.62
监督观	上海	615	2.84	0.57
	江苏	256	2.63	0.65
	合计	871	2.78	0.60
效益观	上海	615	3.07	0.63
	江苏	256	2.92	0.57
	合计	871	3.03	0.62
总的观念	上海	615	18.53	2.71
	江苏	256	17.54	2.43
	合计	871	18.24	2.67

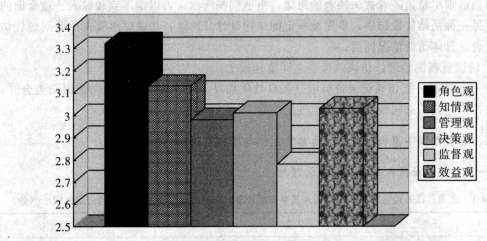

图 4-1　家长、社区人员参与学校管理的角色与职能各观念的均数比较

由表 4-1、图 4-1 的结果可见：

1. 从总的情况来看，总的观念合计分数为 18.24 分，是在"同意"略偏向于"非常同意"，上海总的观念分数（18.53 分）高于江苏（17.54 分），上海的观念也是在"同意"略偏向于"非常同意"，江苏的观念则是在"同意"略偏向于"不同意"。

2. 从观念各个分项的合计分数来看，由高至低依次为：角色观（3.32 分）、知情观（3.13 分）、效益观（3.03 分）、决策观（3.01 分）、管理观（2.98 分）和监督观（2.78

分),上海、江苏观念各个分项的分数由高至低次序均与上述一致,但均是上海分数高于江苏,且上海分数高于合计分。其中,在"角色观"、"知情观"上,上海、江苏都是在"同意"偏向于"非常同意",说明上海、江苏都认为"家长、社区人员在学校管理中是平等合作者"、"家长、社区人员应了解学校发展规划、办学方向、教育教学质量、财务和总务工作等的情况"。但上海比江苏的认识还要好一些,经t检验,上海、江苏间在"角色观"上有显著性差异,"知情观"上有极显著性差异。

在其他观念各个分项上,除"监督观"外,上海是在"同意"略偏向于"非常同意",江苏是在"同意"略偏向于"不同意"。

3. 总体来说,调查结果显示:"角色观"及"知情观"倾向于"到位",但在"管理观"、"决策观"、"监督观"和"效益观"上存在"缺位"的情况。说明整个社会对家长、社区人员初步形成了"平等合作的角色观"及"家长、社区人员对学校有知情观",参与学校管理并没有形成共识,还没有形成完善的"管理观"、"决策观"、"监督观"和"效益观"。

(二)家长、社区人员参与学校管理的职能单一

表4-2 上海、江苏地区家长、社区人员参与学校管理职能的平均分数比较 (分)

项目	地区	人数	平均分数	标准差
知情权	上海	615	3.19	0.76
	江苏	256	3.12	0.91
	合计	871	3.17	0.81
管理权	上海	615	2.92	0.93
	江苏	256	2.77	0.95
	合计	871	2.87	0.94
决策权	上海	615	3.00	0.91
	江苏	256	2.96	0.93
	合计	871	2.99	0.92
评价权	上海	615	1.87	0.61
	江苏	256	1.81	0.61
	合计	871	1.85	0.61
监督权	上海	615	2.88	0.92
	江苏	256	2.68	1.05
	合计	871	2.82	0.96
总的职能	上海	615	13.86	3.17
	江苏	256	13.33	3.42
	合计	871	13.71	3.26

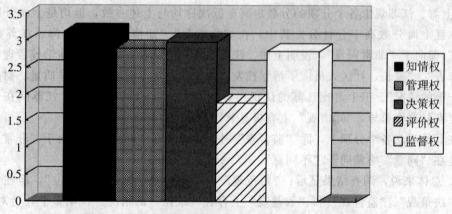

图 4-2 家长、社区人员参与学校管理各职能的均数比较

由表 4-2、图 4-2 的结果可见：

1. 从总的情况来看，总的职能合计分数为 13.71 分，是在"有时"偏向于"偶尔"，上海总的职能分数（13.86 分）高于江苏（13.33 分），上海、江苏的职能均是在"有时"偏向于"偶尔"。

2. 从职能各个分项的合计分数来看，由高至低依次为：知情权（3.17 分）、决策权（2.99 分）、管理权（2.87 分）、监督权（2.82 分）和评价权（1.85 分）。上海、江苏职能各个分项的分数由高至低次序均与上述一致，但均是上海分数高于江苏，且上海分数高于合计分。其中，在"知情权"上，上海、江苏都是在"有时"略偏向于"经常"，说明上海、江苏的家长和社区人员都是"知情权"多一些。在决策权、管理权和监督权上，上海、江苏都是在"有时"略偏向于"偶尔"。经 t 检验，上海、江苏间在"监督权"上有极显著性差异，在"管理权"上有显著性差异。说明在这两项职能上，上海的满意度明显高于江苏。在评价权上，上海、江苏都是在"偶尔"略偏向于"没有"，说明上海、江苏的家长和社区人员对"评价权"的实现满意度较低。

3. 总的来说，调查结果显示：家长、社区人员对学校的管理职能在知情权上倾向于"到位"，但在管理权、决策权、监督权和评价权上，则存在明显的"缺位"现象，特别是在评价权上，"缺位"现象更严重。家长、社区人员等学校的相关利益者对学校的管理和决策等没有发言权，他们只是处于被动接受的地位，机械地执行学校的指示、命令等，更不用说对学校管理工作的评价了。这表明家长、社区人员参与学校管理的职能还比较单一，仅仅具有"知情权"，只能说明他们还处于是学校管理中"局外人"的地位。

（三）家长、社区人员参与学校管理的组织尚未发育成熟

表 4-3　上海、江苏地区家长、社区人员参与学校管理组织种类的百分数比较　　（%）

地区 项目	不清楚	没有	家长委员会	社区管理协调委员会	其他
上海	16.6	10.1	71.1	2.0	0.3
江苏	24.6	21.1	51.2	2.3	0.8
合计	18.9	13.3	65.2	2.1	0.5

由表4-3的结果可见：

1. 从总的情况来看，家长、社区人员参与学校管理的组织比率最高的是"家长委员会"，占65.2%，其次是"社区管理协调委员会"，只占2.1%，"其他"只有0.5%。"不清楚"和"没有"也分别占18.9%和13.3%。说明有相当部分学校没有家长、社区人员参与学校管理的组织，即使有的学校有，也主要是家长委员会这种组织。

2. 上海、江苏家长、社区人员参与学校管理的组织按百分比由高至低的顺序与总体一致，上海"家长委员会"的比率高于江苏，江苏"家长委员会"的比率也超过50%。说明家长、社区人员参与学校管理的组织，以家长委员会为主。上海"不清楚"和"没有"的比率均低于江苏，经卡方检验，上海、江苏间在"不清楚"、"没有"、"家长委员会"上均有极显著性差异。说明上海在家长、社区人员参与学校管理组织的建立上多于江苏。

但我们的家长委员会和英国、美国、澳大利亚、新西兰等国家的董事会、地方学校委员会、学校委员会和理事会发挥的作用不同，我们的家长委员会没有保障家长参与学校管理的权利得到落实的功能，很多时候学校家长委员会形同虚设，因为学校的任何决策都不需要得到家长委员会的批准后执行，而且家长委员会中的家长代表大都是那些在社会上有一定影响力的家长代表，他们不能反映广大家长对学校管理的要求。由此说明，家长、社区人员参与学校管理的组织建设尚存许多空白，即使建有相应组织的，其职能也远未发育成熟。

（四）家长、社区人员参与学校管理的途径不足

表4-4 上海、江苏地区家长、社区人员参与学校管理最主要的途径的百分数比较　　（%）

项目 地区	定期召开家长会	建立家校联系手册	建立家长委员会	家访	开放半日活动	家教专题讲座	电话联系	发放宣传材料	其他
上海	60.3	12.5	14.6	3.4	3.1	2.6	2.8	0.2	0.5
江苏	60.2	10.2	9.0	2.7	9.0	3.1	5.5	0.4	0
合计	60.3	11.8	13.0	3.2	4.8	2.8	3.6	0.2	0.3

表4-5 上海、江苏地区家长会最主要目的的百分数比较　　（%）

项目 地区	向家长介绍学生学习情况	宣讲办学理念，向家长介绍学校情况	要求家长配合学校工作	向家长宣传科学教子知识	征求家长对学校工作的意见、建议	交流、分享教育学生的经验	其他
上海	41.5	21.0	6.5	9.6	6.2	14.3	1.0
江苏	30.1	16.8	19.1	11.7	7.4	14.5	0.4
合计	38.1	19.7	10.2	10.2	6.5	14.4	0.8

由表 4-4、表 4-5 的结果可见：

1. 从总的情况来看，家长、社区人员参与学校管理最主要的途径按百分数由高至低依次为：定期召开家长会（60.3%）、建立家长委员会（13.0%）、建立家校联系手册（11.8%）、开放半日活动（4.8%）、电话联系（3.6%）、家访（3.2%）、家教专题讲座（2.8%）和发放宣传材料（0.2%）。

2. 上海、江苏家长、社区人员参与学校管理最主要的途径按百分数由高至低排列次序与总体不完全一致，但都是"定期召开家长会"在60%以上，其余各种途径的比率均较低。因此，家长会是普遍使用的家长、社区人员参与学校管理最主要的途径。

3. 总的来说，家长会最主要的目的按百分数由高至低依次为：向家长介绍学生学习情况（38.1%）、宣讲办学理念，向家长介绍学校情况（19.7%）、交流和分享教育学生的经验（14.4%）、要求家长配合学校工作（10.2%）、向家长宣传科学教子知识（10.2%）、征求家长对学校工作的意见、建议（6.5%）。因此，比较多的是围绕如何教育孩子上，而让家长参与对学校管理、对学校工作发表意见和建议的比较少。

由此可见，家长、社区人员参与学校管理的途径严重不足，绝大多数家长会还没有达到让家长参与学校管理的水平，学校开展家长会的目的很大程度上不是为了和家长进行交流，让家长了解学校管理制度，鼓励家长参与学校管理，而是为了把学生的学习成绩报告给家长，让家长进一步辅导好学生在家的学习，家长很少能在家长会上表达对学校管理的意见和建议。

（五）家长、社区人员参与学校管理的政策法规与环境缺失

表 4-6　上海、江苏地区对家长、社区人员参与学校管理，感到最困难的百分数的比较　　（%）

项目 地区	缺乏相应的政策、法规	社会对这项工作不理解、不支持	学校领导层对这项工作缺乏统一认识	缺少工作的方式、方法	家长缺少时间	其他
上海	33.8	21.5	3.7	22.4	18.0	0.5
江苏	28.5	26.2	8.6	21.1	15.2	0.4
合计	32.3	22.8	5.2	22.0	17.2	0.5

由表 4-6 的结果可见：

1. 从总的情况来看，对家长、社区人员参与学校管理感到最困难的，按百分数由高至低排列依次为：缺乏相应的政策、法规（32.3%）、社会对这项工作不理解和不支持（22.8%）、缺少工作的方式、方法（22.0%），家长缺少时间（17.2%），学校领导层对这项工作缺乏统一认识（5.2%）。

2. 上海对家长、社区人员参与学校管理感到最困难的，按百分数由高至低排列次序与总体比，是将排在第二位的与第三位的对换一下，江苏的排列次序与总体完全一致。不管上海还是江苏，主要的困难是缺乏相应的政策和法规、社会对这项工作不理解和不支持、缺少工作的方式和方法。但值得注意的是，上海、江苏间在"学校领导层对这项工作缺乏统一认识"上有极显著性差异，上海比率低于江苏。

由此可见，政策、法规的不完善阻碍了家长、社区人员参与学校管理整个大环境的形

成，造成了观念的滞后，妨碍了管理职能的发挥。正如塞登等人在一份有关澳大利亚校本管理的研究文献中指出的那样，"低层（或学校一级）的决策受到高层决策的制约"。[①] 在美国，20 世纪 90 年代后，有关家长参与学校管理的法律、法规日益健全，家长参与学校管理更受到社会各界的关注和重视，家长参与学校管理的权利被更有效地落实，同时家长参与学校管理的目标也更明确。因此，要树立家长、社区人员参与学校管理正确的观念及发挥管理的职能，需在政策上有所突破，有必要以法律的形式规定家长参与学校管理的权利和义务，这样，一方面可提高学校吸引家长参与学校管理的意识，减少对家长的排斥心理，另一方面，可减少家长参与的随意性，使家长参与学校管理逐步走向民主化、规范化和法制化的轨道。

三、影响家长、社区人员参与学校管理因素的多元回归分析研究

（一）影响家长、社区人员参与学校管理的角色与职能观念的因素分析

表 4-7　筛选影响家长、社区人员参与学校管理的观念因素的逐步多元回归分析结果摘要表

选出的变量顺序	多元相关系数 R	决定系数 R^2（解释量）	增加解释量 ΔR^2	F 值	净 F 值	F 检验得的 P 值	标准化回归系数
（1）知情权	0.195	0.038	0.038	34.260	34.260	0.000	0.149
（2）上海和江苏不同地区	0.244	0.060	0.022	27.499	19.990	0.000	−0.142
（3）校长教师和家长角色	0.283	0.080	0.020	25.144	19.276	0.000	0.186
（4）家访目的	0.298	0.089	0.009	21.111	8.369	0.004	0.092
（5）学生参加社会实践活动	0.308	0.095	0.006	18.158	5.874	0.016	−0.090
（6）管理权	0.320	0.102	0.007	16.404	7.004	0.008	0.106
（7）文化程度	0.329	0.108	0.006	14.941	5.631	0.018	0.084

由表 4-7 的结果可见：

1. 影响家长、社区人员参与学校管理的角色与职能的观念的因素有："知情权"、"上海和江苏不同地区"、"校长、教师和家长角色"、"家访目的"、"学生参加社会实践活动"、"管理权"和"文化程度"。

2. 具体影响的大小（从大到小依增加解释量 $\triangle R^2$ 的大小排序）：知情权（3.8%），上海和江苏不同地区（2.2%），校长、教师和家长角色（2.0%），家访目的（0.9%），学生参加社会实践活动（0.6%），管理权（0.7%），文化程度（0.6%）。总计影响力：决定系数 $R^2=0.108=10.8\%$。

---

① 〔英〕杰夫·惠迪，萨莉·鲍尔，大卫·哈尔平[M]．教育中的放权与择校：学校、政府和市场．马忠虎，译．北京：教育科学出版社，2003．

3. 建立的标准回归公式如下。

Y（家长、社区人员参与学校管理观念）＝0.149X_1（知情权）－0.142X_2（上海和江苏不同地区）＋0.186X_3（校长、教师和家长角色）＋0.092X_4（家访目的）－0.090X_5（学生参加社会实践活动）＋0.106X_6（管理权）＋0.084X_7（文化程度）

4. 七个因素实际意义的解释。

（1）越是将学校发展规划、办学方向、教育教学质量、财务和总务工作等情况及动态经常向家长、社区人员公布的，对家长、社区人员参与学校管理的角色与职能的观念越积极。

（2）上海地区对家长、社区人员参与学校管理的角色与职能的观念比江苏地区积极。

（3）家长持有的家长、社区人员参与学校管理的角色与职能的观念比校长、教师持有的观念积极。

（4）家访目的倾向于与学校管理有关的——"征求家长对学校工作的意见、建议"、"交流、分享教育学生的经验"，对家长、社区人员参与学校管理的角色与职能的观念积极。

（5）学生参加社会实践活动每学期1或2次，对家长、社区人员参与学校管理的角色与职能的观念正确。

（6）越是参与对学校的内部管理，对家长、社区人员参与学校管理的角色与职能的观念越正确。

（7）文化程度为大专及以上的较文化程度为高中（中专、技校）及以下的，对家长、社区人员参与学校管理的角色与职能的观念积极。

（二）影响家长、社区人员参与学校管理职能的因素分析

表4-8　筛选影响家长、社区人员参与学校管理职能因素的逐步多元回归分析结果摘要表

选出的变量顺序	多元相关系数 R	决定系数 R^2（解释量）	增加解释量 $\triangle R^2$	F值	净F值	F检验得的P值	标准化回归系数
（1）学校与当地社区的联系状况	0.398	0.158	0.158	163.620	163.620	0.000	0.332
（2）社会参与学校管理的组织	0.473	0.223	0.065	124.762	72.450	0.000	0.182
（3）管理观	0.494	0.244	0.021	93.447	24.159	0.000	0.119
（4）学校类型	0.511	0.261	0.017	76.443	19.463	0.000	－0.155
（5）学生参加社会实践活动	0.524	0.275	0.014	65.574	16.591	0.000	0.129
（6）校长教师和家长角色	0.530	0.281	0.006	56.194	7.014	0.008	－0.092
（7）决策观	0.534	0.285	0.004	49.131	5.140	0.024	0.083
（8）上海和江苏不同地区	0.537	0.288	0.003	43.643	4.020	0.045	0.060

由表 4-8 的结果可见：

1. 影响家长、社区人员参与学校管理职能的因素有："学校与当地社区的联系状况"、"家长、社区人员参与学校管理的组织"、"管理观"、"学校类型"、"学生参加社会实践活动"、"校长、教师和家长角色"、"决策观"和"上海和江苏不同地区"。

2. 具体影响的大小（从大到小依增加解释量 $\triangle R^2$ 的大小排序）：学校与当地社区的联系状况（15.8%）、家长和社区人员参与学校管理的组织（6.5%）、管理观（2.1%）、学校类型（1.7%）、学生参加社会实践活动（1.4%）、校长教师和家长角色（0.6%）、决策观（0.4%）、上海和江苏不同地区（0.3%）。总计影响力：决定系数 $R^2=0.288=28.8\%$。

3. 建立的标准回归公式如下。

Y（家长、社区人员参与学校管理职能）$=0.332X_1$（学校与当地社区的联系状况）$+0.182X_2$（家长、社区人员参与学校管理的组织）$+0.119X_3$（管理观）$-0.155X_4$（学校类型）$+0.129X_5$（学生参加社会实践活动）$-0.092X_6$（校长教师和家长角色）$+0.083X_7$（决策观）$+0.060X_8$（上海和江苏不同地区）

4. 七个因素实际意义的解释。

（1）学校与当地社区的联系越密切和深入，家长、社区人员参与学校管理的职能发挥得越全面。

（2）学校有家长、社区人员参与学校管理的组织，家长、社区人员参与学校管理的职能发挥得较充分。

（3）树立"家长、社区人员应参与到学校的内部管理中"的管理观念的学校，家长、社区人员参与学校管理的职能发挥得积极。

（4）家长、社区人员参与幼儿园管理职能比在小学、初中发挥得多。

（5）学生参加社会实践活动每学期 1 或 2 次的，家长、社区人员参与学校管理的职能发挥得明显。

（6）家长比校长、教师参与学校管理的职能发挥得好。

（7）上海地区家长、社区人员参与学校管理的职能比江苏发挥得好。

四、家长、社区人员参与学校管理的认识论与社会根源分析

由表 4-1 至表 4-8 的结果可见：对家长、社区人员参与学校管理的认识论和社会根源分析，只停留在初步形成了学校与家长、社区人员平等合作的角色观及家长、社区人员对学校有知情权上，还没有形成完善的管理观、决策观、监督观和效益观；在管理职能的发挥上，家长、社区人员只是单纯的有知情权，而管理权、决策权和监督权很少，评价权则更少；对家长、社区人员参与学校管理感到最困难的是缺乏相应的政策、法规。影响家长、社区人员参与学校管理观念和职能共同具有的因素有：上海和江苏不同地区的差异、家长和校长及教师不同的身份等，其认识论根源和社会根源大致有：

（一）对家长、社区人员参与学校管理还未达成整个社会的共识

上海和江苏具有不同的经济和社会发展水平，上海是一个相对开放的国际化大都市，比较容易接受外来文化，对国际上比较先进的教育理念和实践，接受得比较快。信息技术的迅猛发展使社会各层面的活动量增加，知识流量大大加速。"随着信息网络、知识网络的发展，人们提出了'以全球知识为基础的组织'（Global Knowledge-based Organization），

以适应知识经济的发展和全球化的新趋势。"① 但是,正是因为我们目前还处于社会转型期,因此,常常自觉不自觉地显现出计划经济管理体制的惯性。学校靠政府指令和计划调控来运行,这种自我封闭的管理体制使学校不与外界发生交往,只知对上级教育行政部门负责,只求满足上级学校的需要。整个社会教育意识淡薄,认为教育是学校内部的事,就是老师的事,学校主要是向学生传授知识,关门办教育,是一种封闭的、以升学为目的的应试教育和经院式的办学模式。结果造成学校办学的动力和效益不是来自社会和经济发展的直接需要,而是来自上级主管部门和教育系统自身封闭的评价系统。它既束缚了学校主动适应社会的反应能力和自我调节能力,又造成教育与社会脱离、教育不适应社会发展需要的局面。

(二) 学校仍处于外控的管理模式之下

"在我国,按法律规定,公立学校的所有者是全体社会成员,中央政府受全体人民的委托监管学校及其运营。但政府不可能直接管理众多的学校,于是就建立了纵向授予权链的方式——将众多的公立学校委托给各级地方政府及其教育行政部门代管,从而又形成了在社会公众、各级政府与学校之间诸多的代理链条和代理环节,使'委托—代理'关系和代理成本变得更为复杂化。公共选择理论认为:政府及其官僚与其他社会集团一样,也是谋求自身特殊利益的集团,同样会产生追逐自身利益的内驱力。"② 尽管《中共中央关于教育体制改革的决定》发布以来,我国基本完成了基础教育管理的权责由中央向地方的转移,但就面上整体而言,地方和基层教育行政部门(此处指区、县教育局)对学校的科层化和集权式管理模式还没有出现根本性的改变。诚如研究者陈大超所指出的那样:"我国长期中央集权的教育行政体制和计划经济模式,形成了学校和政府之间的'婆媳关系',学校只是被动地接受教育行政部门的指挥,而不能依法自主办学。"另一位研究者王世忠在对全面深化改革以来的中学教育政策作了纵向回顾之后,也得出了类似的结论:"我们(的)学校仅仅是被动者、被决定者、追随者、服务者、从属者;没有相对独立的个性,缺乏自主性、更谈不上创造性。"在一些地方,甚至连学校组织学生远足或其他社会实践活动的票、食、住、行都必须由教育行政部门的内部旅行社来统包,遑论给学校松绑和放权?③

(三) 校长负责制没有给家长、社会人员参与学校管理留下空间

1993年的《中国教育改革和发展纲要》明确了中小学实行校长负责制的学校领导体制。校长行使的管理权力主要有决策指挥权、干部任免权、职工奖惩权和学校财经权等等。④ 校长负责制的实施从客观上凸现了校长的地位,"英雄校长观"被不断地强化,一些地方的教育主管部门甚至为了让"英雄"更好地施展身手而有意安排"英雄"一人身兼校长、书记两职,其结果便是学校民主监督机制被人为消弭,校长不希望、也无从谈起家长、社区人员参与学校的管理。另外,在我国现行的校长负责制的框架中,原本就没有给家长、社区人员参与学校管理留下空间。而在学校教育改革实践中出现的"家长委员会",

---

① 孟繁华.教育管理决策功能模型[J].教育研究,2001.
② 魏志春.转型时期现代学校制度的解析[J].中小学管理,2004.
③ 冯大鸣.美、英、澳教育管理前沿图景[M].北京:教育科学出版社,2004.
④ 魏志春.公共事业管理[M].上海:上海教育出版社,2004.

或有形无实,或远离真正的学校管理事务。在家长远离学校决策议题的背景下,学校纷纷宣示"一切为了学生的发展"是极具讽刺意味的。因为这样的宣示正在向人们暗示:学校是学生学校生活的唯一设计者,家长对自己孩子发展什么和怎样发展是无权过问的。[①] "在市场经济环境中,如果校长负责制没有相应的监督约束机制,校长全权管理学校,就会演变为'内部人控制'现象,出现学校管理上的道德风险。'内部人控制'容易导致学校在行使办学自主权时,只讲自我发展、自我膨胀,而不讲自我收敛、自我约束。"[②] 因此,必须强调家长、社区人员的参与,重构与再造校长负责制。

随着社会的发展和市场经济的进一步确立,对家长、社区人员参与学校管理的需求越来越强烈,"要求我们必须破掉'行政指令、计划调控、自我封闭、教育与社会分离'的教育体制,建立起'政府统筹、社会参与、主动服务、教育、社会一体化'的新的教育体制。"[③] 自20世纪90年代以来,我国政府部门和基层教育单位也在宏观和微观不同的层面不断地探索着家长、社区人员参与学校管理的问题。如上海成立了教育评估院这一中介评估机构,让其对学校进行评估;另外,在基层学校出现了爸爸妈妈进课堂、由社区成员参加的社会评议协调委员会等。这些教育改革都是随着社会和市场经济在我国的逐步发展而产生的。研究这些典型的家长、社区人员在现代学校管理中角色定位与职能发挥的成功案例,并进行一定的剖析,可以为家长、社区人员在现代学校管理中角色定位与职能的建构提供重要启示。

五、现代学校管理中家长、社区人员角色定位与职能发挥的案例研究

(一) 童的梦艺术幼儿园家长参与幼儿园管理四步分段法[④]

上海童的梦艺术幼儿园从1999年尝试进行"2—6岁混龄教育形态的研究"。为了获得家长对混龄教育的支持,尝试开展了家长参与幼儿园管理四步分段法。所谓四步分段法,是指将家长参与幼儿园管理分成"提供资料,先行引导;尊重家长,倾听家长;打造平台,展示进步;双向评价,积极互动"四个步骤,每个步骤又分为若干具体的操作阶段,每个阶段有不同阶段的工作。通过不断递进与分层推进的分步骤与具体的分阶段策略,使家长对混龄教育的国内外现状、基本特征、混龄教育对不同年龄幼儿发展的促进以及幼儿间差异性资源的利用等,从初步的了解、认识逐步上升到认同和主动的支持、全方位的配合,为童的梦艺术幼儿园进行混龄教育研究打下基础,为其实施混龄教育创设条件。

四步分段法的具体实施与操作如下。

1. 第一步:提供资料,先行引导

阶段一:信息提供与支持

(1) 首先在小班、中班、大班中按10:15:20的比例选取了被试儿童,这些被试儿童的双亲中有一方的学历在大专以上,且双方均具有较高的综合素质,我们发放了国外幼儿混龄教育情报资料,重点突出了混龄教育的形式、孩子社会性品质的特点、独生子女的

[①] 魏志春. 公共事业管理[M]. 上海:上海教育出版社,2004.
[②] 魏志春. 转型时期现代学校制度的解析[J]. 中小学管理,2004.
[③] 黄利群. 关于发展我国社区教育的几点思考[J]. 教育研究,1994.
[④] 童的梦艺术幼儿园混龄课题研究组. 混龄教育组织形态的研究[J]. 上海教育科研,2005.

个性心理现状和专家视点等材料。

（2）提供反映混龄教育信息的网络，发布在家园联系板块栏中，为家长更多地了解有关信息提供支持。

阶段二：征询家长意见

（1）在发放材料附后的反馈表中设计了两栏副表，一栏要求家长对国外的混龄教育提出一些自己的看法；另一栏中试探性地向家长提出"如果你的孩子进入混龄实验班，你同意吗"的征求意见。

（2）然后按家长的意见选取了家长支持的16名孩子进入混龄班级，其中小班4名、中班5名、大班7名。混龄重点体现在生活活动、游戏活动和体育活动中，学习活动则以同龄的形式进行。

2. 第二步：尊重家长，倾听家长

阶段一：家园共同参与混龄教育的实施

（1）由于混龄教育形式对教师的综合性素质要求很高，因此该园在选取实验班两位教师时，除了具备高学历、幼高职称等条件外，还与家长一起讨论混龄班教师所具备的好学习、善领会、勤思考、会观察和重积累等认知特征。

（2）在设计混龄教育活动时，邀请有关的家长参与到混龄教育活动的设计中来，积极征询和听取家长的想法以及建议。

阶段二：透明式开放混龄教室，拓展交流渠道

（1）随时开放实验班级，让家长观察孩子在混龄班级中的表现、孩子间的相互交流等，观摩老师的教学活动，提出自己的看法与想法。

（2）对混龄教育班级的教育活动以全息式的方式进行摄录，刻录成VCD格式，让不能亲自来园的家长借用观看，了解孩子在混龄环境中的表现。

（3）公布幼儿园的电子邮箱，鼓励家长以电子邮件的形式将自己的想法、评价发到园长信箱中来，在3个工作日内给家长予以答复。

3. 第三步：打造平台，展示进步

阶段一：突出孩子的行为记录

（1）由于混龄班级为14或15个幼儿的小班，这为老师深入了解每个幼儿、观察记录每个幼儿创设了条件。因此，该园要求教师每天重点观察一位幼儿，将孩子的表现以描述、选择的方式进行记录，并装订成册。

（2）每个月两次将记录表格交付家长，让家长了解孩子在混龄环境中的表现与发展。并在表格的"家长看法"栏中，将孩子在家中的表现进行简单的描述。这种方法得到了家长强有力的支持，家长的反馈积极主动，并为园方提出了许多的建议。

阶段二："面对面"半日活动

该园每个月请一至二位家长志愿者参与幼儿园混龄半日活动，在与孩子、教师的互动中，了解混龄活动的各个环节、活动内容与形式，通过讲小故事、猜谜语、游戏等各种形式的活动与孩子进行面对面交流，扩充孩子的知识面，丰富孩子的经验。

4. 第四步：双向评价，积极互动

阶段一：基础测查与效果测查数据的公开

在孩子刚进混龄班级的第二周内，依据《上海市学前教育课程指南》中对幼儿发展评

价的要求,从健康与动作发展、认知与语言发展、品德与社会性发展、习惯与自理能力发展等四个方面对实验班(混龄班)与对比班(同龄班)的幼儿进行了全方位的基础测查与评价;在混龄教育形式进行了一个学期后,再次以这些方面进行效果测查与评价。将测查结果进行混龄前后的比较、混龄班与对比班的比较,并将统计处理结果以图表、曲线等家长易于理解的形式给予了公布。

阶段二:家长满意度的调查

在学期末,向混龄班级家长发放了家长问卷,主要体现混龄教育方式、教师的职业素质、孩子的发展与表现三大方面,以家长易于理解的符号选取式进行评价。同时,对每个混龄班级的孩子进行家访,广泛听取家长的意见和对教育工作的改进建议。结合问卷和建议,对下学期的工作进行调整、补充与改进。

在童的梦艺术幼儿园家长参与幼儿园管理"四步分段法"的每一个步骤和阶段中都体现了家长参与学校管理具有的知情权、决策权和评价权等管理职能的发挥,体现了幼儿园和家长是伙伴关系以及家长对学校管理的实质性参与。其理论基础是校本管理,即学校决策权从上级部门下放到学校,学校作为自主决策、自主发展的办学主体,在课程设置、人事安排和资源分配等各个方面拥有自主权;与学校联系紧密的各种相关利益者,如校长、教职员工、家长等都有权参与学校的决策。① 因此,家长参与幼儿园管理"四步分段法"是一种共享校内决策权的方案,它还是一种在学校决策中增强家长影响力的办法。它给我们的启示:现代学校把教育改革背后的文化变迁定义为"有关的权力和利益向教育的终极消费者(End-User)转移"。其中的终极消费者,系指学生及其家庭。② 因此,家长、社区人员参与学校管理的角色与职能理念不能再囿臼于知情观,而是要充分认识家长、社区人员参与学校管理的功能和作用,要清楚地认识到没有家长、社区人员的支持,教育改革不可能取得彻底成功。在现代学校中,需强调学校—家长的伙伴关系及家长对学校管理职能全方位、充分地发挥。

(二)思南路幼儿园社会评议协调委员会的设置与运行③

社会评议协调委员会的设置与运行,其目的是为了构建"社会评学"的自主办园机制,形成幼儿园与社区双向、深度沟通的制度,即找到一条适合思南路幼儿园所在社区实际情况,真正让社会参与对幼儿园的评价,且能促进幼儿园自主、持续、健康发展的评价途径与方式。

(1)社会评议协调委员会的组织结构

社会评议协调委员会设主任1名,由街道党工委主要领导担任;副主任2名,由幼儿

---

① 夏新斌.校本管理理论述评[J].外国教育研究,2003.
② 冯大鸣.美、英、澳教育管理前沿图景[M].北京:教育科学出版社,2004.
③ 郭宗莉.思南路幼儿园社会评议协调委员会设置与运行的实施报告(内部资料),2005.

园党支部书记和在园家长委员会主任担任;成员包括街道宣传科干部、社会人士代表和教工代表。下设常务执行委员会,组长由街道宣传科干部兼任,作为常设的事务联系人员。社会评议协调委员会任期一届3年(与幼儿园办园发展规划期限一致)。

(2) 评议工作的实施与操作

① 明确社会评议协调委员会的工作职能

社会评议协调委员会确定幼儿园和街道合作共建的工作性质,并且以协议书形式明确委员会的工作职能。

- 审议幼儿园办园目标和发展规划,监测办园规划的实施和向社会承诺的兑现。
- 每年对幼儿园规划项目实施和办园的教育效果进行评议。
- 对幼儿园办园与发展中存在的问题进行分析,并提出建议。
- 提供社区资源,协调各方因素,改善幼儿园管理水平。

② 评议工作内容

根据社会发展需求与幼儿园自主办园的要求,社会评议协调委员会将评议内容归为四大类(参见表4-9)。

表4-9 社会评议协调委员会评议内容

分类	项目	评议内容
依法办园	幼儿园办园章程与依法管理	章程的合法性、办园方向、管理制度保障和教育秩序等
	依法收费	收费公示制、经费使用状况
	幼儿园自主招生	招生报名程序、公开录取程序和招生监督程序
办园效益	教育质量	幼儿园课程、幼儿身心发展和家庭教育指导
	服务质量	家长服务承诺制、幼儿园服务项目
	办园特色	品牌项目、名师培养、成果推广和国内外影响力
社会服务	社区指导	0—3岁早期教育指导服务(散居儿童)、学前儿童家庭教育指导、向社区开放教育资源
	社区共建	创建文明活动、社区帮困工作、环境绿化、治安防范和卫生安全
	社区贡献	社区便民服务、社区志愿者工作和项目示范活动
社会反映	职业道德	师德素养、服务态度
	社会信誉度	社区、家长满意度,社会舆论,先进荣誉称号
	示范领先作用	同行业先进性、示范辐射成效

③ 有计划地实施评议工作

- 每年年终进行一次幼儿园办园质量的社会评估,由幼儿园提供《年度保教质量咨文》,执行委员会组织家长委员会及社区代表实施评议。
- 每年实施对幼儿园招生工作的社会监督与评议,由评议委员会、非在园幼儿的家长代表共同实施。

• 每季度为社区提供教育指导服务等活动,并进行活动质量评议。

• 每年由评议协调工作组汇总各项评议资料,递交委员会协商讨论,列出对幼儿园办园的建议,以及幼儿园需要提供的资源和援助。由顾问团或街道、政府职能部门帮助具体落实。

一年一度的幼儿园招生,特别是像思南路幼儿园这样的示范性幼儿园,常常是人满为患,到底让谁进来,成为幼儿园中的一名新成员?这个问题常常困扰着园长。而如今,思南路幼儿园依托社会评议协调委员会可以很好地解决这一问题。如2004年以幼儿园自主招生工作作为首次评议项目,就是来自于困扰该园多年的招生录取工作难的矛盾,社会评议协调委员会分别召集在园幼儿的家长和社区代表听取意见,对该园自主招生录取工作的公平、公正、公开原则进行过程性评价,对报名程序分列了"不测试幼儿"、"报名手续合理性"等六项评议内容,对录取工作分列了"监督抽号合法性"、"监督程序公正性"等八项评议内容,最终使家长满意,即使没抽上号的家长也表示对录取工作"我们心服"。

如果说童的梦艺术幼儿园家长参与幼儿园管理的"四步分段法"还只是"点"上的家长参与学校管理的话,那么,思南路幼儿园的社会评议协调委员会则是全方位地参与学校管理,涉及幼儿园的日常工作、教育教学、办园特色和办园方向等,在幼儿园社会评学、主动优化办学行为上进行了有益的探索和尝试,在幼儿园办园适应并服务于社会发展上进行了积极有效的评价机制改革,体现了教育公平、服务公众利益原则。思南路幼儿园的实践表明,社区人员对学校管理工作的实质性介入并未给学校"添乱",而是给学生学习的改进带来了实实在在的效果。因此,我们倡导学校—家长—社区的伙伴关系以及家长、社区对学校管理的实质性参与。[①]

第二节 学校管理中家长、社区人员角色与职能创新研究

一、校本管理的理论及运作模式

公共管理倡导与教育相关的各主体都参与教育管理,建立政府、学校、社区和家长等共同合作的新模式,因而要求政府在某些方面放权,促进教育消费者在教育管理中发挥积极作用。[②] 在美国、英国、澳大利亚和新西兰各国教育改革中,校本管理集中体现了这一基本理念。

(一)校本管理的含义

校本管理是与教育分权化相联系的概念,也常常被看做是教育分权化的一种较为激进的形式。在对一份相关文献的评论中,奥加华和怀特描绘了对"校本管理"这个概念定义的难度。它可能是使用最为广泛的术语之一,特别是在美国。但它也是最令人捉摸不定的术语之一。对有些支持者来说,它是一种向学校分权的摆脱政府对学校控制的建议;对另

---

① 冯大鸣. 美、英、澳教育管理前沿图景[M]. 北京:教育科学出版社,2004.
② 黄复生. 转型时期政府教育管理职能范式的转变[D]. 上海:上海师范大学,2004.

外一些人来说,它也是一种共享校内决策权的方案;对其他人来说,它还是一种在学校决策中增强家长影响力的办法。① 按照 B·马伦等人的解释,校本管理是教育分权化的一种形式,它把学校当作教育改进的首要单元,并依靠重新配置(即赋予学校)决策权来推动和维持改进的首要手段。马伦等人的这个定义,实际上是表达了校本管理倡导者的一种基本假设:把决策权下放给学校,将有利于学校教育的改进。②

以上所引述的解释中基本上包含了这样一些要素:(1) 学校管理的决策权应该从上级行政管理部门下移到学校;(2) 那些最接近决策的实践、最易受决策结果影响或对决策执行负有基本责任的人,是一项决策的制定者和参与者;(3) 学校教师在校本管理中将成为重要的参与者;(4) 学校将在财政、人事和课程等方面获得更多的权利。③ 由此可见,校本管理是管理权力下放思想的具体表现形式,学校自治和共同参与是这种管理形式的特点,校长、教职员工、学生及其家长和社区人员都有权利参与到学校的决策中,学校管理是学生、家长和社区人员等所有利益相关者的事情。

(二)校本管理的模式

校本管理的思想是在 20 世纪 70 年代由纽约州的弗莱希曼委员会提出,但直到 1986 年,美国全国州长协会重提弗莱希曼委员会的主张,建议各州帮助学区排除法律和组织方面的障碍,鼓励各地实施校本预算和校本教师聘任制度,并赋予学校教育资源使用的决定权。当时,全国州长协会的主席、田纳西州州长拉马尔·亚历山大还提议,如果实施校本管理,州将放弃大量常规的教育管制权。州长协会的这一表态和承诺才真正推动了美国校本管理的实践。在美国校本管理初期的实践中出现了以下几种代表性的模式。④

1. 戴德模式(行政控制模式——校长主导)

1986 年,佛罗里达州戴德县教育委员会决定在该县的部分学校中试行校本管理。其主要内容就是在向学校放权的同时,各校建立由教师组成的顾问式的管理小组,参与学校预算、人事和学业计划方面的决策。其主要职能是研究问题并向校长提出决策建议。这些决策的最终取舍权仍由校长保留。而且,教师管理小组的活动是业余性质的,他们参与决策的活动并不计入他们的工作量。

2. 洛杉矶模式(专业人员控制模式——教师主导)

1989 年,洛杉矶统一学区教师工会与地方教育委员会经过谈判,以契约方式确定下来的。按照双方达成的协议,签署了一项有效期为 3 年的合同。合同规定,各校由学校委员会领导。委员会有权对校长的决定再作决定,但它无权聘任或解聘校长。根据学校的不同规模,委员会成员可以由 6~16 名成员组成,包括校长、教师、学校职员、家长和社区代表。除校长外,其余成员均由选举产生。无论成员多少,教师必须在委员会中占 50% 的席位,这也就决定了教师在委员会中处于支配地位。

3. 芝加哥模式(社区控制模式——家长和社区人员主导)

1988 年 12 月 1 日,伊利诺斯州州长签署了旨在推行校本管理的《芝加哥学校改革

---

① 〔英〕杰夫·惠迪. 萨莉·鲍尔,大卫·哈尔平. 教育中的放权与择校:学校、政府和市场[M]. 马忠虎,译. 北京:教育科学出版社,2003.
② 冯大鸣. 美、英、澳教育管理前沿图景[M]. 北京:教育科学出版社,2004.
③ 冯大鸣. 沟通与分享:中西教育管理领衔学者世纪汇谈[M]. 上海:上海教育出版社,2002.
④ 冯大鸣. 美、英、澳教育管理前沿图景[M]. 上海:教育科学出版社,2004.

法》。这项法案的签署被称为激进的"芝加哥革命"的开始。该法案规定,学校委员会由 6 位家长、2 位社区代表、2 位教师、1 位学生(无表决权)和校长组成,从而使校外人士在人数上占据了优势。委员会的主席在 6 位家长中产生,委员会的其他成员(除校长之外)均由选举产生,任期 2 年。委员会除了有权对学校各项事务作决策外,还有权聘任或解雇校长。

这三种模式尽管各不相同,但它们都有一个共同的特点,即改革的重心都在于校内权力的重新分配。在校本管理推行若干年之后,一些研究者对校本管理的影响和效果作了研究发现:校本管理对管理效率、教师表现、学生出勤、家长参与以及教育公平均有不同程度的积极影响。然而令人遗憾的是,在学校效能的最为重要、最为关键的方面——改进学生学习和提高学生学习成就方面,校本管理却没有明显的影响。马克·汉森认为,校本管理的根本管理,在于公立学校的生源垄断性和经费无风险性没有改变[①]。于是,美国教育界对校本管理有了新的认识,也即校本管理并非仅是"权力下放"、"自主决策"、"家长、社区参与管理",而应当包含三个方面的内容:学校由外控式管理转变为学校民主式的自我管理;教育行政当局在授予学校相当大的自主权的同时,也让学校肩负对等的责任,并加强对学校的问责(Accountability);校本管理的成果应当通过学生学习结果的改进来反映。这样一种新认识的出现,实际上已经突破了马伦等人的校本管理定义,为校本管理实践的进一步发展,或者说为新版校本管理的问世奠定了思想基础。

二、建构家长、社区人员参与教育管理体制的尝试

(一)家长、社区人员在学校管理中角色和职能的转变

1979 年英国保守党大选胜利后,撒切尔和梅杰政府在 20 世纪 80 年代和 90 年代初颁布了一系列教育法,开始尝试打破地方教育当局对公立学校教育的垄断。《1980 年教育法》包含了促进家长择校的各种措施,其中之一是资助学额计划(Assisted Places Scheme)的提出。此可以被看做是迈向新自由主义改革道路的第一步。《1986 年教育法》和《1988 年教育改革法》给中小学校董事会的构成和职责带来了变化,增加了家长和地方商业利益集团的代表。法律规定,地方管理的学校现在必须拥有由学生家长代表、教师代表以及由地方教育当局指派的代表组成的董事会。家长董事由在学校注册的学生的家长选出,任期 4 年。法律鼓励上述核心成员吸纳其他来自地方社区的、可能对学校做出贡献的、特别是那些具有"商业"兴趣的人进入董事会。董事会要承担多项职责,以下几项被认为是最重要的:负责学校的总体管理;确保学校课程符合国家课程的要求;负责管理学校财政;参与教职工的选聘;向家长通告有关学校课程和学生成绩的信息。[②] 这样做的目标是通过将中央控制的资源转变为由董事和校长管理的学校财政,从而把尽可能多的决策权下放到学校。

《1988 年教育改革法》允许现存公立学校在家长无记名投票后选择脱离地方教育当局,成为由中央政府直接资助的拨款公立学校。拨款公立学校由董事会管理,董事会内不

---

① 冯大鸣.沟通与分享:中西教育管理领衔学者世纪汇谈[M].上海:上海教育出版社,2002.
② 〔英〕杰夫·惠迪,萨莉·鲍尔,大卫·哈尔平.教育中的放权与择校:学校、政府和市场[M].马忠虎,译.北京:教育科学出版社,2003.

再包含任何由地方政府指派的成员,由教师和家长代表以及地方社区代表组成,但某些社区代表必须具备"商业"经历,家长代表的人数也要多一些。董事会在有关招生、财政和职员聘用方面获得了更大的权力。与地方教育当局学校的董事一样,拨款公立学校的董事也必须制定并监控课程,掌管财政。与地方当局学校董事不同的是,拨款公立学校的董事必须对学校财政全面负责,他们用它为聘用的教师和其他职工付工资,购买图书、设备等;另外,还要支付校舍的维修费用并为学生提供必要的服务(如校餐),以及为教师提供咨询服务。虽然拨款公立学校不再受地方教育当局的控制,但它们并没有独立于中央政府,它们必须向学生讲授规定的国家课程,并达到中央政府规定的验收标准。[1]

根据英国1998年的《学校标准和结构法》,目前英国的中小学都建有管理委员会。学生数在600人以上的中学,管理委员会由6位家长(选举产生)、5位地方教育当局的代表、2位教师(选举产生)、1位职员(选举产生)、5位共选的成员(是指在管理委员会成立后的第一次会议上根据学校的实际需要而选择确定的具有特别专长或技能的管理人员,如财务管理、公关事务等方面的专才)以及校长组成。学生数在100人以上的小学,管理委员会由5位家长(选举产生)、4位地方教育当局的代表、2位教师(选举产生)、1位职员(选举产生)、4位共选的成员以及校长组成。管理委员会的主席由管理委员会选举产生。管理委员会负责决定学校的战略性事务,包括制定学校的战略架构、目的和目标、有关学生成就的政策和指标以及评议学校的进步并根据学校的进步情况评议学校的战略架构;对校长授权;新校长的遴选和在任校长的工作评估。总体上说,校长和管理委员会的关系类似于总经理和董事会的关系。[2]

从英国家长、社区人员参与学校管理的发展轨迹来看,主要是成为董事会中的一员,并承担相应职责。地方教育当局管理下的学校董事会最为重要的职责是负责学校的总体管理,制定并监控课程,掌管财政。拨款公立学校董事会除了与地方教育当局管理下的学校的董事会在许多方面拥有同样的职责和特点外,在有关招生、财政和职员聘用方面获得了更大的权力,但它们并没有独立于中央政府,必须向学生讲授规定的国家课程,并达到中央政府规定的验收标准。因此,可以看出英国家长、社区人员参与学校管理的职能还是有限的。

(二)家长、社区人员在学校管理中角色和职能的重建

在美国,近年来掀起了教育重建运动。纽曼将家长择校、更大的学校自治和共享决策纳入11种最普遍的教育重建方式。芝加哥是第一批开始学校自治系统改革的大城市学区之一,自1985年以来,伊利诺伊立法机构通过了3项重要的教育法案,每部法案都推出一系列特别的政策方略以改进芝加哥的学校质量。如1988年通过校本管理机制来增强家长权力的措施是对州政府调控作用的补充。这项措施要求每所学校应由地方学校委员会(LSC)来管理,这个经选举产生的组织由6位家长、2位社区代表、1名学生(高中为2名)、2位教师和校长组成,拥有解聘校长、确定预算重点和制定课程重心的权力,另外

---

[1] 〔英〕杰夫·惠迪,萨莉·鲍尔,大卫·哈尔平.教育中的放权与择校:学校、政府和市场[M].马忠虎,译.北京:教育科学出版社,2003.

[2] 冯大鸣.美、英、澳教育管理前沿图景[M].北京:教育科学出版社,2004.

他们掌握相当数量的政府一次性拨给学校的教育资金。①委员会的首要目标是吸引家长参与学校管理,主要的三项职责是通过学校改善计划、通过学校财政预算、决定校长的去留。学校改善计划和财政预算是由校长在学校专业顾问委员会的监督和帮助下做出来的,该专业委员会由一线教师和学校的其他工作人员组成。虽然校长拥有选拔全校教师的权力,但是他必须对学校委员会负责,不再实行终身制。有了组织依托,家长和社区人员参与学校管理就不再是纸上谈兵,他们能够通过这一组织发挥他们在学校管理中的权力。但需指出的是,芝加哥的学校改革是该市所特有的,即使在伊利诺斯州内也是如此。

在芝加哥,经选举产生的地方学校委员会大部分由家长和社区代表组成,强调为社区赋权(拥有人事——解聘校长、确定预算重点和制定课程重心的权力)和州政府指导下的绩效责任制度。芝加哥改革因此具有一种强大的民主动力,芝加哥的改革有时被作为充分展示"社区控制"理念的典范而受到拥护(奥加华和怀特,1994)。埃尔莫尔认为,虽然芝加哥改革具有"受规章限制的和专业人员控制的因素,但它主要立足于一种民主管理理论"。②毫无疑问,芝加哥学区的管理策略已经超越了通过向专业人员赋权以促进学校和体制进步的理念,而转向更为强调向家长和社区赋权来使学校管理具有更强大的民主动力。

美国的改革具有鲜明的地方化特色,特许学校通常被看做是一项平民改革,协议或"特许状"是在一群想开办学校的个人(通常包括教师、家长和社区领导)与协议授权机构(一般是学区或州政府)之间拟定的。特许学校被授予涉及预算、人事及课程等领域的决策权。沃尔斯泰特等人对美国特许学校立法的分析认为,决策者似乎乐意授予地方层面的学校和家长更大的自治权,但不情愿放弃高层政府的控制权。纵观到1994年为止,已确认特许学校立法的11个州,9个州宣称要促进教学革新,只有3个州强调社区参与。③

(三)家长、社区人员在学校管理中角色和职能的参与

自20世纪70年代以来,放权一直是澳大利亚政府改革的特点。1973年,以彼得·卡梅尔为主席的澳大利亚学校委员会(Australian School Commission,ASC)的临时委员会在对全澳的政府和非政府学校作一次全面调查和考察的基础上递交了一份调查报告,其中提出了学校经营权下放、教育平等、教育的多样性、社区参与等一系列的观点。在卡梅尔的报告发表之后不久,首先在南澳的一些公立学校中出现了一种有社区参与其间的新的学校管理团体——学校委员会(School Council),在堪培拉的公立学校中出现了类似于南澳学校委员会的学校董事会(School Board)。建立学校委员会和学校董事会的学校都获得了有限的自主管理权(主要是校本预算权),同时也承担相应的责任。学校获得一定程度的预算权以及学校建立社区参与的委员会或董事会是这个阶段的主要标志。1990年颁布的《教育改革法》(*Education Reform Act*),在公立教育的多样化和自由选择性、核心

---

① 〔英〕杰夫·惠迪,萨莉·鲍尔,大卫·哈尔平. 教育中的放权与择校:学校、政府和市场[M]. 马忠虎,译. 北京:教育科学出版社,2003.

② 〔英〕杰夫·惠迪,萨莉·鲍尔,大卫·哈尔平. 教育中的放权与择校:学校、政府和市场[M]. 马忠虎,译;北京:教育科学出版社,2003.

③ 〔英〕杰夫·惠迪,萨莉·鲍尔,大卫·哈尔平. 教育中的放权与择校:学校、政府和市场[M]. 马忠虎,译. 北京:教育科学出版社,2003.

课程、社区的参与等方面作了规定。①

新南威尔士州学校教育部（NSW Department of School Education）先后于1992年1月和9月下发了《2000年的教育》（*Education 2000*）和《1993—1997年战略规划》（*Strategic Plan 1993—1997*），提出并详细阐述了该州到2000年的10项教育目标，其中有一项是：促进家长和社区参与学校工作以及对公立教育的赞赏。②

维多利亚州的改革不仅建筑在扎实的研究基础之上，而且改革的整体设计系统化程度较高，并有一整套涉及政府、学校、校长、教师、学生、家长、社区的可操作的管理措施。③ 到1992年年末，维多利亚州所有的学校都由多至15人组成的学校委员会，其中教育系统委员不到1/3。学校由学校委员会和校长共同管理，委员会负责重要决策，校长负责日常管理。校委会是主要的行政机构——它招聘校长，拥有除教师工资以外的所有项目的预算权。④ 学校委员会内有家长代表，家长代表参加学校委员会会议时有权参与讨论和询问学校的运作情况；家长参与学生的部分学习活动；家长和教师共同为其孩子制定个别化学习改进计划；建立家—校计算机连接系统，便于家长了解学校信息及孩子的学习情况。⑤

（四）家长、社区人员在学校管理中职责的赋予

新西兰的教育改革最初是由一届工党政府提倡的。1989年10月发起的教育改革基于《皮考特报告》与政府对它的回应——《明天的学校》。它们致使中央政府和地区教育委员会将预算分配、职工聘用和教育成果的职责下放至每一所学校。允许学校成立理事会，由理事会管理学校。理事会最初只由家长组成，但后来企业界的成员也拥有了当选资格。他们在人数上超过由校长和一位教职工代表组成的职业利益群体。⑥

理事会拥有英格兰和威尔士的董事会所拥有的某些职责。同样，这些职责经常受到管理和财政因素的操控。如人们期望他们管理下拨的经费并任命校长和教工，但实际操作中存在着重大的差别。与英格兰和威尔士不同的是，每所新西兰的自治学校都有一个"特许状"，它是理事与中央政府共同协商拟定的。特许状涉及教育目的、目标与任务。中央政府要求理事负责制定政策并监督政策的落实，以求实现他们在特许状中为自己制定的教育目标。⑦

由于董事会被赋予有效控制招生计划的权力，与英格兰和威尔士相比，新西兰的公共教育改革在放权和家长自由择校方面进入了一个不加任何限制的实验阶段。与英国不同的是，新西兰的改革从一开始便强调公平；其次，希望在社区的外行成员（主要是在校学生

---

① 冯大鸣.美、英、澳教育管理前沿图景[M].北京：教育科学出版社，2004.
② 冯大鸣.美、英、澳教育管理前沿图景[M].北京：教育科学出版社，2004.
③ 冯大鸣.美、英、澳教育管理前沿图景[M].北京：教育科学出版社，2004.
④ 冯大鸣.美、英、澳教育管理前沿图景[M].北京：教育科学出版社，2004.
　〔英〕杰夫·惠迪，萨莉·鲍尔，大卫·哈尔平.教育中的放权与择校：学校、政府和市场[M].马忠虎，译.北京：教育科学出版社，2003.
⑤ 冯大鸣.美、英、澳教育管理前沿图景[M].北京：教育科学出版社，2004.
⑥ 〔英〕杰夫·惠迪，萨莉·鲍尔，大卫·哈尔平.教育中的放权与择校：学校、政府和市场[M].马忠虎，译.北京：教育科学出版社，2003.
⑦ 〔英〕杰夫·惠迪，萨莉·鲍尔，大卫·哈尔平.教育中的放权与择校：学校、政府和市场[M].马忠虎，译.北京：教育科学出版社，2003.

的家长)与学校的专业人员之间培养一种密切的工作伙伴关系是新西兰学校自治最初的指导原则。怀利认为,新西兰的其他改革"提供了学校自治的范型,与来自英国的经验相比更加考虑了平衡"。原因在于,它们"极为强调公平……强调社区参与……强调家长参与和家长与职业人员之间的伙伴关系"。尽管有这些考虑,新西兰的改革对社区参与学校管理的影响仍与英格兰和威尔士的学校重建改革的结果有许多相似之处。虽然家长选举的理事会和家长择校的政策原则上赋予家长影响学校政策和实践的权利,但在这个正式规定与使之成为现实而要求学校职工所应具备的态度和技能之间存在着巨大的差距。因为社区在对学校进行自我管理方面远没有被平等地赋予物质和文化的资源。虽然改革倾向于为弱势群体增加教育机会,但正是低收入地区的学校似乎"无法从它们对家长支持的强调中受益"。家长对政策形成的贡献大体上来说"依然有限"。根据怀利的说法,新西兰学校向自治的转变并没有导致低收入群体更多地参与特定学校的管理。[1]

三、发达国家家长、社区人员参与学校管理的共同特点

(一)相同的理论基础——新自由主义理念和公共管理主义

上述四个国家,每一个国家都施行了一系列试图重建公共教育的政策,存在着共同的趋势。正如福勒所评论的,虽然存在着大量的"例外描写"(Exceptionality Literature),"但在学校和文化之间的重要差异并不抹杀深层的相似性"……在我们所考察的政策之中存在着相当的一致性。在政治理论基础这一系列,占主导地位的是新自由主义理念,市场机制因而受到特别重视。这种通过市场进行的分权还与质量和效益的合理化关联,利用新公共管理的话语来强调强大的学校管理和外部监督。[2] 因此,西方发达国家近二三十年来教育改革的主要理论基础是新自由主义思想和公共管理主义。

"新自由主义经济学派"(也称"芝加哥学派")兴起于20世纪七八十年代,主要代表包括美国经济学家弗里德曼、奥地利经济学家哈耶克等。新自由主义者颂扬自由竞争下的资本主义的市场和价格机制,认为它几乎是解决任何经济问题的最好机制。[3] 他们认为当代社会的所有弊病都是由于资产阶级国家干预过多造成的,希望返回到自由竞争的资本主义社会去。其实,弗里德曼很早就提出了西方教育市场化的观点,他认为有必要进行教育的市场化改革。但是,自由市场的存在当然并不排除对政府的需要;相反的,政府的必要性在于:它是"竞赛规则"的制定者,又是解释和强制执行这些已经被决定的规则的裁判者。弗里德认为只有竞争才能迫使公立学校按照顾客的意愿改革自身,为此他在《自由选择》一书中提出了教育券。尽管弗里德曼早就提出了对教育市场化的观点,但只有直到近二十年来,由于政府失灵和财政危机问题的出现,人们才开始真正意识到这一点,并以此为理论基础开始了公立学校的重构与放权等各种教育改革。

影响西方发达国家教育改革的另一个理论基础是公共管理主义。所谓公共管理,"是指政府及其他公共机构,为了适应社会经济的发展和满足公众的利益需求,对涉及公众利

---

[1] 〔英〕杰夫·惠迪,萨莉·鲍尔,大卫·哈尔平. 教育中的放权与择校:学校、政府和市场[M]. 马忠虎,译. 北京:教育科学出版社,2003.
[2] 〔英〕杰夫·惠迪,萨莉·鲍尔,大卫·哈尔平. 教育中的放权与择校:学校、政府和市场[M]. 马忠虎,译. 北京:教育科学出版社,2003.
[3] 〔美〕米尔顿·弗里德曼. 资本主义与自由[M]. 张瑞玉,译. 上海:商务印书馆,1986.

益的各种社会事务所实施的有效管理。它强调的是政府的社会管理和公共服务职能,而弱化了政府的政治统治职能。因此,公共管理主义的着眼点应该是社会事务的管理,社会性是公共管理的内涵。"① 公共管理主义对美国、英国、澳大利亚和新西兰等发达国家产生了巨大的影响,正在改变着政府对公共事务的管理实践。公共管理主义的一个基本前提是政府应该是掌舵者而不是划桨者,因此特别强调社会参与公共管理,强调建立提供公共物品的公共服务决策的机制,重视为公众服务。由此,公共管理主义对教育改革的假设是:在市场革命的背景下,教育组织从集权的官僚化的教育体制转化为一种发展性组织,学校承担服务职能和责任,权力进行重新分化和分配,以更好地增进学校效能。② 公共管理主义导致的教育改革在各发达国家获得了蓬勃的发展,促使政府下放教育权力,给予学校一定的自主权。

(二)建立作为学校"伙伴"的家长关系

怀利认为在专业的教学人员与志愿的理事之间存在着大体上良好的工作关系,这也是格雷斯的观点。如在对英格兰的拨款公立学校进行研究的过程中,发现"良好的"关系是那些董事对专业决断进行支持而不是挑战的关系。戈尔比和布里格利发现在地方教育当局学校的董事会中也存在着相似的关系。③

作为自己孩子教育的支持者而拥有的权利日渐成为今天占主流地位的话题。与将家长角色转换为消费者角色一致的是,某些政策条款规定提高家长对其孩子教育的知情权和参与权。如在英格兰和威尔士,政府制定了《家长宪章》规定家长有权查阅有关孩子进步的成绩报告单,有权对学校进行经常性的独立的视察。这些教育政策显示出对家长角色的重新定位,即从关注义务到强调权利的转变。在过去,围绕家长和学校的议论集中在家长如何履行他们作为共同教育者的职责,而支撑当前许多理念的话语日益表明学校有向家长履行职责的义务。尽管这些措施通常被表述为市场力量促使学校对家长更为负责的一种机制,但在某些情况下伙伴关系的理念被用来促使家长对学校更为负责。④ 学校和家长之间"伙伴关系"的建立,有利于家长、社区人员真正参与学校管理。

(三)外行代表正被边缘化

虽然美、英、澳和新西兰等国家有关"社区"(Community)参与理念在各种改革话语中十分突出,成立了校委会和学校理事会或董事会,并规定了相应的职责,但对这些职责的概括表明了社区参与的有限性,通常只限于管理的或行政的性质,而非就政策问题承担重要的咨询职能。正如约翰逊认为,虽然当前的改革政策提供了新的机会,但这些机会涉及的范围狭窄,"改革的目标似乎是要废除教育的地方政治学,而将其变为一种经济学的目标。"如新型自治学校所要求的参与形式主要出于财政的而不是真正民主的考虑。在英格兰和威尔士的地方公立学校中,当前担任董事的家长大约有7.5万人。据估计,约20%的家长董事具有商业背景。被增选入或在拨款公立学校的董事会中任职的实业家的比

---

① 王乐夫. 论公共行政与公共管理的区别与互动[J]. 管理世界,2002.
② 谌启标. 澳大利亚"新管理主义"教育改革述评[J]. 外国教育研究,2003.
③ 〔英〕杰夫·惠迪,萨莉·鲍尔,大卫·哈尔平. 教育中的放权与择校:学校、政府和市场[M]. 马忠虎,译. 北京:教育科学出版社,2003.
④ 〔英〕杰夫·惠迪,萨莉·鲍尔,大卫·哈尔平. 教育中的放权与择校:学校、政府和市场[M]. 马忠虎,译. 北京:教育科学出版社,2003.

例可能远远高于地方公立学校。一方面，预算权的下放增加了董事的财政责任，另一方面，国家课程的强制推行则剥夺了他们以前争取的许多与教学相关的权利。①

政府在制定目标和评估方面职能的强化使校长的工作向企业主管的方向重新定位，校董事会也在承受着某种压力，要求他们像公司董事会那样发挥作用。如果董事对学校的管理和市场运作做不出贡献，他们似乎就被看做没什么好奉献的了。在许多情况下，这使董事会与校长之间的冲突公开化了，存在着某些董事边缘化的迹象。但格雷斯发现有一些地方教育当局学校的校长"愿意与新组建的董事会分享领导权，并将这种可能视为英国学校文化发展的必然趋势来欢迎"。对这些校长来说，"学校董事更为积极地参与领导与管理，可丰富并巩固校内可供教育发展的文化、人力及物质的资源"。但大部分人似乎更愿意对董事会中的外行成员采取一种"强硬的、家长制的权威"姿态，并极力避免权利向外行们进行彻底的再分配。②

莉娃西科、托马斯和马丁都强调，在某种程度上，自治学校的董事会或多或少会受到校长和其他高级管理人员发布的指令的支配。即使在外行董事希望表达意见时，他们也似乎难以使人们听到他们的"声音"，自然，他们的观点也不会被认真考虑了。问题部分在于大部分外行董事在董事会商讨问题时所运用的知识。正如迪姆等人所强调的，当他们的知识涉及教育机构与过程时，它往往是"不完备的、零碎的，而且有时还是不准确的"。结果是，校长和教师董事更为内行的、有学识的观点往往占据核心的地位并更具影响力。内行比外行更具影响力的因素保证了管理主义者的利益在多数情况下处于支配的地位。对专业的、特别是与职业有关的专门知识的日益需要正在导致那些不具备这些素质的外行委员更加边缘化。当前的改革思潮认可这种观点：即能对学校做出有用贡献的"外行"只是那些具有专业特长的人——他们时常是白人、男性和中产阶级。③

正如迪姆等人总结的，"仅仅使新群体成为董事并不必然赋予了他们权利。造成性别和种族差别化的组织形式和实践的继续通行，教师和校长控制学校行政的模式仍然难以撼动，这些都（为其他利益社群掌握权力）添加了相当的阻力"。④

四、现阶段家长、社区人员参与学校管理的角色和职能定位

目前我国正由计划经济向市场经济转轨，社会经济、政治环境的巨大变化给学校管理带来了巨大的挑战，旧的管理体制已不适应社会实践发展的需要，因此，不管是理论界还是教育行政部门以及学校，都在进行着教育管理体制改革的探索与尝试。家长、社区人员呼唤着参与学校管理；学校为了更好地办学，为了更好地满足社会发展的需求，从自身学校范围微观层面进行着家长、社区人员参与学校管理的改革，如"四步分段法"、"社会评

---

① 〔英〕杰夫·惠迪，萨莉·鲍尔，大卫·哈尔平. 教育中的放权与择校：学校、政府和市场[M]. 马忠虎，译. 北京：教育科学出版社，2003.
② 〔英〕杰夫·惠迪，萨莉·鲍尔，大卫·哈尔平. 教育中的放权与择校：学校、政府和市场[M]. 马忠虎，译. 北京：教育科学出版社，2003.
③ 〔英〕杰夫·惠迪，萨莉·鲍尔，大卫·哈尔平. 教育中的放权与择校：学校、政府和市场[M]. 马忠虎，译. 北京：教育科学出版社，2003.
④ 〔英〕杰夫·惠迪，萨莉·鲍尔，大卫·哈尔平. 教育中的放权与择校：学校、政府和市场[M]. 马忠虎，译，北京：教育科学出版社，2003.

学"等。但由于学校自身力量的有限性,因此,需要从更宏观的层面考虑家长、社区人员如何有效地参与学校管理,对现阶段家长、社区人员参与学校管理的角色和职能做出明确的定位,这对进一步推动我国教育管理体制改革是大有裨益的。

(一) 角色和职能定位的理念——家长、社区人员是学校的合作伙伴

家长、社区人员是学校的合作伙伴的角色和职能定位的理念,是以现代社会条件下公共管理理论为依据的,因为它强调的是政府的社会管理和公共服务职能,政府应该是掌舵者而不是划桨者,因此特别强调家长、社区人员参与公共管理。合作伙伴应当与"平等关系"、"过程参与"、"结果质询"等关键特征相联系,问卷调查结果虽然反映出已初步形成了"学校与家长、社区人员平等合作的角色观"及"家长、社区人员对学校有知情权"的观念,但还没有形成完善的"管理观"、"决策观"、"监督观"和"效益观"等,表现为家长、社区人员很少有"管理权"、"决策权"、"监督权","评价权"则更少等。因此,现在很多学校进行的是家长、社区人员的非实质性的和远离决策议题的"假性参与",但可喜的是在一些点上已着眼于学校—家长—社区人员合作伙伴关系的完整构建,如在"家长参与幼儿园管理四步分段法"和"社会评学"的实践尝试中,渗透着"平等关系"、"过程参与"、"结果质询"等关键特征。学校转变办学理念,积极引导和吸引家长、社区人员参与,逐步加大家长、社区人员在学校管理中的力度,加强学校和家长之间的交流和沟通;另外,家长也摒弃单纯的配合、被动的思想,而是树立正确的家校合作观,有强烈的主人翁责任感,主动积极地参与。正如美国学者伍德所认为的,家长与学校主要有两种关系:(1) 生产者与消费者;(2) 合作伙伴,家长和学校在教育学生方面共同承担责任,在教育过程中建立互助合作的关系。

观念是行为的先导。家长、社区人员是学校的"合作伙伴"的角色和职能定位的理念也必将影响着家长、社区人员在现代学校管理中的角色定位、职能内容和范围、职能方式、职能程度、职能组织等。

(二) 参与者、协商者、支持者的角色定位

从本质上说,现代学校应当同时对上级主管部门和学校教育当事人(学生及其家庭)负责。而且从学理上说,对后者的负责应当更胜于对前者的负责,因为"上级主管部门"的最终"上级"是国家,而国家则是人民的代表。正因为如此,一些西方国家才会把教育改革背后的文化变迁定义为:有关的权力和利益向教育的终极消费者(End-User)转移。其中的终极消费者,系指学生及其家庭。正是基于这种认识,美、英、澳在其世纪初的国家教育战略规划中,均不约而同地强调了学校——家长——社区的伙伴关系以及家长、社区对学校管理的实质性参与。这些国家的以往实践表明,家长和社区对学校管理工作的实质性介入,并未给学校"添乱",而是给学生学习的改进带来了实实在在的效果。[①]

正因为家长、社区人员对学校管理是实质性的参与,因此,家长、社区人员在学校管理中的角色应向"局内人"的角色转变,不仅仅只是参与者的角色,更应担当协商者、支持者、"半个"决策者、"半个"评估者、"半个"监督者的角色。

参与者——明了学校管理工作的任务、内容、重点等,并参与其中。

协商者——对学校改革重大举措,和校方一起商量,提出改进意见,使之更合理、

---

① 冯大鸣. 美、英、澳教育管理前沿图景[M]. 北京:教育科学出版社,2004.

完善。

支持者——从各方面支持学校教育教学工作，使学校和社会形成合力，有利于工作的开展。

"半个"决策者——享有与学校组织内成员同样的权力，在学校管理过程中拥有发言权，以学校组织的整体发展为出发点考虑问题，共谋学校发展之路，和学校管理者共同决策，共同为学校发展承担责任、履行义务。

"半个"评估者——和政府一起评估学校效能及改进情况，使学校逐步成为"有效学校"。

"半个"监督者——和政府一起监督学校的办学方向、办学理念等，使之符合学生身心发展特点及社会发展的总体需求。

为防止、避免家长和社区人员在学校管理中被"边缘化"，因此，有专业特长的内行参加，那就更为理想。

（三）职能内容和范围——有限管理

家长参与学校管理可以涵盖学校的计划、人事、经费、课程和教学等各个方面。[①] 但从美国、英国、澳大利亚等国的实践结果来看，校委会和学校理事会或董事会的职责反映了家长、社区人员对学校管理的有限性，主要只限于管理的或行政的性质。在我国正由计划经济向市场经济转轨过程中，倡导政府宏观管理，把办学自主权归还学校，因此家长、社区人员也只是在学校管理的范畴中进行有限管理。

参照已有研究，我们认为家长、社区人员对学校管理有限的职能内容和范围应该是有知情权、管理权、决策权、评价权、监督权，具体如下。

1. 校务委员会内有家长、社区代表，家长、社区代表的选举标准由家长、社区人员自己制定。
2. 监督和评价学校的办学方向、办学特色、办学质量。
3. 参与讨论和询问学校的运作情况。
4. 参与学生的部分学习活动。
5. 家长、社区人员和教师共同为孩子制定个别化学习改进计划。
6. 建立家—校计算机连接系统，便于家长了解学校信息及孩子的学习情况。
7. 适度参与教师遴选工作。

（四）职能方式——直接的管理方式

在调查中发现，家长、社区人员对学校工作的意见和建议，直接向校领导当面提出的只占 17.6%，通过校长信箱书面提出的只占 13.4%，二者相加才占 31%，绝大部分是通过"向学生班主任反映"等这种间接的方式进行管理，间接的管理往往效果甚微。虽然调查结果中也反映出有"家长委员会"的学校占 65.2%，但这些家长委员会，或有形无实，或远离真正的学校管理事务，也只是间接地进行管理。在现代学校中，家长、社区人员对学校的管理职能的方式应该是直接的管理方式。具体表现为通过进课堂等形式直接对学校日常工作进行管理；和校长、教师一起面对面直接进行讨论、决策；学校同时向上级主管

[①] Shelley H. (2002): Billing From Middle Matters Involving Middle-Graders' Parents, The Education Digest, Volume 67, No. 7.

部门和家长、社区人员提交年度报告,并接受家长、社区代表的质询;对学校绩效进行考核等。

(五) 职能程度——参与学校管理

从近年来我国教育改革和西方国家教育改革的实践来看,公共管理的理念一直在不断地获得人们的回应,人们逐渐认识到教育管理也是一种公共事业管理,公民有参与教育管理的权利。因此,市场经济条件下,与教育利益相关的个体或组织都有权利参与到教育管理中来,获得自己合法的权益。所以,家长、社区人员对学校管理的职能程度应该是参与,"在政府与市场、社会、学校之间建立以参与、协商、谈判、监管为特征的权力关系。"[①]

(六) 由校长、教师、家长、社区人员等多方参与的校务管理组织

仅由家长代表组成的家长委员会,往往游离于学校管理之外。为了真正实现上述家长、社区人员参与学校管理的管理职能,需要健全的组织保障,因此,成立由校长、教师、家长、社区人员甚至学生等多方代表参与的校务委员会。只有有了组织依托,才能保证家长和社区人员有机会参与学校管理,才能使家长、社区人员参与学校管理变得有组织、有计划,也才能使管理职能真正得到落实。

五、家长、社区人员参与现代学校管理的实施保障

(一) 建构教育公共管理体制

家长、社区人员参与现代学校的管理是需要教育管理体制改革来作保障的,教育管理体制改革既是教育文化变迁的重要载体,也是教育改革的重要保障。美国、英国、澳大利亚三国在 20 世纪 90 年代教育管理体制改革的基础上,21 世纪初教育改革目标取向主要侧重于两个方面:继续实行对学校放权与问责并举的政策;构建教育系统与教育系统外部机构、组织、团体之间广泛的伙伴关系。美国、英国、澳大利亚三国都越来越意识到,学校教育的成功有赖于来自教育系统内部和外部的合力。而形成这种合力的基础,就是要通过教育管理体制改革,在教育系统与教育系统外部机构、组织、团体之间构建广泛的伙伴关系。如美国《2002—2007 年规划》在每一个具体目标之下,都附加了一段"外部因素"(External Factors)说明,旨在表达在达成某一特定目标过程中,教育系统外部机构(如政府的其他部门)、组织(教育专业协会等)、团体(如工商团体等)的作用,或分析教育系统应怎样与它们进行互动。澳大利亚《阿德莱德宣言》(*The Adelaide Declaration on National Goals for Schooling in the Twenty-first Century*)对学校教育与家庭、社会的关系也表达了明确的态度:进一步增强作为学习共同体的学校。在这个共同体中,教师、学生、学生家庭要和工商界及更广泛的社会结成伙伴关系,共同工作。[②] 因此,教育管理体制改革常常是教育改革的基础和保证,不触动管理体制却要完成一个国家或一个省、市的大型教育改革几乎是不可想象的。

《上海实施科教兴市战略行动纲要》明确提出"加快学校管理制度改革……进一步扩大教育领域的开放,形成政府主导、社会参与、公办和民办共同发展的格局。"政府已意

---

① 刘复兴. 公共教育权力的变迁与教育政策的有效性[J]. 教育研究,2003.
② 冯大鸣. 美、英、澳教育管理前沿图景[M]. 北京:教育科学出版社,2004.

识到，教育事业作为国家公共管理事业中的重要组成部分，要求学校、社会、政府等的共同参与，获得各自的教育权力。因此，在社会的转型与公共教育权力的变迁，尤其是市场机制的引入和公民社会的发展的前提下，我国教育的公共管理体制内容应该包括：政府宏观管理、社会广泛参与和学校自主办学。努力形成一个政府统筹宏观管理，各种社会力量积极参与，学校有较大办学自主权这样一种新型的管理格局。这就要求政府的教育行政部门应根据社会转型的需要进一步调整公共教育权力结构，立足于转变职能，从体制内部的权力下放和向体制外部的权力转移两个方面建立一个均衡的教育公共管理体制。政府公共教育权力的体制内下放，是指将有关决策权从较上层的政府下移到较低层政府或基层组织，在政府各级行政组织机构之间建立以分权、指导、监督为特征的纵向权力关系；政府的公共教育权力的体制外转移是指，在政府与市场、社会、学校之间建立以授权、合作、协商、服务、监管为特征的权力关系。新的公共教育管理格局要求政府给予市场主体、社会法人组织、学校法人等一定的从事教育活动的自主空间，这样，学校由外控式管理转变为学校民主式的自我管理；而社会的广泛参与则主要体现在社会教育资源的投入以及社会各界（学生、家长、社区人员及中介机构等）参与学校管理等方面，充分体现教育管理的公共性，真正形成教育的公共管理体制。

（二）实行有限制的学校选择

按照丹·戈尔德哈伯和埃里克·艾德的解释，所谓"学校选择"，系泛指任何用于打破学生居住地与就读学校所在地之间的关联、旨在降低传统公立学校地理位置限制性的政策措施。米尔顿·弗里德曼在《政府在教育中的角色》(The Role of Government in Education)中，把市场经济可能性的观点，扩展到了公共政策领域。他承认，政府的确负有保证儿童接受教育和建立最低教育及财政标准的责任，但他认为，国家不应当是实际教育服务的唯一提供者。弗里德曼主张把政府提供公立教育的模式转变为政府补助教育的模式，并第一次提出了采用教育券的思想。[①]

推出"教育选择"政策的政府，往往持有更为简洁的假设。如英国政府推出包含了广泛的"学校选择"内容的1998年教育改革法时，其五个前提假设就十分简洁：

1. 在决定子女的有关事务方面，家长拥有基本的权力；
2. 就子女的需要而言，家长能比教育官僚体制做出更好的判断；
3. 选择将提高家长的参与性，而家长参与的结果将有助于儿童动机的激发；
4. 学校间的竞争将导致学校产生更好的绩效；
5. 竞争将使学校变得更具有回应顾客的特征。[②]

因此，为了更好地实施家长、社区人员对现代学校的管理，可在一定范围内的公立学校中进行学校选择的尝试，这样可避免公立学校划块招生、"就近入学"的惰性，在公立学校中引入竞争机制，激活公立学校这潭"池水"，使家长、社区人员参与现代学校的管理得到更好的体现。

（三）重构与再造校长负责制

作为教育改革和办学效能重要保障的学校领导体制——现行的校长负责制，并没有给

---

① 冯大鸣. 美、英、澳教育管理前沿图景[M]. 北京:教育科学出版社,2004.
② 冯大鸣. 美、英、澳教育管理前沿图景[M]. 北京:教育科学出版社,2004.

家长、社区人员参与学校管理留有空间，因此，其在一定程度上已成为实行家长、社区人员参与学校管理的障碍，有必要对其加以重构。如果把现行的校长负责制称作"第一代校长负责制"的话，那么，我们现在需要在肯定"第一代校长负责制"成绩的基础上，重构"第一代校长负责制"并再造"第二代校长负责制"。再造"第二代校长负责制"应聚焦于以下两个方面。

1. 由外控管理学校走向自主管理学校

美国的校本管理学校、英国和澳大利亚的自我管理学校都具有自主管理学校的特征与倾向。从我国的国情出发，在学校由外控管理走向自主管理的过程中，需要特别关照以下三个要点：第一，如果说，第一代校长负责制着眼于校内党政之间权力转移的话，那么，第二代校长负责制所追求的自主管理学校将着眼于权力由政府向学校的转移；第二，如果说，第一代校长负责制是校长从书记手中接过权力的话，那么，第二代校长负责制所追求的自主管理学校将主张学校（而不是校长个人）从政府手中接过权力；第三，如果说，实施第一代校长负责制的结果是校长个人几乎集权力于一身的话，推行第二代校长负责制所追求的自主管理学校的结果将是校长部分权力的依法分散。[①]

2. 校长的角色定位由"英雄"转变为"领导者的领导者"[②]

萨乔万尼在谈及"管理与领导"时认为：管理的字根是"伺候"（Minister），教育管理者有责任为学校的需要服务，并通过为家长、教师、学生服务来体现"伺候"；教育管理者以一种鼓励他人成为自己权力范围内的领导者的领导方式来提供"伺候"；教育管理者通过突出学校的价值体系和保护学校的价值体系来提供"伺候"。[③] 英国的全国校长协会（National Association of Headteachers, NAH）和英国国家学校领导学院（National College for School Leaders, NCSL）近年曾先后两次委托、资助有关研究者对成功的学校领导实践进行研究，这两项研究不约而同地得出结论：成功的校长均意识到，依赖于领导者一个人的领导模式具有局限性，他们都把授予他人领导权看做自己首要的任务。[④] 努力把教职工、家长、社区人员等培养成他们各自工作范围内的领导者，是现代学校校长的重要职责。

---

① 冯大鸣. 美、英、澳教育管理前沿图景[M]. 北京：教育科学出版社，2004.
② 冯大鸣. 美、英、澳教育管理前沿图景[M]. 北京：教育科学出版社，2004.
③ 冯大鸣. 沟通与分享：中西教育管理领衔学者世纪汇谈[M]. 上海：上海教育出版社，2002.
④ 冯大鸣. 沟通与分享：中西教育管理领衔学者世纪汇谈[M]. 上海：上海教育出版社，2002.

第五章　教育集团对政府
　　　　　教育管理职能转变的启示

民办教育的兴起打破了公立教育一统天下的局面，促使了我国多元办学体制的形成。我国办学体制的多元化不仅表现在民办学校投资主体的多样性上，而且还表现在公办学校筹资和运营方式的多样化上。在市场经济条件下，重视资源运作、重视效益是一种自然的选择，不会因为投资主体和管理主体的不同而不同。在教育资源尤其是优质教育资源稀缺的情况下，各种办学主体都努力寻求一种有效的办学模式来拓展融资渠道，盘活存量资源，提高资源配置效益。集团化经营作为一种有效的资源运作和配置模式，在经济组织中得到了成功；近年来，在教育组织中也得到借鉴，出现一种以集团化方式运作的办学组织——教育集团。

第一节　教育集团产生的背景与理论基础

一、多种市场取向的办学体制实践及其影响

自20世纪80年代末以来，随着知识经济的崛起，知识和智力成为经济发展社会发展的前提和基础，教育的作用日益凸显，人们对教育提出了更高的要求，人们越来越不满足于公立学校的低效、僵化和与现实的脱节等问题，教育民营化的呼吁日益高涨。在欧美等国，通过增加公民的教育选择来促进教育体制的改革，其中一个重要手段就是公立学校的民营化。公立学校私营化是指公立学校把部分教育服务从公共领域转向私营化领域，即在维护政府和学校委员会办学权（学校的公共性）的前提下，增加私人和私营机构在公立学校中的投资服务项目，包括管理经营学校的生活费用、食物供应、交通工具、医疗卫生、教学技术、教育测评、课程革新、教师聘用等方面。[①] 在美国，一些公立学校根据校内各个部门的发展需要，与私营公司签订各类合同。私营公司根据合同承包校内特殊的服务项目，如交通工具、医疗卫生和食品供应等。通常公立学校的这些服务项目在人员培训、人事管理、设备提供等方面单独所需的经费按合同规定由私营公司承担，不占用学校原公共教育经费。如教育选择公司（Minnesota Based Educational Alternatives, Inc）已经接管了明尼苏达、马里兰和佛罗里达三州公立学校和学区的全部管理工作。[②] 又如爱迪生公司通过与地方学区的教育主管部门签订承包合同，管理从幼儿园到12年级学校的公立学校，

---

① 余新. 九十年代美国公立学校私营化：教育市场化问题的研究个案[J]. 比较教育研究, 1998.
② 李文兵. 90年代美国中小学教育改革新举措[J]. 外国教育研究, 2002.
　余新. 九十年代美国公立学校私营化[J]. 比较教育研究, 1998.

是美国管理公立学校的私营公司领头羊,目前管理着拥有3.8万学生的79所学校。①

私营公司承包经营管理学校,公司与学校形成的联盟就具有教育集团管理的一些特征。私营公司对一些学校的共性管理活动进行集约经营管理,提高了管理效率,节约了学校经营成本。公司与学校通过协议形成了一种相对较稳定的合作关系,就构成一个以契约为联系纽带的松散联合体。故有的研究者就把这些公司和学校联盟看成是教育集团,认为这是对公立学校实施集团化管理的典型例证。②但这种联盟没有产权关系为联结纽带,公司与学校的合作只是通过合同来维系,而且这种合作只是阶段性的(一旦学校没有达到预期的目的,就可解除合同)。③虽然这种联盟与本研究的教育集团不同,但它的出现和发展影响了教育集团的产生,它的一些管理理念、经营思路和管理方式等被教育集团所吸收和借鉴。

二、教育集团的市场化改革与发展及其实践

在国际范围内,教育集团的萌芽始于20世纪60年代。④到20世纪70年代,在私立教育比较发达的国家和地区,网络化、连锁式的大型教育组织机构就已蓬勃兴起了。相关资料显示,"印度的DPS私立学校连锁网络创建于1949年;巴西的大型私立学校连锁机构Objective/UNIP成立于60年代中期,Pitagorsd学校集团诞生于1966年;津巴布韦的Speciss前身NCA建立于1965年;美国的阿波罗教育集团创始于1973年;巴基斯坦的私立教育网络Beaconhouse学校系统创建于1975年。"⑤这些组织机构有的经营着多达上百的学校;在学校的扩张中,出现了集团总部及基于集团层面的教师培训中心、教育科研中心等,对学校的发展提供专业化的指导和服务。进入90年代以后,新发展起来的教育集团呈现一些新特点,公立学校开始被纳入教育集团化发展的轨道;组建跨国教育集团,拓展海外教育市场;通过资本市场进行教育融资;围绕教育培训开展多项经营。

我国教育集团从20世纪80年代末90年代初产生以来,现已有十多年的发展历史。但由于教育集团下所办学校的性质复杂,既有完全民办学校、完全公办学校,也有国有民办学校、民办公助学校、合资学校和股份制学校等,使得教育集团难以归类统计。目前政府的教育统计资料仅把学校以公办和民办进行区分统计,还没见到政府对教育集团的有关统计资料。因此,还难以确切地说现在我国有多少教育集团。但根据作者通过有关报道资料和网络搜索统计,目前国内教育集团不少于90家。⑥这些教育集团主要分布在一些经济较发达的省市,尤其是东部沿海开放城市中。目前有一定社会影响的教育集团,浙江省有16家,北京市有11家,江苏省有9家,上海市有9家。教育集团在这些省市的分布也主要集中在经济发展较好的地区,如浙江省的教育集团主要集中在宁波、杭州、温州和台州等地。一些教育集团通过多年的连锁办学、滚动发展,在办学层次上不断提升,横跨多

---

① 吴瑞祥,何鹏程. 国外教育公司运营研究[J]. 民办教育动态,2002.
② 董秀华. 国外教育集团发展与运行简析[J]. 开放教育研究,2002.
③ 胡庆芳. 美国新兴特许学校的现状研究[J]. 外国教育研究,2002.
④ 闻特. 教育集团的理论成因探讨[J]. 民办教育发展研究,2003.
⑤ 董秀华. 国外教育集团发展与运行简析[J]. 开放教育研究,2004.
⑥ 作者收集了报纸、杂志有关教育集团的报道,并检索了我国的几大搜索网站,如新浪、百度、雅虎等,统计所能见到的教育集团,但没有包括境外教育集团在我国的分支机构。

个教育服务领域（学前教育、初等教育、中等教育和高等教育），延伸教育服务链条（从教育培训、就业指导到留学咨询等服务），已具有雄厚的经济实力，形成了较大的办学规模。如万里教育集团经过9年时间的滚动发展，创办了宁波万里国际学校（中学、小学和幼儿园）、万里汽车驾驶学校、万里职业技术学校、万里中等专业学校、万里青少年社会实践基地、万里学院、宁波培训中心和万里出国留学中心等8所学校2个中心，成为拥有学前教育、初等教育、中等教育和高等教育，涵盖普通教育、职业教育和成人教育三大类型，各级各类在校生20000余人，教职工1500余人，资产6亿元的教育联合体。再如2001年成立的重庆新世纪教育产业集团，现有35个办学机构，资产达5亿元。虽然教育集团拥有的学校数量与公办学校和民办学校的数量相比还较小，但一些教育集团在当地的教育中却起着举足轻重的地作用。以浙江省为例，在全省二千多所民办学校中，投资亿元以上的教育集团有15所，只占民办学校总数的1.5%，但资产总额超过民办学校总资产的25%，在教育资源的集中程度和教育产出上都远高于浙江民办教育平均水平。[1]

近年来，教育集团不仅在民办教育领域得到迅速发展，而且在公立教育系统里也得到发展。一些政府部门、教育行政部门和教育事业单位等也采用教育集团这种组织形式来办学，并且发展势头迅猛。

三、教育集团产生的理论基础

新事物的出现必然有其产生的外因和内因，外因是事物产生的条件，内因是事物产生的根据。教育集团也有其产生的外在诱因和内在动因。前面论述到的国际国内教育改革、经济、政策环境和教育发展状况可以说是教育集团产生的外在诱因。下面借鉴传统经济学和新制度经济学的理论，从规模经济、范围经济和交易成本等角度对教育集团产生的内在原因进行理论分析。

（一）实现规模经济

规模经济（Economies of Scale）是大批量生产经济性的理论，其最核心的含义是指在投入增加的同时，产出增加的比例超出投入增加的比例，单位产品的平均成本随产量的增加而降低，即规模收益（或规模报酬）递增，称作规模经济。规模经济大致可分为四个方面。

（1）生产的规模经济。随着生产规模的扩大，分摊到单位产品上的厂房设备、经营管理等固定成本就会减少。

（2）交易（采购或销售）的规模经济。一次大规模的交易比分次的小规模交易加起来更节省时间，交易成本和运输成本也较低。

（3）储藏的规模经济。集中储存与管理有利于降低成本。

（4）专业化分工的效益。从动态的角度看，长期的大批量生产交易，将使分工更加细化、专业化，从而提高生产效率，带来成本的节约。[2] 规模经济的产生主要来自技术经济方面的因素和生产经营方面的因素。由于技术上的不可分性决定了经济活动不可分的特点。使用某种设备时的经济规模只有唯一的一个，就是设备的生产能力，否

---

[1] 闻特. 教育集团的理论成因探讨[J]. 民办教育发展研究, 2003.
[2] 张海如. 规模经济：理论辨析和现实思考[J]. 经济问题, 2001.

则就是不经济。许多类型的成本对于某些活动来说是完全不可分的,或者是部分地不可分的。如开发产品和设计产品时,成本并不会因为仅完成计划生产的一半而减少,也不会因完成计划生产能力的 2 倍而增加。随着有关规模的扩大,不可分的成本就可分摊到更大的产出量上,使单位成本降低。①

根据该理论,通过集团化方式来办学,有利于规模效益的实现,这主要体现在以下方面。

(1) 平均固定资产成本下降

通过集团化统一筹建运作各学校,扩大招生规模,每一所学校所分摊到的固定资产成本将大大降低。统一筹建各办学机构,能有效地降低各机构(学校)的土地征用、校舍建设、设备添置等经费支出。

(2) 集中管理,专业分工,成本下降

通过集团化运作,各机构按需设岗,定岗定人,分工明确,一些机构的共同活动能进行集约集中管理,能使机构和管理人员精简,提高工作效率。学校与政府、社会的联系工作及学校后勤工作由集团统一进行操作与管理,校长、教师可以全力以赴进行教学与研究工作,提高教育质量和办学水平。

(3) 统一运作,统一采购,节约经常性成本

各学校所需要的消耗品(如书籍、教学与办公用品等)通过集团统一采购,比单一学校各自采购更节约成本。因此,实现办学的规模经济是教育集团产生的内在动因之一。

(二) 获得范围经济

"范围经济"(Economies of Scope)的概念是 20 世纪 80 年代初由美国学者蒂茨等人首先使用。范围经济是指一个企业进行多角化经营,拥有若干个独立的产品、市场时,当若干个经营项目联合经营要比单独进行能获得更大的收益时,则该企业获得了范围经济。②范围经济理论揭示了企业从事多产品生产的成本节约现象。一般来讲,范围经济主要来源于"公共物品"(Public Goods)的充分利用,一旦这种共用物品为生产一种产品而投入,无须增加太多的费用,甚至无须代价就可以部分或全部用于其他产品时就存在范围经济。"我国研究网络经济的纪玉山先生在研究网络经济的外部性时,从信息网络化的角度出发认为范围经济产生的根本原因在于信息、知识等软要素的共享性,'对于许多工作不同的生产过程,信息、知识等共用的生产要素在生产过程中投入的比重越大,这种专用的经济性就越明显','正如资产的专用性推动了规模经济的产生与发展一样,软要素的共享性推动了范围经济的产生与发展'。这里所说的知识包括技术、管理等多方面的内容。"③

同一办学主体开展不同层次的教育,办有不同类型的学校,可以说也是进行多角化经营。通过集团化运作,各学校能够分享许多"公共物品"。

---

① 毛蕴诗,李新家,彭清华. 企业集团——扩展动因、模式与案例[M]. 广州:广东人民出版社,2000.
  李明辉. 企业集团组建的经济学解释[J]. 内蒙古财经学院学报,2002.
② 毛蕴诗,李新家,彭清华. 企业集团——扩展动因、模式与案例[M]. 广州:广东人民出版社,2000.
③ 马小刚,杨荣良,丁一. 建筑企业集团形成的经济学动因[J]. 重庆建筑大学学报,1999.

(1) 品牌标识

多个学校以同一品牌作标识（品牌连锁），可以迅速扩大各学校的知名度和影响力；新办的学校利用已有学校统一的品牌，能够较快地吸引社会的关注和提升学校的名气。各个学校以统一的品牌进行广告宣传，能使每一所学校获得同样的关注和广告效应。

(2) 办学理念、教育科研成果和教育信息

同类型同层次的学校采用相同的办学理念，有利于统一思想，达成共识，便于管理和扩大影响；新办学校采用成功学校的办学理念，可使学校的理念较快取得教师和学生的共识，并可缩短学习周期，降低学习成本。同样，一所学校所取得的教育科研成果也可为同一主体下其他学校所借鉴和采用，这样不仅各学校可以互相学习、互相提携，提高教育教学质量，而且能够更大限度地利用科研经费，提高科研效益，扩大科研效度和影响。各学校还可共享一些教育、教学信息，减少各学校搜索和获取信息的成本。

(3) 组织建制和管理制度

同类型同层次的学校大都会采用相同的组织设计和机构建制，有利于统一管理并减少摩擦成本。一所成功学校的运行良好的组织建制可为其他学校所复制和借鉴，这可减少学校各组织的磨合时间和管理成本，使学校较快地步入良性循环轨道。各个学校也可分享一套运行成功的管理制度，这可加快学校制度设计的时间和降低设计成本。"特别是在组建新的教育组织时，可以通过已有成功模式的转移及品牌的使用和成本控制的经验来克服学习曲线所带来的障碍，较为迅速增长建立竞争优势。"①

(4) 其他教育资源

学校的图书资料、校舍、设施设备和师资可为其他学校所共享，每一所学校的办学成本就可在一定程度上下降。因此，实现范围经济也是教育集团产生的重要内在动因。

(三) 降低交易成本

"交易成本"（Transaction Cost）的概念是新制度经济学的奠基人科斯在其1930年写的《企业的产生》一文中首次提出，此后在其他新制度经济学学者的补充完善下，交易成本的理论形成了一门专门的"交易成本经济学"。②③ 交易成本亦被看做是一系列制度成本，包括信息成本、谈判成本、拟定和实施契约的成本、界定和控制产权的成本、监督管理的成本和制度结构变化的成本。简而言之，包括一切不直接发生在物质生产过程中的成本。④ 这一概念也可用到教育领域来分析教育中的交易成本。教育中的交易成本主要包括以下几个方面。

(1) 教育中的人员组织成本。即组织管理学生、教师、教辅人员和校长等与教育密切关系的人的费用，如激励、使用、培训等方面的费用。

(2) 教育资源的配置成本。即合理配置教育中的人、财、物等有形资源，促使资

---

① 王伟. 试论教育集团的模式构想与道路选择[J]. 教育发展研究, 2000.
② [美] 迈克尔·迪屈奇. 交易成本经济学[M]. 北京：经济科学出版社, 1999.
③ 戴伯勋, 沈宏达. 现代产业经济学[M]. 北京：经济管理出版社, 2001.
④ 闻特. 教育集团的理论成因探讨[J]. 民办教育发展研究, 2003.

源合理流动的费用。

(3) 教育信息成本。即获取与教育相关的信息如生源状况、学业成绩、教学质量、学生升学状况、学生就业状况和教育改革动态等方面信息的费用。

(4) 教育活动之间、教育组织之间以及教育组织与其他组织之间的社会协调成本。如教育活动的搭配、学校之间合作以及学校与家庭联系、与社会配合等方面的费用。

(5) 教育制度的维护成本,即维护一定教育制度的正常运转所需要的费用。①

降低交易成本是一个组织在运行过程中要不断追求的目标,教育组织办学也不例外。多个办学机构以集团化方式运作能有效地降低办学中的交易成本。这表现在,一方面,通过构建一个以集团化方式运作办学的组织结构,配备精简的职能机构,设计科学的治理结构,制定健全的组织运行制度,这可以降低组织中教育资源的配置成本,节约办学中的人员组织成本,减少组织运行中的不确定性,提高组织的可控性,节约办学中的信息成本和协调成本。另一方面,集团化办学能够统一运作、统一管理、统一对外关系,这在协调与政府的关系、疏通上级主管部门的关系、取得学生及家长的理解、处理社区关系、树立公众形象等方面,可以将交易成本在较大的范围内分摊,这对每一个学校来说其交易成本下降了。道格拉斯·塞西尔·诺思认为,交易费用的变化,决定了组织的竞争性替代和组织结构的变迁。② 因此,集团化办学有利于降低交易成本,这是教育集团产生的又一重要内在动因。

当然,上述的三个内在动因并不是彼此决然分开的,它们之间有一些部分是交叉、相通的,但这并不影响我们的认识,反而使我们多了一个认识角度。

第二节 教育集团的类型、组织结构及运行

一、教育集团的类型分析

教育集团是在不同环境下产生的新事物,它有多种类型,因此类型分析是深入认识其内涵的基础。根据教育集团是如何产生的,以及其投资办学资金来源和集团内管理关系的不同,教育集团有以下六种类型。

(一) 产业支撑型

这种类型的教育集团是以实力较强的大型企业(集团)或财团作为后盾,依托其雄厚的资金投资创办起来的。一些有远见的企业家,当其资金积累到一定程度,或为了多项经营以回避风险,或为了企业品牌延伸,或为了回报社会,适时转移资本投资方向,创办系列学校,组建教育集团。一般这些大型企业(集团)在创办学校时,先成立一个教育集团公司(或教育发展公司),由这个教育集团公司负责系列学校的投资创建,并组建或参股建立各种后勤公司,为学校提供服务。此类教育集团下的学校,其硬件设施建设起点标准

---

① 康永久.教育制度:最重要的教育资源[J].教育与经济,2001.
② 道格拉斯·塞西尔·诺思讨论了人类社会有史以来的制度变迁,认为是由于社会生产要素的相对价格的变化导致了与此相关各种组织的交易费用的变化,而后由交易费用决定了历史上各类社会组织的竞争性替代和组织结构的变迁。
罗珉.组织管理学[M].成都:西南财经大学出版社,2003.

高,一般会高薪聘请知名人士担任校长,招聘水平较高的教师。学校从一开始在校舍、设施和师资上就站在较高层次上,具有很强的竞争优势。学校的办学资金全部来自教育公司,后者是前者的投资者和举办者;学校作为独立法人,实行董事会领导下的校长负责制,进行自主办学。

还有一种情况是政府(或教育行政部门)把一些公办学校委托给投资方(企业、个人)来承办,投资方成立教育集团,按民营机制来经营、管理这些学校。政府一般是出于以下考虑:一些公办学校办学效益不佳,或受自身资源条件的约束,难以满足进一步扩张的需要,而政府部门的教育资金又短缺,无法挤出大量的资金对这些学校进行改造、扩建,于是把这些学校进行转制,委托给一些有实力的且有丰富教育管理经验的企业或个人来承办。投资方受政府部门委托时,要与其签订合同,明确双方的权利、责任和利益。投资方专门成立教育集团,采用市场化运作方式,负责对学校进行改造、投资扩建和经营管理。

浙江慈吉教育集团和江苏省翔宇教育集团是这种类型的代表。慈吉教育集团是慈吉集团投资成立的。慈吉集团则是一家以生产摩托车及灯具、塑料件为主的工、贸、教多元化发展的大型企业集团,其下属的企业有慈吉车架有限公司、慈吉摩托车部件有限公司、慈吉市奔野摩托车销售有限公司和宁波摩托车厂等。2001年慈吉教育集团成立,现投资建立有幼儿园、小学、中学和职业高中四所学校以及一个后勤服务公司。

翔宇教育集团是江苏省新崛起的民办教育实体,旗下拥有四所学校:淮安外国语学校、宝应县中学、宝应县实验初级中学和宝应实验小学。民营的淮安外国语学校于1999年创办;宝应县中学、宝应县实验初级中学和宝应实验小学原本属于公办学校,但在发展中都面临着资金短缺等困难[①],2001年宝应县人民政府将宝应县中学、宝应县实验初级中学和宝应实验小学进行转制,交由翔宇教育集团按民办校机制管理。转制后,这三所学校都将由翔宇教育集团投资异地新建。根据双方签订的合同,翔宇教育集团享有办学自主权,按规定招聘教师和收费。翔宇教育集团在业务上接受宝应县教委的管理与指导,执行国家课程计划,承担三所学校原有的实验任务,发挥示范、辐射功能作用。为防止国有资产流失,考虑到教师和群众的心理承受能力,双方确立了老校园"只租不卖"的原则,老校的资产全部进行逐项登记,造册移交,租赁使用,限期归还;翔宇教育集团承担宝应实验小学、宝应县中学所欠债务,与征地等费用相抵扣;学校教师人事关系保留在宝应县教委,除工资、奖金以外,享受公办学校教职工所享有的一切待遇;教师工资和福利由翔宇教育集团发放(每年县财政可以省下500万~600万元的工资和事业费支出)。

(二)政府主导型

这类教育集团是经当地政府批准产生的,是政府的一个直属事业单位。这里的"政府"既可能是教育行政部门(教育局或教委),又可能是县(市)级人民政府。一些政府

---

① 宝应县中学是省重点中学,面临着学校位于县城的中心地带,难以扩建改建,异地新建需要投资一亿元,资金问题难以解决等困难。宝应县实验小学是百年老校,省级实验小学,坐落在老城区,学校处在小巷深处,交通不便,周边是密集的居民区,校园没有发展空间,且校内有历史文物建筑,无法改建;想异地新建,但建校资金缺口很大。宝应县实验初级中学是2000年按民办学校模式创办,没有独立校舍,借用县教师进修学校校园办学;招生时承诺一年后迁入新校上课,但因资金短缺,难以如期迁入新校园,学校面临巨大的社会压力;且该校由教育行政部门创办,产权关系不明,学校性质难定,潜伏危机(如按民办学校标准收费,政策依据不足)。

部门为了拓展教育筹资渠道，盘活教育存量资产，积累教育资金，或为了提升当地教育竞争力，营造教育品牌，在教育行政部门或人民政府主导下，成立一个直属的教育集团，由教育集团直接管理若干所学校。教育集团一般是作为教育行政部门或政府下属的事业单位，具有事业法人资格，实行企业化管理。教育集团前期资金由政府部门投入，以后逐渐实行自负盈亏。教育集团的主要职责是进行教育资源配置，盘活教育资源，进行资本运作；负责学校的资本运作、投资扩建和设施更新等；学校则实行校长负责制，自主进行教学管理。深圳蛇口育才教育集团和浙江衢州教育集团是典型代表。

蛇口育才教育集团是在深圳市南山区委、区政府和南山教育局主导下产生的。蛇口育才教育集团的组建是南山教育局做大做优质教育、打造南山教育的"联合舰队"、探索现代学校制度的战略构想的一部分。利用已有的先进教育理念和管理方法，提升较差学校的档次，扩大优质教育规模，解决优质教育供需矛盾是教育集团组建的直接目的。集团由深圳市育才中学、深圳市育才二中、深圳市育才一小、深圳市育才二小和正在筹建的深圳市育才三中、深圳市育才三小共6所中小学校组成。现有教职工548人，在校学生6625人。集团创办初期经费由政府划拨。集团成立管委会对集团各成员单位进行全面管理。管委会下设四个部门，即行政部、研究督导部、综合发展部和学生培训部。各校校长要接受集团的调动和指挥，校长又是集团的一员，在集团兼任某一方面职务。集团对各校实行有限度管理，如对师资进行统一招聘，对师资力量在集团内部进行统一调配，以实现校际间的优势互补。[①]

衢州教育集团于2001年经衢州市人民政府批准成立，是市政府直属的事业单位法人，实行企业化管理，自主经营，独立核算，自负盈亏，对外承担有限责任。衢州市人民政府是教育集团的举办者、出资人。衢州市政府把衢州卫生学校、衢州教师进修学校、衢州师范学校、衢州中专的资产和省、市财政拨给衢州职业技术学院（筹）的3000万元筹建资金一并划归给教育集团。市政府与集团是资产所有者与资产经营者的关系，在市政府授权范围内，集团对资产享有占有、使用、收益和处分的权利。集团经市政府的批准，可依法改变部分学校的用地性质，变现收益仍于教育投资。集团作为衢州职业技术学院的项目法人，负责学院的筹建工作。集团的领导机构是集团管理委员会，委员会主任由市政府分管教育工作的副市长兼任，副主任分别由市政府分管副秘书长、市教育局局长兼任，市财政局副局长、市规划局副局长、市国土资源局副局长兼任委员，具体工作人员以聘任和从相关单位借用为主，现核定事业编制10人。管理委员会主任是教育集团的法人代表。集团总经理由管委会主任提名，由管委会聘任，组织实施集团具体工作。[②]

（三）企校转制型

我国许多的大型企业（集团），特别是国有大型企业（集团），往往办有许多下属子弟学校或职工学校。中国教育学会企事业教育分会曾对洛阳、兰州、南昌和哈尔滨四个城市的33家国有大中型办学企业做过调查，平均每个企业举办中小学6.3所。[③] 在计划经济

[①] 深圳诞生公办教育集团，解决教育供需矛盾. http://www.people.com.cn/GB/kejiao/39/20030409/966739.html

[②] 衢州市人民政府衢政发[2001]18号文件、衢州市机构编制委员会衢市编[2001]13号文件和衢州教育集团章程。

[③] 时晓玲. 企办中小学出路何在[N]. 中国教育报, 1999.

体制下，国有企业是这些学校的举办者、办学者和管理者；但在市场经济体制下，一些企业难以承受学校发展之重，面临着减负脱困的任务；有的企业自身生存受到威胁，根本无法继续支撑这么多学校。面对这种形势，一些企业把所辖的学校进行转制，成立教育集团来经营管理这些学校，原来的企业（集团）则不直接管理学校。葛洲坝教育实业集团就是此类教育集团的典型。

中国葛洲坝集团公司是以水利水电建设为主业的全国最大的建筑施工企业，是全国建立现代企业制度试点单位及全国教育综合改革试点企业。近几年来，企业办学体制遭遇市场经济的严峻挑战。一是企业社会负担沉重，严重削弱了企业参与市场竞争的能力。葛洲坝集团公司有职工、家属十五万余人，改革前，企业承担职工子女教育及就业、社会治安及交通管理、环境卫生及环境保护、职工医疗及防疫、市政建设维护等公共服务管理费用，负担十分沉重。二是教育经费筹措面临新的难题。随着企业改革的深入，企业内部形成母子公司结构，各子公司与集团公司是以资本为纽带的"母子"关系，在人、财、物方面拥有很大的自主权，集团公司既没有财力同以往一样拨付教育经费，又不能以行政命令方式要求具有法人地位的子公司拨付教育经费，企业教育经费筹措面临新的问题。三是长期受计划经济体制和管理模式的影响，企业教育内部缺乏活力。企业教育系统在经费上吃着企业的"大锅饭"，办学不讲效益，不计成本。四是企业教育服务面狭小，教育资源未得到充分利用。面对这些情况，葛洲坝集团公司改革办学体制，组建具有独立法人地位的葛洲坝教育实业集团，实现教育与主业相对剥离。1998年9月，经湖北省教育委员会批准，在葛洲坝集团教育委员会的基础上，组建了中国葛洲坝集团公司教育实业集团。集团实行总经理负责制，依托企业，立足社区，面向社会，依法举办各级各类教育，提供教育服务，发展校办产业。集团公司和子公司不再直接管理教育，教育实业集团统一管理人、财、物，并独立对外承担民事责任。葛洲坝集团公司按原有基数逐年减拨教育经费，实行总额包干，超支不补，差额部分由教育实业集团自行解决。逐步创造条件实行"民办公助"。集团内实行"四制"改革，即干部竞选聘任制、教师竞争上岗制、物业管理责任制和经费统筹包干制，增强了教育内部活力，优化了资源配置，提高了办学效益。通过改革，多渠道筹措教育经费，有效地减轻了企业负担，进一步改善了办学条件；教师队伍素质整体提高，教育质量稳步上升，使企业教育充满了生机与活力。[①]

（四）股份融资型

这类教育集团由各种社会力量（包括各种法人、非法人组织和自然人）利用非国家财政性经费出资，运用股份制手段融合资本，成立股份制教育投资公司（教育集团公司），公司投资建立系列学校，构成教育集团。各种出资者是教育集团公司的股东，以其出资额享受股东权利（分配股息，不称之为分红）和承担有限风险。集团公司是学校的举办者，以入股融资方式取得社会资本的使用权；集团公司具有独立法人资格，实行企业化管理，以投资办学为主旨，为学校提供硬件设施，负责资金的运作，通过合同为所办学校承担有关服务，获取报酬。学校也具有独立的事业法人资格，实行自主办学，独立经营，按教育规律完成教学过程。以书生教育集团为例，该集团公司创办于1996年，是中国第一家以股份制形式筹集办学资金，以投资办学为主营，兼顾教育服务和教育科研的股份制公司，

[①] 中国葛洲坝集团公司教育体制改革调研报告．http://www.cemtnet.com.cn/

现有各类股东（企业法人、事业法人和自然人）32个。全体股东代表组成股东大会，其下设董事会和监事会。集团公司和学校由董事会统一管理。书生教育集团属于资本运行机构，完成董事会交给它的资本经营运作，筹建学校。公司自成立以来，已建成了书生中学、书生小学、书生幼儿园和书生素质教育实践基地等教育机构，总资产已逾1亿元。①

（五）发展积累型

这类教育集团的形成不同于以上几种教育集团，它既没有产业实体或私人业主作投资后盾，也没有入股融资和通过政府划拨资源。它首先是通过自身单一办学，养学，滚动发展，不断积累，不断壮大。当发展到一定时候，为更好地管理和发展同一主体下的多个办学、经营实体，于是成立教育集团。组建教育集团后，教育资源得到更好的配置，管理效率得到了提高，有利于形成规模效应，扩大知名度和影响力，也更有利于集团融资，扩大发展。这种类型的教育集团如浙江万里教育集团、江苏金山桥教育集团、广东岭南教育集团等。

浙江省万里教育集团是经省政府有关部门批准成立的自收自支全民事业单位。集团成立于1993年6月18日，在国家没有投入的情况下，靠艰苦创业，以汽车驾驶学校的积累起家，以教养教，以教促教，经过短短9年时间的艰苦奋斗，以滚雪球的方式创办了浙江万里学院、宁波培训中心等8所学校、2个中心，在校生两万余人，教职工一千五百余人的教育集合体。②

广东岭南教育集团成立于1998年。由一个以短期培训为主的广州岭南文化技术学校，发展为下辖广东岭南职业技术学院、广州岭南中英文学校、广州岭南中英文幼稚园、广州岭南人力资源服务有限公司、岭南教育科技发展公司、广州岭南继续教育学院精典办事处等多个科教实体，集学前教育、基础教育、高等教育、职业教育为一体的综合性教育集团。"岭南"现有在校学生一万余人，教职员工六百余人，是广州乃至全国规模较大的民办教育集团之一。③

金山桥教育集团于1995年创办金山桥寄宿学校开始起步，目前已发展为拥有金山桥幼儿教育中心、金山桥寄宿学校、徐州双语学校、金山桥艺术学校、金山桥外语培训学院、蟠桃山庄老年公寓、淮海素质教育实习基地、伊甸园实业有限公司、河南商丘金山桥学校和北京外国语大学淮海分校等成员单位。集团经历了从无到有、从小到大的发展壮大过程。现总占地三千六百余亩，拥有建筑面积18万平方米，固定资产4亿元，师生员工六千余人。

（六）名校嫁接型

一些名牌学校由于其教学质量高、办学效益高、社会声誉好，要求前来就读的学生不断增长，而学校自身规模难以满足增长的需求，且没有足够的资金实力来进行自我扩张。于是名牌学校与一些投资者（企业、个人）进行合作，由投资者负责新校舍和硬件设施的建设，而名校则把其学校管理模式与理念嫁接到新学校（有的名校也对新学校输出少量的教师和管理人员），对新学校进行管理；或者名校与一些薄弱学校合作，输出管理理念、

---

① 椒江"教育股份制"课题研究报告（内部资料），书生教育集团调查资料。
② 万里教育集团的调查资料。
③ http://www.lingnancollege.com.cn/

模式和人员。新学校或薄弱学校围绕在名校周围，接受名校的辐射，于是名校与其有合作的学校就形成了一个教育联合体，有人也把这种联合体称之为教育集团，并且是冠以名校校名的教育集团。名牌学校与新学校或薄弱学校的联系纽带并不是以资本为主，而主要是管理技术和人事纽带，它们是一个较松散的联盟，不存在实质性的领导与被领导的关系，只是教育管理上的局部合作，教育思想、教育方法的渗透与互补。近年来，这种类型的教育集团发展迅速，产生了上海松江二中教育集团、无锡一中教育集团、扬州中学教育集团、湖南衡阳一中教育集团和石家庄二中教育集团等一批这类教育集团。

以石家庄二中教育集团为例来说明这类教育集团的产生过程。石家庄二中作为省重点中学，近几年声名远扬，学校的招生规模连年膨胀。扩招需要教室、实验室、图书和活动场地等按比例配套的教学设施，单就发展的地域空间而言，二中自我挖潜、扩大招生的路几乎走到了尽头。但与此同时，二中注意到，一些厂办学校或事业单位办的学校，由于种种原因而"人丁不旺"，有的甚至快到了人去楼空的地步。部分教育资源的闲置与优质教育资源严重短缺并存的现实，给了二中一试身手的机会和理由。二中与石家庄炼油厂子弟中学和河北经贸大学附属中学等学校组建教育集团，发挥二中的辐射和带动作用，实现优质教育资源流动，提升薄弱学校办学水平，以满足学子们接受优质教育的需求。二中教育集团实行理事会制度。国办、厂办、民办等不同性质的学校和其他教育机构均可采取合作、联合、共建、合并等多种形式加入集团。集团以举办普通高中教育为重点，优化教育资源配置，实现资源融通和共享。同时，所属成员校继续承担原有义务教育任务。各成员学校按二中管理模式实行校长负责制、岗位责任制、全员聘任制和结构工资制。在教学上与二中教学做到五个统一，即统一教学计划和要求、统一课程设置和师资安排、统一命题和考试、统一教育教学科研活动和统一教育教学评价，真正实现了教育资源的最大限度共享。这个教育集团已经得到教育行政主管部门的赞许和肯定。石家庄市教育局的态度是，希望名牌学校采取多种方式，拉"穷兄弟"一把，这样既可在一定程度上平衡教育发展水平，又能在这种传帮带中找到自我发展的空间。同时积极鼓励以优质高中为龙头，多渠道、多形式发展高中教育集团，提倡通过实质性合并、联办等方式，优化整合教育资源，以带动相对薄弱的学校共同发展。①

二、教育集团的组织结构

教育集团下有多个办学组织机构（以学校居多，下面统称为学校），其组织结构决定了集团与学校的产权关系和管理关系，进而实质上是影响到学校的办学权问题，影响到学校教育教学活动的开展。由于现代企业（集团）组织结构的研究已相当丰富，因此作为借鉴企业（集团）组织管理形式的教育集团，其组织结构分析可以借鉴企业（集团）组织已有的研究成果。

现代企业（集团）主要有以下几种组织结构。

1. U型结构

U型结构（Unitary Structure）也称"一元结构"或"直线参谋制结构"，其典型特

---

① 石家庄二中教育集团6月26日正式成立．http://www.sjz2hs.he.edu.cn/news/jyjtcl.htm
优质高中引航，教育集团出水．http://hbrb.hebeidaily.com.cn/20030318/ca235321.htm

征是管理分工实行中央集权控制,企业内部按职能划分为若干个分厂或部门,管理按层级控制,指挥系统以直线结构实行,日常生产经营决策主要由企业高层做出;各分厂或部门不是独立核算、自负盈亏的经济实体,它们由企业的高层统一指挥,整个企业为一个单一的利润核算实体。

2. H型结构

H型结构(Holding Company,H-form)也称"控股公司结构"或"母子公司制",其以总部持有某一子公司或其他公司股份为主要特征,母公司持有子公司或分公司部分或全部股份,下属各子公司具有独立的法人资格,形成相对独立的利润中心和投资中心,具有较大的独立性和自由度。H型结构是实行公司内部分权的一种形式,与U型结构的集权形成鲜明的对比。

3. M型结构

M型结构(Multidivisional Structure)也称"事业部制或多部门结构",其主要特征为总部和中层管理者之间的分权,企业的业务按产品、服务、客户或地区划分为事业部,企业总部授予事业部很高的自主权,事业部可以作为独立核算、自负盈亏的主体进行独立的经营和运作;总部主要负责企业的长远发展战略问题和事业部人员的配备、监督以及事业部间的共同服务。

4. 矩阵结构

矩阵结构(Matrix Structure)是在原来U型垂直领导结构的基础上,又建立一套横向的领导系统,二者结合而形成的组织结构,即企业按照产品划分为事业部,按照职能划分为专业参谋部门,分厂接受产品事业部和职能部门的双重领导。[①]

教育集团下的学校主要有四种产生方式:由教育集团全额投资产生;教育集团控股投资产生;教育集团参股投资产生;教育集团受有关部门委托,按契约管理学校产生。因此,教育集团与下属学校的关系主要是全资控制关系、控股管理关系、参股管理关系和按合同管理关系。一般来说,教育集团主要负责学校的投资筹建,进行各学校的共性管理,统一学校的发展规划,统一学校的财务管理,统一学校的招生、师资招聘,统一学校的后勤管理等。而学校主要实行集团董事会领导下的校长负责制,依法进行自主办学。学校具有教学管理权、师资聘用权,人事安排权和经费使用权等。根据《教育法》的规定,集团下的学校具备法人条件的,自批准之日起就具有法人资格。虽然学校有法人资格,但其自主办学的权力是有限的;它的自主权与企业集团下的企业的自主权相比是不完善的。一些教育集团下的学校缺乏财务管理自主权,它无法实行真正的"独立核算,自负盈亏"。因此,这些教育集团下的学校仅是集团内的一个成本中心,并不是利润中心,更不是投资中

---

① 陈晓红,徐兵.企业集团公司组织架构模式研究[J].世界有色金属,2000.
　王秦平.企业集团论[M].北京:企业管理出版社,2003.
　席西民.企业集团发展模式与运行机制比较[M].北京:机械工业出版社,2003.

心。①② 如万里教育集团统一对各学校进行招生收费；按学生人数和收入对各学校进行拨款，多收多支，少收少支，超支不补，盈亏自负。各学校仅有下拨经费使用和管理权，更像一个集团下的一个成本中心。而一些教育集团下的学校在教育集团监督调控下具有较大的自主权，一些规模较大的学校（或多个同类型、同地区的学校组成的管理机构）就像一个事业部，实行独立核算，自负盈亏，成为一个利润中心。

从这个角度看，教育集团的组织结构类似于企业（集团）的 U 型结构或 M 型结构；但大部分教育集团与下属学校更多的是集权关系，因此，U 型结构的教育集团居多。教育集团办学若集中在范围不大的一个地区（市或省），那么集团管理幅度不会太大，集团采用 U 型结构还能较好地控制。但随着集团办学的扩张，所办学校分布在不同的省市，并且办学的层次类别相差较大，那么 U 型结构则可能不能适应集团的管理幅度，这时要采用 M 型组织结构，即教育集团根据学校所在地区或办学的层次类别，成立类似于事业部制的管理机构，按事业部的方式来管理这些学校，而集团总部进行更宏观的管理，集中做好宏观调控，管理协调好各个事业部。

但教育集团具体采用何种组织结构要根据具体情况来分析。一般来说，影响教育集团组织结构的因素有以下几个方面。

（1）集团的规模，对一个大型集团来说，直线职能制比较僵化，业务单元缺乏足够的决定权和反应能力，因而事业部制和母子公司制被较多地采用。

（2）集团内的业务结构，业务多元化程度较高，就越适合于事业部制和母子公司制。

（3）集团内的业务特点，业务边界比较清晰的集团，采用事业部制和母子公司制是比较合适的，否则应采用直线职能制；对于需要不太固定的团队合作的业务，矩阵制比较合适。

（4）技术，特别是信息技术，对于组织结构产生广泛而深刻影响，组织结构的扁平化是要以信息技术为基础的。

（5）领导的风格与能力，也影响着组织的结构。"一个事必躬亲的领导可能会在一个大型的、多元化的集团中选择直线职能制，而一个具有个人凝聚力的领导也可能在一个小型的、业务单一的企业中选择事业部甚至母子公司制。"③

三、教育集团的功能机构

一定的组织设计总是以完成一定的功能为目标，教育集团的组织机构也同样要根据其功能目标来设置。教育集团作为介于宏观的教育行业与微观的学校组织之间的中观决策主体，它是集团内部各个机构的管理和协调枢纽，承担资源配置、投资决策、发展规划及组织协调的任务。

不同的教育集团，其功能也有差异。教育集团的功能大致可分为四种类型，即投资举

---

① 在企业中，如果对一个责任中心不考核其收入，而着重考核其生产过程发生的成本和费用，那么这类中心就是成本中心；利润中心是一个独立的经济核算单位，较成本中心有更大的权力；而投资中心的主要职责是进行投资决策，选择经营者，资金筹措，资金运行，获取投资效益。

朱妙芬. 企业集团与集团公司管理体制研究[J]. 杭州电子工业学院学报，1996.

② 迟树功，杨渤海. 企业集团发展规模经济研究[J]. 北京：经济科学出版社，2000.

③ 张文魁. 大型企业集团管理体制研究：组织结构、管理控制与公司治理[J]. 改革，2003.

办型、教育管理型、后勤服务型和综合管理型。投资举办型教育集团的职能主要是筹集资金，投资兴建学校，进行投资管理，负责资金运作。教育管理型教育集团的职能主要是对下属学校统一教学管理模式、统一课程设置和教师安排、统一教育教学研究、统一教育教学评价等，提供教学业务支持，协助教学管理。后期服务型教育集团的职能主要是为各个学校提供后勤保障服务。综合管理型教育集团的职能则是兼具以上三种类型的职能。其实，这四种功能类型的划分并不是绝对的，只是不同类型的教育集团其职能会有不同的侧重，而且教育集团在发展过程中其功能会发生转变。投资举办型的教育集团可能会侧重于投资决策、基建管理等方面的职能，教育管理型的可能会侧重于教育科研、教学管理等职能，而后勤服务型的侧重于后勤工作。在发展初期，教育集团多是投资举办型；当进入稳定发展期后，其功能会逐步转向服务管理。但不管是什么类型，教育集团一般都是集团的决策主体，是集团组织内的投资决策中心、财务控制中心、目标管理中心、综合服务中心和人力资源开发中心，也是教育集团品牌的占有者和教育发展模式的构建者。

教育集团根据各自的功能定位，进行组织设计与构建，形成业务部门。通过功能分析，按照集权与分权结合、权力与知识匹配、精简与效率兼顾、分工协作与权责相称等原则，教育集团的组织设计都较为扁平化、信息化，避免管理层次增多造成组织监控成本上升，激励力度下降，信息传递缓慢，变化反应迟钝，组织效率不高等问题。一般单纯管理型教育集团只进行共性的管理活动，所以只设计一些需要加强管理和控制的涉及学校的共性作业机构，如计划财务、人力资源、法规审计、教育科研、宣传企划、后勤采供、督导评估和国际合作等职能部门，以提高管理的专业化水平。同时，集团还要制订计划、发起活动、调度资源、建设品牌、沟通信息、控制过程和评估结果，进行有利于规模经济实现的共性经济活动。如万里教育集团总部的职能机构有财务部、人事部、基建办、招生办和办公室等，机构非常精简，但负责协调管理集团下的八所学校的共性活动；集团总部另设立教育总监和财务总监，负责评价和规范各校长的办学质量和管理行为，督促其落实工作计划和经营预算。

由于教育集团下的学校具有不同的层次和类别，所以很难一概说学校具有哪些职能机构。但在集团内通过合理的功能分解，教育集团对不同学校的一些共性管理工作进行了集约运作，学校可在许多共性活动中得到教育集团有关作业部门强有力的业务支持。因此，学校作为教育竞争主体，其管理可以集中在教育教学上，其设置职能机构时也主要围绕教学工作进行，组织结构扁平化。如万里教育集团下的万里学院，其党政机构高度精简，校级领导一正两副，共3人；学院机关经压缩、合署，只设10个机构，并明确机关干部不得突破全体教职员工的10%，部、处、院、系领导一般只设正职，再配以助手。后勤服务全部从学校行政管理体系中剥离出去，老校区实行企业化管理，新校区完全社会化，全面委托浙江耀江集团承办。[1][2]

---

① 陈浩,马海泉,朱振岳,等. 全新的体制,独特的模式——浙江万里学院探索国有改制新路纪实[J]. 中国高等教育,2000.

② 万里教育集团内部资料。

四、教育集团的运行与治理

(一) 教育集团的运行管理

"机制"(Mechanism)这一概念源于机械工程学科,现已延伸到社会领域,其本义是指机器的构造和动作原理(《辞海》)。在《大英百科全书》中机制的含义是:(1)指机器的构造和工作原理;(2)指有机体的构造、功能及其相互关系;(3)泛指一个工作系统的组织或部分之间相互作用的过程和方式。[1] 因此,机制问题主要涉及的是组织的结构、功能及其相互关系和运作方式;分析一个组织的运行机制可以更清晰地认识把握组织的本质。"制度经济学认为,一个组织力量的大小很重要的方面取决于其组织程度。像企业集团一样,要从组织构成、组织结构、营运能力和扩张能力等几方面考虑教育集团的架构与运行问题,提高组织程度,处理好集团组织内的产权关系、管理关系和利益关系。"[2] 本部分将分别从组织架构、功能结构、运行管理和治理结构来分析教育集团的运行机制。系统的结构决定了其功能;教育集团的组织架构与功能机构也决定了其职能,进而就决定了集团内的运行关系。教育集团的运行管理主要有资金运行、人事管理和资产管理。

1. 资金运行

集团的资金运行主要是涉及资金的来源、流向以及管理。教育集团的资金来源主要有以下途径。

(1) 投资方投入

投资方主要是指政府、企业、个人、事业单位和社会团体、民主党派等。他们或以货币投资,或用实物、房屋等有形资产或土地使用权、知识产权等无形资产折价投入,这些资金是集团办学所必需的启动投入。如股份融资型教育集团是由自然人或法人按发起或募集方式出资认购一定股份,用这些股本首先按照学校必需的设施费用作为办学的启动投入,在学校存续期间股东还需要按股权比例分期投资或追加投资,用以保证学校正常运转和持续发展。

(2) 学生家庭缴纳

教育集团下各学校在招生时都要学生(家庭)交纳一定的学杂费和建校赞助费,这是集团维持日常运行和持续发展的重要资金来源,也是学校形成自我积累和自我发展的前提条件。

(3) 政府资助

政府资助分直接资助和间接资助。直接资助是指政府直接下拨资金资助教育集团启动发展,或按招生数补助一定的经费给学校。间接资助是指政府通过特殊政策,给集团划拨土地、减免税收、纳入城乡规划、减免建设配套费、企业用于办学的资金税前列支等。书生教育集团就得到当地政府部门的大力支持,如减免土地使用出让金,免收投资方向调节税,免收教育附加费;对书生中学高一新生的招生与公立重点中学同样对待,新生可提前录取200名,学校免收资助费,由教育局按公立学校预算内生均经费补给书生中学,对

---

[1] 孟繁华. 教育管理决策新论——教育组织决策机制的系统分析[M]. 北京:教育科学出版社,2002.
[2] 王伟. 试论教育集团的模式构想与道路选择[J]. 教育发展研究,2000.

200名以后录取的学生,按每生三年补助600元给书生中学。①

(4) 其他来源

如银行借贷、社会资助、捐助等。

教育集团的资金流向可根据其运行成本来分析。集团成本主要是办学成本,其大致可分为必然成本和附加成本两部分。必然成本是指学校教育活动所必需的经费支出,分为固定资产投入与经常性成本。固定资产投入(物化成本)是指长时期在教育过程中发挥作用的耐用资产消耗,如学校的建筑和教学设备,以及预留的修缮费和固定资产折旧费用等。经常性成本是指那些能够带来即时或适时利益,并需要经常更新的消耗品(如书籍、教学与办公品、燃料、水电等)和劳务支出。附加成本是指教育活动以外的按照经济运作规律而应承担的费用支出,包括风险基金、公益金和筹资成本(股息)等。②

教育集团一般在运行过程中引入市场经济的成本概念,按高效、精简、勤俭的原则使教育资源得到最佳配置,最大限度降低办学成本。教育集团作为集团内的财务管理中心,负责整个集团的资金运行。教育集团一般根据成员学校的招生人数下拨办学经费,学校按成本办学。如万里集团对成员学校的拨款按学生人数和收入来定,多收多支,少收少支,超支不补,盈亏自负。

2. 人事管理

教育集团一般都建立灵活的用人机制,在人事管理上引入企业管理制度。教育集团一般都会高薪聘请知名人士担任成员学校的校长;以较优厚的条件吸引全国各地的师资力量;对一些知名人士或在教学科研具有突出成就的人才,集团更是不惜重金聘请,因此一些实力雄厚的教育集团下大都聚集了一大批优秀人才。一般教育集团在招聘和引进人才方面都有较灵活的措施,尽量得到当地政府部门的支持。如书生教育集团对受聘教师通过正常渠道调入的组织关系放在区教育局人事科;档案不能调入的,试用期满按人事部门要求重新建档,建档后的教师享受公办学校教师的同等待遇,无论是职称晋升、调资、退休等与公办学校相同,并可在区内流动。③ 一些教育集团为引进人才创造较好的工作条件、生活条件和科研条件,有的还能解决配偶和子女的工作和入学问题,排除后顾之忧。教育集团一般都实行教师聘任合同制。如万里教育集团在成员学校实行全员聘任制,以教学实绩作为决定教师聘用、待遇或辞退的基本标准,实行教学与成效挂钩的"责任制"和奖优罚劣的"淘汰制",实行过程与终端考核并重,数量与质量并重,工作投入与成绩并重的"按劳取酬、优质优酬"分配方针,并在考核评价教师时遵循"三不三看"方针,即"不唯职称看能力,不唯学历看水平,不唯历史看现在"。④

3. 资产管理

教育集团的资产分为有形资产和无形资产。有形资产是指集团内的房产建筑、学校校舍、学校仪器设备等。无形资产是指集团或学校的品牌、声誉等。教育集团一般都会制定资产管理制度,建立相应的组织机构来管理集团内的资产,以保证投资者的利益。集团除

---

① 吴华. 论"教育股份制"的制度优势和产业属性——椒江"教育股份制"的实践及其启示[J]. 民办教育发展研究,2003.
② 李哉平,张丰. 论教育股份制的运行及其机制[J]. 江西教育科研,2001.
③ 椒江"教育股份制"课题研究报告(内部资料).
④ 徐亚芬. 万里模式(万里教育集团调查内部资料).

注重有形资产的管理外,也十分注重无形资产的管理。教育集团一般会通过品牌效应进行扩张,品牌扩张已成为教育集团发展的方式之一。教育集团在品牌扩张时,不光输出品牌标识,还包括一整套管理制度、技术和理念等。这些品牌标识、管理制度和技术等都是教育集团进行资产管理的重要内容。

(二) 教育集团的治理

1. 治理的提出

"治理"这个概念首先来自企业(公司)组织。20世纪80年代初公司治理开始进入人们的研究视野,其重要代表人物特里克,在1984年出版的《公司治理》一书中特里克首次提到了现代公司治理的重要性。[①] 现代企业(公司)的一个重要特征是企业所有者与经营者日益分离,企业所有权与经营权的不统一,这使企业的委托代理问题日益突出,而公司治理要解决的基本问题就是委托代理问题(从广义上来说,公司内部存在从所有者到员工的多层委托代理关系,在每一级委托代理链上,剩余索取权与剩余控制权都不统一)。[②] 尽管公司治理这一术语今天已被广泛使用,但还没有一个统一的定义,不同的学者在使用这一术语时,所指的范围、含义及强调的重点和目标有很大出入。狭义地讲,公司治理仅涉及股东、董事会及经理之间的权责利关系,目的在于将由于两权分离而产生的代理成本降低到最低。广义地讲,公司治理涉及公司体系内部各种正式和非正式关系网络及公司活动对社会的一般影响。不仅要考虑董事会构成及其与股东和经理之间的关系,还要考虑与之对应的管理体系的设计和运作;不仅要考虑股东的利益,还要考虑其他利益相关者,如债权人、职工、顾客(消费者)、社区的利益及公司的社会责任。[③] 可以认为,公司治理是一组联系各相关利益主体的正式和非正式关系的制度安排,其根本目的在于试图通过这种制度安排,以达到相关利益主体之间的权力、责任和利益的相互制衡,实现效率和公平的合理统一。

教育集团内所有权与经营权也是分离的,同样存在委托代理问题。教育集团的利益相关主体包括集团的投资者(股东、债权人)、集团董事、经理(或管委会主任、总校长)、管理人员、学校校长、教职员工、学生及其家长、政府部门、社区以及独立董事、名誉董事、名誉校长等。教育集团内部各相关参与者之间存在不同的利益关系,也需要通过集团治理来协调和控制各种利害关系。邓宁教授曾指出:在激烈的竞争中,任何企业只要在治理机制的某一方面存在缺陷或处于劣势,就会在长期的竞争中输给治理机制完善的竞争对手。[④] 因此,教育集团内的治理是非常必要的。

2: 集团的治理结构

教育集团的治理,本质上就是要处理平衡好教育集团内各利益相关主体的权力、职责和利益关系。因此,教育集团在建立时都会在章程中设计一套集团运作的治理结构。[⑤] 教

[①] 吴淑琨,席西民. 公司治理与中国企业改革[M]. 北京:机械工业出版社,2000.
[②] 席西民. 企业集团治理[M]. 北京:机械工业出版社,2002.
[③] 席西民. 企业集团治理[M]. 北京:机械工业出版社,2002.
[④] 彭正新,李传昭,李华. 我国企业集团治理的若干问题探析. 中国软科学[J]. 2003.
[⑤] 公司治理结构又称为公司治理机制,其内含很丰富,既可指一种契约关系、经济关系或制度安排,又可指一种权力制衡机制,也可理解为一种实现经济民主的有效形式。
叶祥松. 国有公司产权关系和治理结构[M]. 北京:经济管理出版社,2000.

育集团内各学校一般采用董事会领导下的校长负责制,在这种治理模式中,包括股东会(有的教育集团不存在股东会)、董事会、监事会、校委会(校长)和教代会等构成的组织结构。

(1) 股东会

在股份融资型教育集团中由各股东组成的股东会是集团的最高权力机构。其主要职权是:决定集团的发展战略与规划及年度计划;审议批准董事会、监事会的工作报告;审议批准集团的预决算方案;审议批准集团的利润分配方案和弥补亏损方案;选举和更换董事、监事,并决定其报酬;修改和制定集团章程;对合并、分立、变更集团形式以及其他重大问题作决定。

(2) 董事会

董事会是没有股东会的教育集团的最高权力机构(是有股东会的教育集团在股东会闭会期间行使股东会职权的常设权力机构),是学校决策和管理的中枢机构。董事会的主要职责是:制订集团的发展规划与年度计划;制订集团的预决算方案;决定集团内管理机构的设置;筹集办学资金,制定或变更学校章程,决定校长的聘任,审批学校经费的预决算方案,撤并学校和决定学校的工作原则等。董事会成员一般由集团的投资方、集团经理(管委会主任或总校长)、校长构成,有的还包括社会知名人士和政府部门的行政人员。一般来说,董事会不参与学校的具体管理,学校的教育教学及行政管理工作均由校长具体负责。

(3) 校长

校长由董事会聘任。校长是学校工作的主持人,执行董事会的决议,对外代表学校,对内负责领导管理全校的教育教学管理工作。校长的主要职责是:①全面主持学校教学管理工作,组织实施董事会决议;②组织实施学校教学计划和教育改革方案,领导教职工不断提高教育质量与办学效益;③拟定学校内部管理机构设置方案,拟定学校基本管理制度等具体常规;④提请聘任学校副校长和中层管理人员,聘任和解聘教师和职工;⑤享有学校章程和董事会授予的职权,参与董事会会议。

(4) 监事会

监事会由股东会选出的监督机构,是与董事会并立、代表股东会对董事会和校长独立行使监督权的机构。其主要职责有:①检查学校贯彻执行国家有关的法律法规和方针政策,以及学校有关教育教学和经营管理重大决策的情况;②检查学校教育工作质量及办学效益,并做出价值判断;③检查学校财务报告,做出财务分析。监事会成员一般由股东代表、教职工代表及集团内党群系统的人员构成,有的也聘请社会人士参加。许多教育集团没有股东会,也不存在监事会,但有的教育集团(如万里教育集团)设教育监事和财务监事,分别负责学校的教育教学管理监督和学校的财务监督。

(5) 教职工代表大会

教职工代表大会是学校党组织领导下,学校全体教职员工通过民主选举产生的以教师为主体的民主管理机构。教职工代表大会的主要职权是代表教职工参与学校管理,并对董事会、学校机构的全体成员进行民主监督;对涉及学校发展的重大问题和涉及教职工切身利益等问题听取教职工的意见和建议,依法保障教职工参与民主管理与监督的权利,维护教职工合法权益。教代会的日常工作一般由学校工会承担。

集团治理结构由权力机构、决策机构、监督机构和执行机构组成,各机构之间各司其职、各负其责、相互联系、相互协调、相互制约,各个机构的权力与职责相互配合,共同推动集团的有效运行。

第三节　教育集团发展及其对政府教育管理职能转变的启示

教育集团本质上是以办学为目的的组织。这里的"办学"不仅是指教育集团举办即出资设立教育机构,还包括其管理和经营学校等教育机构。因此,分析教育集团的办学情况(具有的优势和存在的问题),是认识教育集团的重要内容,既是进一步分析教育集团发展趋势的前提,也给政府教育管理职能的转变以启示。

一、教育集团的发展趋势

我国教育集团作为一种新型的办学组织,其产生和发展为推动教育的多样化、增加教育供给和促进公办学校提高办学效益等方面发挥了重要作用,特别是增加了优质教育资源和改善了整个教育系统的效能。虽然不能把所有教育集团的办学都一概纳入民办教育的范畴(根据《民办教育促进法》第二条对"民办教育"的界定,一些教育集团的办学就不完全适合该法,其举办的学校也不都是民办学校[①]),但大部分的教育集团办学都应归于民办教育范围。除部分教育集团如政府主导型教育集团外,大部分教育集团不管其投资主体是企业、个人、事业单位、民主党派、社会团体,还是他们的联合,都是利用非国家财政性经费来举办学校。这些教育集团把社会上蕴藏着的巨大投资潜力和投资热情调动起来,将社会的一部分资金吸纳到办学兴教事业之中,这在相当程度上弥补了国家教育投入的不足,同时也增加了教育的供给,提供了多层次、多样化的教育服务,缓解了教育需求的压力,扩大了人民群众的受教育机会。作为传统教育格局的增量部分,教育集团办学的产生,推动了我国教育事业的发展。

教育集团办学对我国教育管理体制改革所产生的影响是深刻的。教育集团办学的突出特点是以集团化方式运作和管理,引入市场机制。举办多个教育实体,集团内实行资产按产业机制运作、学校按教育规律运作的双重运作机制。集团资产运作,采用企业经营理念,讲究投入产出、成本效益,以最少的投入追求效益的最大化。而学校则按照教育规律运作,赋予校长办学自主权,并把学校中非教育教学工作剥离开来,由集团统一运作、统一管理、资源共享。这种集团化运作的办学模式推动了我国教育民营化[②]的进程,为在教

[①] 这里的民办学校是根据《民办教育促进法》的规定,是指国家机构以外的社会组织或者个人,利用非国家财政性经费,面向社会举办的学校或其他教育机构。

[②] 教育民营化是当代世界教育改革的一个重要趋势。"教育民营"是指由非政府组织和公民个人对学校及其教育机构进行管理和经营的一种教育制度。它不涉及产权问题,即无论是公有还是民有,学校及其他教育机构都应该也可以由民间来经营。教育民营化本质上就是利用公民社会选择和市场机制来打破传统上政府及其附属机构对于公共教育的垄断,形成一种包括公民社会选择和市场机制在内的多样化的公共教育供给机制。其中,在教育领域(包括传统的公办学校系统)引入市场机制是教育民营化的一个重要含义。刘复兴. 教育民营化与教育的准市场制度[J]. 北京师范大学学报(社会科学版),2003. 陈文干. "教育民营"的理念与制度创新设计[J]. 浙江大学学报(人文社会科学版),2002.

育领域引入市场机制以及我国教育管理体制改革作了积极的探索。教育集团引入市场机制办学,这为我国传统教育理念和教育模式的转变提供了一个实验场所,也为公办学校进行一系列的改革提供了示范作用。

作为一种办学组织,教育集团的出现迎合了我国发展教育的诉求。一方面社会对教育的需求日益增长并日趋多样化,另一方面国家的教育财政经费有限,难以满足教育的所有供给,在国家鼓励以多种形式办学的政策环境下,各种教育集团便应运而生。在今后较长的一段时间内,面临不断高涨的教育需求,吸纳更多的民间资金投入办学仍然是发展教育的重要途径。尽管随着经济的发展,政府投入教育的经费将不断增长,但政府不可能包办所有的教育,仍需要社会力量参与办学,发达国家的经验也证实了这一点。在市场经济条件下办教育,重视资源运作、重视效益是一种自然的选择,不会因为投资主体和管理主体的不同而不同,也不会因为不同的教育领域而有不同。即使是政府办学也会越来越注重资源配置和经济效益。因此,在多种办学组织形式中,教育集团凭借其在办学中的优势将有一个较好的发展前景。

由于教育活动的特殊性,在教育产业的发展中,一种有效的生产组织形式需要满足三个条件:第一,资本约束条件,它必须是一种有效的资本组织方式,否则产业的发展会因为投资不足而裹足不前;第二,管理约束条件,它应该是一种符合专业化分工原则的生产组织方式,否则效率的缺失会使产业组织因缺乏市场竞争力而被淘汰;第三,它应该是一种稳定的财产组织方式,使利益各方因产权受到的激励和约束正确地导向长期利益的追求,否则急功近利会使产业组织难以可持续发展。[①] 不同类型的教育集团吸引社会投资的能力、适应教育发展要求的能力以及经营运作能力是不同的,因此它们具有不同的市场竞争能力,各有不同的发展潜力。

(1) 产业支撑型教育集团

产业支撑型教育集团发展的初期主要依托企业(集团)的投资,企业(集团)的实力决定了其办学的规模。一些有实力较强的企业作后盾的教育集团,其办学一般起点都较高,容易克服市场进入壁垒,而且有可能进一步扩张,容易形成规模效应。但教育集团办学也易受企业的经营状况影响,一旦企业经营不善,集团发展的稳定性受到威胁。这种教育集团办学受国家教育政策的影响较大,当国家对投资教育的政策较宽松时,它会有一个较大的发展空间。

(2) 股份融资型教育集团

股份融资型教育集团教育集团通过股份制融合社会闲散资金,由于能够通过风险分散、风险锁定等制度安排,容易吸引社会各种力量投资,聚集社会闲散资金。而且通过制度设计避免了投资人过分干预办学。这种类型的教育集团虽然首先在经济较发达的地区产生,但它能够适应一些欠发达地区的经济发展水平,因而有着广阔的发展空间。

(3) 政府主导型教育集团

政府主导型教育集团办学就相当于政府下放了一些职能,教育集团起了地方教育行政部门的部分作用。教育集团统一管理下属学校的财政、人事和教学等,是对地方教育行政部门的部分职能替代。这种类型的教育集团在发展初期有政府支持,可以保证发展,但随

---

① 吴华. 论"教育股份制"的制度优势和产业属性[J]. 民办教育发展研究,2003.

着政府的逐渐退出，它的发展还靠其自身在市场中的竞争实力大小。

(4) 企校转制型教育集团

在目前深化国有大中型企业改革的形势下，一些企业（集团）为增强主体竞争能力，剥离部分社会职能，将其所办教育机构与企业主体分离，减轻自身负担。通过组建教育集团，集中管理所办的教育机构，以企业化方式运作，面向市场办学。一些企业（集团）办学机制的成功转变为一些国有企业办学闯出了一条新路。这种类型的教育集团的产生顺应了企业改革的要求，但其今后的生存和发展有待市场和时间的检验。

(5) 市场积累型教育集团

市场积累型教育集团经过长期的发展，以学养学，以教养教，从小到大，逐步积累，形成了较稳定的基础，而且经过市场长期的检验，一般市场适应能力较强。

(6) 名校嫁接型教育集团

名校嫁接型教育集团利用名牌学校的教育品牌，向同类薄弱学校或与新创办的学校输出管理经验和人才，延伸名校品牌，这容易使集团内学校迅速扩大影响，形成具有名牌学校特色的系列学校。这种类型的教育集团是教育界与经济界利用各自的优势合作参与教育发展，因此容易被政府和社会接受。一些地方政府也鼓励通过名牌学校的嫁接来实现优质教育资源的扩张，带动薄弱学校的发展，并在一定程度上平衡教育发展水平。但这种类型的教育集团的发展也有一些问题，其规模受名校的实力和影响力的限制，集团扩张到一定程度后名校的辐射力会大大减弱。而且集团内学校联结关系是松散的，难以保证集团内各学校稳定合作。但不管哪种类型的教育集团都要通过提高办学质量以增加市场吸引力，并且要善于经营运作，降低办学成本，这样才能在市场中得以生存和发展。

教育集团在实际运行过程中也存在着制约其可持续发展的隐患，并逐渐成为影响其正常健康运行的障碍因素，这主要反映在如何规范收费与经费管理以及如何清晰界定集团内产权等问题上。

教育集团办学一般都要向学生收取学杂费和建校费（赞助费），但大都程度不同地存在着收费和经费管理不规范的问题：收费标准没有与办学成本挂钩，尤其是建校费没有标准，投资回收年限过低；财务制度不健全。教育集团在办学中由于没有统一的成本核算标准，各个集团的收费无法按办学成本来收费；投资几百万元的学校与投资几千万元的学校收的建校费可能数额相差无几，导致前者的投资回收年限大大低于后者；投资年限过低，将导致高额建校投资仅由几届学生的家长承担，这是不合理的。由于集团总部对经费进行统一管理，财权过于集中，缺乏监督机制，造成经费使用不透明，容易产生经济漏洞。这都是社会关注的敏感问题，它关系广大受教育者的切身利益，也直接影响着教育集团的社会声誉和发展。因此，需要尽快建立相关法规来规范教育集团的收费和经费管理。

如何清晰界定集团内产权①关系是始终困扰教育集团持续稳定健康发展的深层问题。

---

① "产权"是一个含义极为不确定的概念，不同的学者有不同的理解。《牛津法律大词典》的解释是，产权"亦称财产所有权，是指存在于任何客体之中或之上的完全权利，它包括占有权、使用权、出借权、转让权、用尽权、消费权和其他与财产有关的权利"。我国民法通则没有使用产权的概念，而是使用的"财产所有权"，其第71条规定：财产所有权是指所有人依法对自己的财产享有占有、使用、收益和处分的权利。《民办教育促进法》也没有使用产权的概念。

文东茅．论民办学校的产权与控制权[J]．清华大学教育研究，2003．

本文不去详细界定"产权"的概念，文中的"产权"即指财产所有权。

教育集团举办多所学校,但教育集团本身及其举办的企业公司的产权与学校产权没有清晰界定。根据《民办教育促进法》的规定,民办学校对举办者投入民办学校的资产、国有资产、受赠的财产以及办学积累,享有法人财产权;民办学校存续期间,所有资产由民办学校依法管理和使用,任何组织和个人不得侵占。很明显,民办学校的财产属于法人财产,其所有权归法人并受法律保护,而投资人(不论是自然人还是其他法人)一旦投资民办教育,所投入部分资产的管理权和使用权将归学校而不再归投资者。但现在一些教育集团内学校的财产可由教育集团随意调动,或挪用或转移。有的为避免政策风险,投资者千方百计不让资产进学校的账,或另成立一家公司,资产在公司与学校之间倒来倒去,公司将房地产和其他的设备设施出租给学校使用,由学校按合同支付租金。此外,一些教育集团内学校的各种资产没有分别登记建账,特别是对办学积累的归属没有明确规定。产权关系的不明确及其可能引起的争议将是教育集团进一步发展的隐患。

二、教育集团运行方式具有的借鉴意义

教育集团办学不同于传统政府办学模式。在现行的公办教育办学体制下,以政府财政拨款举办的各类中小学校,政府对其举办的学校具有无限责任;学校对政府具有长期依赖性,需要靠政府不断增加教育经费来解决资源有限与需求无限这一办学的主要矛盾。为了遏止所属各类学校对教育投入的无限需求,政府只能以"统得过死"的各种政策与制度,事无巨细地规定学校的各种行为,从而使学校组织缺乏自身应有的发展动力与活力。教育集团办学通过组织设计和制度安排,在一定程度上把学校的投资者和管理者隔离,学校实行所有权与管理权分开。教育集团对其下属学校进行共性管理,将学校教育、科研以外的事务实行统一管理、统一运作,这是对传统办学形式的创新,集中表现在以下两个方面。一是集团化运作,引入企业管理理念。教育集团注重成本核算,尽量降低办学成本;办学以市场为导向,注重服务意识,确立以学生和家长为本的管理信念;视教育质量为生命线等,这些都对传统办学起到了示范作用。二是借鉴企业管理方式和措施。教育集团内学校一般都实行两权分离,采用董事会领导下的校长负责制;集团内组织设计扁平化,机构精简,各种资源优化配置,这些方面为改革传统办学起到了积极的影响作用。具体来说,教育集团办学具有以下一些特点可以供政府转变教育管理职能为参照。

(一)两权分离,职责明确,提高学校管理专业化

教育集团按照现代学校制度[①]的要求举办和管理学校,教育集团下属学校实行所有权与管理权相分离。通过集团组织设计和制度安排,把学校的举办者(投资人)与办学者(学校管理者)隔开,集团内分工合作、职责明确,在一定程度上避免了投资人过分介入学校事务,学校有利于按校长的理念和教育规律办学。集团内学校两权分离后,其领导体制和运行机制也不同于传统的学校。教育集团内的学校一般实行董事会领导下的校长负责制;董事会负责学校硬件设施的筹建和办学经费的筹措,以及为学校提供后勤保障;校长组织实施学校日常教育教学和管理工作,负责提高教育质量;学校以教学、科研工作为中

[①] 现代学校制度一般具有产权清晰、权责明确、政校分开、系统管理等基本特征。
范洁梅,李哉平. 关于建立现代学校制度的思考[J]. 教学与管理,2000.
黄兆龙:现代学校制度初探[J]. 中小学管理,1998.

心,这为实现学校管理的专业化和提高办学效益提供了条件。

在实行"地方负责,分级管理,以县为主"的现行基础教育办学体制下,直接管理公办中小学的是县(区)级政府及其教育行政部门。随着现代教育教学活动内容与形式的日益多样化和复杂性,政府教育行政部门主要运用行政指令指挥学校的各项工作,在导致"千校一面"刻板与僵化的同时愈益显露出这种管理方式的捉襟见肘与穷于应付的疲态。因此,教育集团办学模式对政府教育管理职能转变的启示是可以从"政事分开"入手,政府主要是为学校创设良好的办学环境,提供必要的办学条件,及时足额划拨学校经费,以及为辖区内学校提供安全与后勤保障,协调处理学校运行与发展中普遍遇到的问题和困难。如同那些"两权分离"关系处理较好的教育集团那样,不是事无巨细地介入下属学校教育教学及其管理等的具体事务,更不宜把学校当作"教导处"甚至"教研组",在教育行政过程中把校长视为"教导主任"或"教研组长",应当把经营或管理学校的权利,特别是教育教学专业性工作的指挥权力交给学校和校长。

(二)专业分工,集约管理,有效降低成本

教育集团组织办学模式中通常将办学行为分为经营和专业两大类。如担任教学工作的专业技术人员,以及学校教学质量的灵魂人物——校长,他们都需要有对教育教学规律的深入了解才能胜任,这些属于专业范畴。剩下的如财务、人事、资源管理、对外宣传、信息管理等属于经营范畴,这部分可以从学校日常工作中剥离出来。有两种方式来处理:一是将职能高度集中,信息高度集中,继而做到高度专业化;二是社会化,将其交给社会上的专业公司去做,这有利于机构的精简。教育集团一般将旗下各学校属于经营范畴的共性业务进行统一集中,或成立职能部门,或交给专业公司来管理。集团统一采购、统一宣传、统一对外联络,对一些业务、职能进行共性管理,可以精简机构和人员,提高运行效率,节约办学成本。

借鉴教育集团办学行为的分类形式,在政府对教育管理的领域,对应教育集团的经营和专业类划分,有必要区分现有学校及其他教育机构中属于公共性与专业性的事务。政府进行直接干预的必须是属于"公共性"领域的学校事务,特别是需要职能高度集中和信息高度集中处理的事务,如招生、升学考试,校园安全、网络安全等。对于属于学校教育教学专业领域的事务,特别是需要并且可以显示出学校特色或个性方面的专业性领域,如课程教学的具体设置和安排、学生作业的布置与检查、学校内的课程考试、学生各种活动的安排、教师的专业进修与培训等,政府及其教育行政部门不应当越俎代庖,事无巨细地将这些专业性事务一概揽入行政管理的范围,而是应当通过出台包括资质、资格、督导等在内各类质量标准,引导或指导学校与教师主动筹划、安排与评估自己所开展的各种专业性事务和工作,激励他们向政府所期望的目标努力,达到学生及其家长和社会公众满意的水平。使政府真正成为教育领域"游戏"规则的制定者,协调教育相关利益者同学校行为之间各种矛盾冲突,履行学校与社会各方利益关系和不同学校之间各类竞争"裁判员"的角色。

(三)市场导向,机制灵活,激发竞争活力

教育集团办学以市场为导向,面向社会开展教育服务,尽量扩大社会影响和市场占有率。教育集团所办学校的类型、专业、规模都会以市场需求为导向,而且学校也尽力打造自己的特色,以满足社会的选择性教育需求和提高性教育需求。另一方面,集团内引入市场机制，充分激发内部活力。教育集团内学校积极推行董事会领导下的校长负责制、全员聘任制、岗位责任制、考核评价制以及结构工资制等学校管理体制改革，通过启动激励和竞争机制来激发学校内部活力。教育集团办学采用民营机制，引入企业管理理念，注重服务意识，集团内容易形成一套规章制度，保证政令畅通，提高运行效率。

在公办教育领域，确保受教育者的公平权利与机会是政府及其教育行政部门的首要职责和主要职责，但并不意味着使公办学校成为类似欧美国家福利主义制度下的庇护所或计划经济体制下的"大锅饭"。在公办中小学内部同样需要借鉴教育集团的管理方式，建立起教师激励机制和竞争机制，实行名副其实的全员聘任制、岗位责任制、考核评价制等，以激发学校内部活力。只有这样才能使教职工在思维和行为上克服公办学校与生俱来的惰性和保守性，激发他们的工作主动性、积极性与创造性，建立起服务于学生发展的理念，形成一切为了学生发展的行为模式，这样才能提高学校教育教学的效率，从而使政府和社会不断增加的教育资源投入得到所期望的效果，否则，"办人民满意的教育"只能是一句空话。

（四）明确定位，强势投入，市场竞争力强

教育集团办学与资产规模较小的企业投资办学不一样，与因陋就简、艰苦办学的社会团体及个人合伙办学也不一样。教育集团主办者大都清醒地认识到社会力量办学的优势不在于为社会简单地增添学校的数量，而在于为社会提供高水平、高规格、高质量、新概念的新型学校。因此，教育集团先对教育市场进行调查分析，确定办学目标城市，寻求教育投资合作伙伴，然后凭借其雄厚的资金进行规模化投资。一般都采取前瞻性规划设计、大体量超前建设、高标准设施配套、一次性投资到位的强势进入策略和方式，确定项目投资安排，并以最快的速度、最短的工期和最高的效率把学校建设好，并投入办学。这样学校设施建设起点高，在缺乏无形资产（如声誉）的情况下可以改变或强化公众的选择偏好，容易克服教育市场进入壁垒。同时，避免了一些企业投资的民办学校在办学初期因建设经费不足而带来的学校功能设施不全、学校秩序和教学质量难以保障等弊端。由于有强力的资金支持，也避免了许多的民办学校急于收回投资成本的压力以及由此产生的急功近利的浮躁，使学校一开始就能从容办学、规范办学，形成良好的教学环境，产生良好的教学效益。①

在现阶段的大中城市和沿海发达农村地区，为城乡居民提供优质的教育服务方面应当说政府有着比教育集团更强的优势与能力。政府可以充分运用自己能调动的社会资源和所掌控的公共财政，根据区域内城乡居民的教育需求，对基础教育的各类学校做出长期合理的发展规划，有效配置不同学段的人力资源、物力资源和财力资源，使包括幼儿教育、义务教育和高中阶段教育在内的基础教育得到整体均衡发展。政府可以运用行政权力，对薄弱和分散的学校布局进行调整，确定项目投资安排的优先次序，做大做强优质学校；可以通过向薄弱学校输出优质公办学校的品牌、文化资源和管理优势等，改造薄弱学校，或引导与组织优质学校对薄弱学校实行托管等，扩大和充实优质教育资源，提高公办学校在生源市场、师资人才市场等方面的竞争力，为全面提升区域的教育质量整体水平奠定基础。

---

① 黄河清.南洋集团办学经验探索[J].民办教育动态,2000.

（五）连锁办学，规模运作，抗风险能力强

教育集团在其成功投资兴办一所学校后会再选择适当的城市或地区，以统一校名、统一模式、统一标准、统一管理的方式进行连锁办学，在连锁发展中培育提升和扩张集团品牌，扩大社会影响和知名度，占领更多的市场份额，也更容易筹措办学资金和提高自身的市场竞争力。教育集团对各种资源进行统一管理、统一调度，为打破利益格局和资源的充分利用提供了可能。如在资金的运作上，教育集团内各单位回收资金、产生效益的周期及方式是不一样的。这些单位各自的效益曲线呈现出不同的波动幅度，有时可能降到负数，这对于单个的学校来说是危险的，而通过集团的资金调度和合理安排投资周期可以基本化解这种危机。

经过多年办学的积累，各地城乡都拥有数量不同的优质公办中小学，这些学校也是学生家长为子女升学进行"择校"的热门。现阶段基础教育发展中的突出矛盾集中表现在人民群众对优质教育不断增长的需求与优质教育资源的供给不足。教育集团以自己成功的品牌学校，通过统一校名、统一模式、统一标准、统一管理的方式进行品牌扩张以扩大市场占有份额的做法可以为优质公办中小学所效仿和借鉴。政府及其教育行政部门可以通过建立优质公办中小学的分校、一校多校区或兼并薄弱学校等办学模式等，有选择、有步骤地在区域内扩大优质公办中小学的办学规模，逐步增强优质教育资源的影响力和辐射力，提升其他学校的教育质量，使更多的中小学学生享受到优质教育资源。

三、教育集团运行方式需要完善的若干方面

教育集团办学方式在运行过程中也存在一些问题，这些问题不妥善解决将影响教育集团办学的效益，甚至成败。其中比较突出的问题是一些法人单位或个人利用非国家财政性教育经费办学。由于办学资本或来自单位经营或来自个人资产，在学校与投资者没有形成责任分立的法律关系时，投资者对学校具有无限责任，这就不可避免地出现投资者过深地介入学校运作，学校常常受非教育因素的制约而不能很好地遵循教育教学规律办学。

（一）如何处理集权与分权的关系

现有的教育集团或者过于集权或者过于分权，一些教育集团总部控制着集团内的大部分财政、人事、招生、投资、规划等权力，而一些教育集团内部是松散的关系，仅以教育理念和品牌为联结纽带，这都影响了集团办学和发展。集权虽然有利于教育集团统一运作，但不利于调动各学校的积极性，而且随着教育集团的扩张，管理幅度增大，管理层次增多，管理成本上升。过于分权则使教育集团难以形成规模效应，且难以稳定发展。因此，在教育集团的运行过程中，要依据教育集团的规模、结构、管理水平、分布范围及其他相关因素，处理好集权与分权的关系，处理好条条管理与块块管理的关系。对于投资决策、资源共享、评价控制等方面的权力要集中于总部；对于教育教学组织应全部放开，让学校办出特色和质量；对利于节约内部成本和外部费用的共性行为，如集中配货、品牌推广等方面活动；其他的活动则可由集团总部与学校结合进行，并充分地进行资源共享。

教育集团在运行过程中出现的此类问题，给了政府在转变教育管理职能、扩大学校办学自主权方面以重要的经验教训。政府及其教育行政部门过于集权，一方面会使政府管理机构不断膨胀，甚至在职能行使上重叠交叉，急剧加大教育行政管理成本；另一方面，导致政府深深陷入学校具体的教育教学事务，使政府承受的教育管理职责无限放大，自然会

制造和徒增政府与学生及其家长在学校教育教学过程中的矛盾。如果政府及其教育行政部门过于向学校分权，则会导致区域内的学校各行其是，形成不同学校发展水平的落差，既影响基础教育的均衡发展，也拖累区域内学校教育质量整体水平的提升。因此，根据教育集团办学的经验教训，政府及其教育行政部门的管理职能应集中在对区域内学校的资源投入力度与重点，均衡教育资源的配置，对学校教育教学过程的监控以及质量的督导与评价方面。

（二）如何保证学校的办学自主权

教育集团下的学校虽然自成立之日起就具有法人资格，但学校并没有真正的办学自主权。教育集团内的学校实行董事会领导下的校长负责制，校长的权力主要是教学管理和日常行政管理，在人事和财务上的权力极其有限。由于学校的招生收费集中于集团总部，学校的经费全靠教育集团下拨，在教育集团内学校成了完成教学任务的"单元"；校长仅有经费的规定使用权，没有经费的自主支配权，这不利于学校的自主办学，校长的办学理念也难以实现，学校的长远发展受到限制。特别是当教育集团的投资人不懂教育规律时，校长要争取经费开展一些教学活动就难以得到投资者的支持，甚至会产生矛盾。投资人往往只重视一些在教育中立竿见影的活动，而对一些见效慢、成本高的教育活动则可能很少关注或尽量避开。因此，一些学校的素质教育活动因缺乏投资人强有力的经济支持而成了一句空话。

现阶段中小学实行校长负责制，校长对学校的教育教学与行政工作负有全面责任，是学校的法人代表，对外代表学校。从校长负责制实施以来，政府与公办中小学之间在学校管理权力的划分上始终在"收"与"放"中循环。通常是当政府财力不足、用于教育投入的经费紧缺时，就通过动员学校和校长消除"等、靠、要"的思想束缚，并实行多种管理权力下放，让校长向社会寻求办学所需的各种资源。在这样的情形下，往往把本来应当由政府承担的筹措教育资源的责任推卸给学校和校长去承担。但是，一旦政府的财政状况好转，投入教育的经费有所增加，教师的收入有明显提高时，政府及其教育行政部门则常常以规范管理的名义逐步收回曾经下放给学校的多种权力，切断学校来自政府以外的社会各种资源投入渠道，回到政府包揽一切的老路上去。在这种情形下，通过中小学办学体制改革所获得的原本还不尽完善的办学自主权又开始了逐步被"蚕食"的进程。

因此，教育集团在办学过程中为追求"集团"形式而实行高度"集中"的体制应当为政府转变教育管理职能时所避免。教育集团所辖的学校毕竟数量较少，大多数教育集团涉及基础教育学段的学校也并不完全，一些教育集团的学校办学历史也较短暂，实行自主管理的能力尚不具备，采取适当的高度"集中"管理实出于无奈。目前负有基础教育发展主要责任的县（区）级政府及其教育行政部门，其管辖的学校数量及其覆盖的学段非一般的教育集团所能比拟，面临的具体情况与问题的复杂程度同教育集团有着巨大的差别，其肩负的社会责任与功能也是教育集团所无须承担的。如果简单选择政府对学校实行高度"集中"管理的结果，必然是回到计划经济体制的老路上去，遏止不同学校的活力和创造性，使均衡发展的意愿演变成"削峰填谷"的结果，回归"千校一面"的旧格局。政府应当在创设良好的办学环境，充足学校办学所需资源投入，规范办学行为的前提下，维护和保证学校的办学自主权，让校长和教师能够按照学校的章程自主管理教育教学及其他事务，按照自己的办学理念，确立学校组织愿景，规划学校组织的发展，组织开展适应自己学校实际的教育教学活动的内容与形式,这样才能形成自己的办学特色,满足学生及其家长对选择性教育的需要。

(三) 如何治理以维护各相关主体的利益

教育集团内涉及从投资人到学校教师、学生,从董事长到学生家长等各方的利益,如何安排教育集团的治理结构关系教育集团的稳定和长远发展的问题。现在一些教育集团在治理安排上还存在许多的问题,如董事会人员组成结构不合理;监事会如同虚设,甚至没有;学校教代会和工会组织没起到让教师参与民主管理、维护教师权益的作用。在集团内突出的是要维护学校教师和学生及其家长的利益问题。一方面教师和学生缺乏维护自身合法权益的意识,另一方面他们在教育集团中处于弱势群体,难以维护自身的合法权益。但是,学生及其家长的利益没有得到保证就会影响教育集团的办学声誉,教育集团就难以生存发展;教师的利益没有得到保障就会影响师资队伍的稳定,教育集团也难以稳定发展。因此,合理安排教育集团的治理结构,董事会中增加教师代表和社区代表,设立独立董事,发挥监事会和教代会的作用,维护各相关主体的利益就显得非常必要。

对于政府转变教育管理职能来说,维护教育利益相关者的利益问题同样突出和重要。现代国家举办公办教育旨在让一国国民接受基本的文化科学道德教育,也是现代社会公民享有基本人权的制度性保障措施。但是,现代教育不仅具有政治功能,也还具有文化功能和经济功能。现阶段城乡居民对优质教育急剧膨胀的需求、社会公众对教育公平的呼吁等,其重要原因主要就是关注教育对未来一代具有的潜在的文化功能和经济功能。正因为如此,基础教育尤其是义务教育的均衡化对政府及其教育行政部门就不是一个口号或一个概念,必须是包括实现学校基础设施建设、师资配置、学生入学机会与条件均衡等在内的系统的施政理念、行动和过程,从而使教育利益相关者的利益问题在推进区域内教育均衡发展的过程中得到妥善的解决。在维护教育利益相关者的利益问题上,政府转变教育管理职能的另一重要方面是做好区域内学校、教师同学生及其家长之间、学校、校长同教职工之间利益冲突的调停者。为此,政府要通过职能转变,从直接干预学校各种具体管理事务中解脱出来,使自己成为以上这些教育利益相关者的第三方,这样才能有效担当起仲裁者的职能。

第六章 全球化背景下的政府教育管理职能变革

2001年年底,中国成为世界贸易组织(WTO)的正式成员。加入WTO给我国的教育领域带来了巨大的冲击,这一点在大都市和沿海经济发达地区表现得尤其明显。然而,对于这种冲击的广度和深度,政府的教育管理职能如何做出相应的变革,需要通过对WTO的基本理念、基本原则及我国具体的教育承诺的阐释,分析WTO对我国教育领域的观念、制度和实践三个方面带来的冲击,在观念上构建教育"服务"的理念,在制度上创设开放式的教育体制,在实践中管理好各种教育中介机构,提高学校的自主性,以应对教育"市场化"的挑战,规范教育市场的竞争,并努力维护我国的教育主权,适应WTO带来的挑战和机遇。

第一节 WTO给政府教育管理职能带来的影响

WTO是在经济全球化的大背景下形成的对各成员国均有约束力的规则,它的产生及其运作受到的最大影响就是市场的作用,与此同时就是经济市场化同时带来的人类生活的全球化、民主化。如今,这种市场化、全球化和民主化趋势也通过教育服务的国际贸易开始给我国的现行教育带来巨大的冲击,进而对政府的教育管理职能变革产生重大的影响。

一、WTO对政府教育管理职能理念变革的影响

(一)教育"服务"理念的构建

根据WTO的服务贸易总协定(GATS)第十三条的规定,除由各国政府完全资助的教学活动外,凡收取学费、带有商业性质的教学活动均属于"教育服务"范畴。这一条虽然有时候在不同的国家带来不同的理解,但各国大致上还是有一些共识的,如私立性质、成人阶段的教育等普遍都列入了"教育服务"的内容。可以说,教育"服务"理念是从其与一般的服务性劳动相类似的性质出发的,相信教育同其他服务性行业一样,也"是作为活动提供服务的"(马克思语)。[①] 教育服务因为其具有的独特性质,所以牵涉许多相关的主体。从经济学上的公共产品理论来看,教育是一种介于公共产品和私人产品(Private Goods)之间的产品,可称为准公共产品。早在1963年,T. W. 舒尔茨就在他的杰出著作《教育的经济价值》中对教育收益进行了详细的分类。他认为教育给个人带来了"消费"和"投资"两类收益,消费收益是指个人学习时获得的一种满足感,而投资收益则在于受过教育的人能在今后的自由市场中获得更高的工资和更多的提升机会;与此同时,教

---

① 薛荣久. 国际贸易[M]. 成都:四川人民出版社,1996.

育也给社会带来收益,相对个人收益来说也可以称之为教育的"外部收益",是指个人知识水平等素质的提高于国于民都有很大的益处。[①] 由此看出,教育不是纯粹的私人产品,也不是纯粹的公共产品,是一种准公共产品,因此教育服务应该是一种政府提供与有限市场调节相结合的服务产品。当然,对于国际贸易中的教育服务还是在一些方面与国内教育服务市场具有不同之处,因为教育的"外部收益"在国界上可能有一定的制约性。

从教育服务的准公共产品属性来看,WTO对我国现行教育的冲击可以从与教育服务相关的多方主体来分析。WTO教育"服务"的理念要求政府仍然履行其应有的职责,集投资者角色和市场规则制定者角色于一体,怎么去处理两种角色的冲突并很好地服务于教育服务消费者,这是我国政府的教育管理在WTO冲击下受到的巨大挑战。树立教育的"服务"理念,另一重要角色是作为教育服务直接提供者的学校和教师,他们有义务按照国家标准和对学习者的承诺提供优质的教育服务。学校教育是特殊的服务业,每一所学校要有自己的教育产品,要致力于教育产品改进与新产品开发(主要体现为能提供满足不同需求者的课程),以优质教育服务提升学校品牌价值,与服务性企业赢得顾客满意从而赢得更大利益本质上是一致的,而学校对社会声誉所带来的品牌增值的追求与企业对利润的追求一样,都可以为学校(企业)进一步提高服务质量、变革教育产品提供持久的动力。教师作为教育服务者也应从传统的知识传承者向为学生学习的服务者转变,"关心他们,了解他们的心理,采取有效的方式打动他们,使他们心情愉快,感觉舒适和便利,使他们的正当的需要获得满足,那就意味着教育活动的成功。"[②] 那么,作为教育服务接受者的学生和家长呢?WTO给我国现行教育的冲击使他们获得了服务的选择权,使他们能够根据自己的爱好、需要来选择学校,选择教育教学方式和选择教师,真正做一个教育服务的消费者。

(二) 教育"市场"意识的生成

WTO是在全球性的市场化趋势下形成的,无疑会给教育带来强烈的市场气息。教育"服务"理念的表现形式就是教育的市场化,是将教育作为一个产业来开发、经营,给我们观念上很大的冲击。前面我们提到许多发达国家在教育服务的国际贸易中纷纷拿出应对的策略,事实上也是它们把教育当作市场来运作的结果。事实上凡经济发达的国家,教育产业都比较发达。如美国教育产业居各项产业的第三位,仅教育服务一项每年创造的收入就达2000亿美元,提供了约200万人的就业机会。[③] 作为教育服务贸易强国的美国、澳大利亚、英国和新西兰等,当前它们都出现了教育资源过剩的情况。于是,在市场意识及市场运作下,它们将目光投向了拥有世界上最庞大的教育人口并具有接受教育传统的中国,它们将中国当作巨大的教育服务输出之地。面对教育市场的挑战,加入了WTO后的我们必须同样改变教育是社会福利的观念,培养教育的"市场化"意识。教育的"市场化"意识要求教育树立"产业经营"的思想,摆脱教育是"纯消费性公益事业"的束缚,充分发挥教育对促进经济增长、促进个人和社会发展的重要作用;树立教育"市场化"意识,要迫使教育直面市场,我国各级各类学校要重新审视自己原有的观念与运行方式,从

---

① 〔美〕E. 科恩. 教育经济学[M]. 王玉昆,译. 上海:华东师范大学出版社,1989.
② 郑杰. 教育服务是一项特殊的服务[J]. 全球教育展望,2003.
③ 朱庆芳. 从国际比较中看我国教育的发展情况和潜力[J]. 中国特色社会主义研究,2000.

教育市场的角度进一步调整教育改革的思路,真正提高学校的市场竞争力;教育的"市场化"意识也要求我们的教育工作者放眼全球,把多种教育特别是高等教育置于国际化的背景下来定位学校的发展。教育的"市场化"意识还给政府带来冲击:怎样在加入 WTO 之后找到合适的位置,在哪些方面要"退位",在哪些方面要"进位",也是一个现实的挑战。

(三)教育"民主化"观念的确立

教育的民主化很早就有人讨论,但那时候人们一般就是从教育自身这一概念的角度来讨论的,如今随着教育成为一种服务,随着教育服务的国际贸易兴起,外在的推动似乎为教育的"民主化"注入了活力。加入 WTO,教育服务的国际贸易给予学生及家长充分的自由选购权利,在教育服务市场中,他们可以用"脚"投票,尽量获取于己最大化的利益。教育选择权带来的另一个重要权利是学生的平等权,这是教育"民主化"的又一表现。也许以前我们讨论的学生平等权也只有在市场情景下才能实实在在地得到体现,学生、教师和学校也才能真切地体会到这一点。教育的"民主化"的观念导致的另一方面重要变革就是催生出各种民间的教育机构,它们在认证、教育评价、办学监督等方面发挥"第三部门"的作用,在政府和市场之间寻求均衡,促进教育事业的良性发展。

二、WTO 对政府教育管理职能实践变革的影响

(一)教育市场竞争加剧造成的冲击

在国内教育市场,民办教育和公办教育的竞争已初见端倪。虽然目前从整体上讲民办教育远没有对公办教育构成很大的威胁,但随着国际国内教育市场的不断开放,随着我国《民办教育促进法》的出台,民办教育以其灵活的办学模式和先进的办学理念必然会逐渐扩大市场。近年来兴起的"教育集团"现象就是一个例证。尽管对于"教育集团"有时候很难界定它的属性,但它的膨胀趋势是我们不容小视的,也不妨被我们认为是教育市场竞争的产物。国际教育市场主要包括国际生源市场、国际办学市场、国际人才市场和国际科技市场。[①] 这里我们主要讨论教育服务的国际贸易中比较突出的国际生源市场和国际办学市场。以投资的目光办教育,其有利可图的直接理由就是学校能向学生收取教育费用。能争取到生源,学校就有生存和发展的希望,办学者就有获得经济利益的机会,并同时因留学生的附加消费(如食宿、交通、旅游和日常开支等)可以拉动本国的经济增长。一些国家已经把争取外国留学生作为创造外汇的重要经济手段,以吸引学生的教育出口成为教育国际化的一个重要标志。世界留学生教育呈迅速发展的态势。随着世界经济全球化,这种态势将会更为猛烈。中国作为发展中国家是一个教育进口大国,国内教育市场面临着严峻的挑战。一个突出的例子就是近年来我国自费出国留学中出现了许多的中学生。与 20 世纪 80 年代相比,90 年代的出国留学潮呈低龄化趋势。过去出国留学的以大学毕业生居多,而现在以高中毕业生为主。据深圳市留学人员服务中心的统计表明,到那里申请出国的,高中生占 87%。这一点在下文中的上海留学情况也得到反映。不管什么原因,出国留学低龄化应该引起我们的重视,促使我们对国际国内教育市场进行反思。

---

① 薛天祥,周海涛,等. WTO 与中国教育[M]. 北京:中国青年出版社,2001.

(二) 我国教育主权维护的任务加重

我国教育市场从垄断走向了开放,相对于过去在计划经济下的国家对教育领域各方面的全面控制而言,随着我国加入WTO,我国国内教育已经开始置身于世界教育大市场中,教育主权面临前所未有的挑战。教育在一个人的一生中占据了极其重要的地位,对于学生世界观、人生观和价值观的建立产生巨大作用。面对国外教育市场在国内不断地拓展业务,如何帮助学生及家长对教育市场进行判断、甄别和选择呢?与此相应的是国外教育机构在对外扩张时的政治意识和价值观的宣扬。美国前总统克林顿就曾说过,贸易是美国"能够在全世界推广美国的核心价值观的工具"。[1]而其中教育服务就是一个便利和直接的途径,于是,西方的一些文化垃圾、腐朽的道德观念和生活方式,个人主义的价值观和资产阶级所谓的"民主"、"自由"等思潮也会涌进国门。概言之,关于丧失教育主权的担忧主要是来源于国家不能以自己认为合适的方式规制自己的服务。许多服务部门为保护消费者的利益和环境都采取了高度规制的方式。在教育部门中,是为了达到普及基础教育的目标,同时保证教育服务的质量。我国维护教育主权的任务突出与加重,这是加入WTO后给我国教育事业的实践带来的重大挑战之一。

(三) 各种教育服务中介机构的管理

大致来说,"国际教育服务贸易"包括了提供远程教育、海外办学、鼓励出国留学和开展专业人才国际流动等四项主要内容。随着国际国内教育市场的开放,各种与这些教育服务相关的教育咨询、出国留学教育服务及与此相关的短期培训等业务发展起来,其中大量的是由社会中介机构来承担。这种现象在经济发达地区如上海、深圳、广州等表现更为突出。对于从事这些教育服务的中介机构,我国还没有很完整的法规及相关的政府部门来规制,一般采取的是"头痛医头,脚痛医脚"的作法,有时候难免造成政出多门或者管理缺位。这都不利于很好地适应我国加入WTO之后的教育市场的健康发展,保护教育消费者的利益。因此,WTO对我国现行教育在实践上带来的又一个挑战就是如何管理好各种教育服务中介机构。总之,WTO在实践上给我国现行教育提出了许多的挑战,并且还会有大量的新问题出现,我们也只能在实践中"摸着石头过河"。

三、WTO对政府教育管理制度变革的影响

WTO冲击下我国教育服务贸易体制具有不适应状况,主要体现在教育的封闭性。这是由于我国计划经济体制下长期以来国家对教育的"统包"所导致的,国家在"计划"的指导下,做出教育应该为社会培养多少人才、何种类型的人才、怎么去培养人才的指导。这种计划的手段在当时社会主义制度刚刚建立的时候发挥了比较大的作用,使教育系统为社会主义建设做出了很大的贡献。但与此同时,教育在"计划"的指导下也部分地失去了其应有的活力,不断地走向封闭。随着市场经济的发展,教育也不得不走向开放,走向与外界的互动,教育应该成为与社会各方面同等地位的社会"主人"之一。在市场经济的影响下,我国现行教育体制也要逐渐摆脱以前"计划经济"打下的深刻烙印,以适应"市场经济"的发展,人才的培养模式也将与市场要求的经济结构结合得更为紧密。与此相适应的是学校也将部分地脱离原来计划经济下形成的政府的"襁褓",获得一定的自主性,能

---

[1] 刘健飞. 全球化与美国21世纪外交战略[J]. 国际论坛,2000.

够进行自我发展并具有适当的自我约束能力,以便在国际国内教育市场的竞争中健康发展。另一方面,我国加入 WTO 带来的"民主化"观念也会在制度上给教育行业带来一股新风,中间机构(第三部门,NGO)必然也会逐渐成为一种制度,成为在市场与政府之间谋求均衡的第三者。社会教育评价、教育督导不再是一句空话,学生及家长的意愿将会得到更多机会的表达,这不能不是一种制度上的进步。

可以说,WTO 冲击下的我国教育由自我封闭走向交互式的开放体系给我国教育制度上面的挑战是巨大的,也是广泛的。从政府的角度来说,削减计划指挥职能,发挥市场调节机制,进一步扩大学校办学自主权,改进和完善教育法制,适当地保护我国的教育市场,为开放教育市场创设良好的竞争环境,同时也要增加教育投资,调整投资结构,造就更多更高水平的科技人才;对学校来说,要抓住契机,改革学校内部管理制度,提高教育质量以满足教育服务消费者的需要,敢于创新,发挥自己的优势,培养学校个性,在国际国内市场中获得优势;对于社会及个人与家庭来说,从第三部门的角度对教育进行有效的监督,建立民众参与的社会评价制度,促进我国国内教育市场的稳定、繁荣,同时也会使自身的利益得到保证。

第二节 政府教育管理职能应对 WTO 冲击的分析研究

教育的对外交流成为一种国际服务贸易,对我国教育领域产生的影响是巨大的,这种影响在经济发达地区表现得尤为突出。本书在上述理论探讨及宏观分析的基础上将应用个案分析的方法,以上海为例,就其教育服务贸易的历史发展、现状及面临的机遇与挑战作深入、细致的讨论,力图得出一些有益的结论。

一、从交流到国际服务贸易的上海教育领域变革

上海是我国最大的城市,也是我国较早开放的城市,是亚洲最早的东西文化交汇的窗口之一,具有悠久的中西文化交往的历史。作为移民城市,上海在历史上就是城市人口大进大出和留学生接收和派出的主要城市。中国近代最早的幼童留学生——容闳就是从上海出发的。中国首批赴法勤工俭学学生也是从上海出发的。20 世纪 50 年代赴苏东一些国家的留学生上海也占了近半数。改革开放以后,也是上海最早派出留学生,据了解,改革初期上海音乐学院就有 300 名音乐教师留学世界各地,为我国培养世界级的音乐人才打下了基础。20 世纪 70 年代至 90 年代复旦大学有近三分之一的教师留学国外。自费留学高潮也是首先在上海掀起的。[①] 上海在长期的发展和交流过程中形成了独特的"海派文化",体现了上海的开放姿态。长期以来形成的一种文化氛围和鲜明特点使得上海更易于与国外先进文化进行交流和沟通,也使上海较为适合于来自不同文化、历史背景的海外人士在这里学习、生活和工作。事实上,"当前,上海正围绕建设世界经济、金融、贸易和航运中心城市,积极推进知识经济功能建设,以教育产业要素市场为主要特征的教育服务贸易(当前主要是高等教育国际服务贸易)有望成为上海新一轮经济发展,特别是国际服务贸易建

---

① 姜海山,张沧海. 自费出国留学及低龄化发展趋势研究[J]. 教育发展研究,2000.

设的核心支柱产业而得到扶持和培育。"① 上海在进出口留学生方面在全国是处于领先地位,在后面将会重点分析。因此,选择上海作为研究 WTO 对我国教育领域带来的冲击的个案,应该说具有一定的代表性,也可以较全面地反映一些问题。在对上海教育对外交流的简单历史回顾之后,本书将重点分析上海教育服务贸易的现状,从教育服务贸易的四种方式的简单概述后,再从进出口留学教育、留学中介机构、合作办学等方面勾勒出上海教育服务贸易发展的情况,最后指出上海教育服务贸易面临的机遇和挑战,适当得出一些相关经验和教训。

纵观上海 20 年来的教育开放,是由被动到主动、由点到面、由表及里的过程。教育开放基本上在以下三个层次上依次展开和深化:为外交、经济等外部力量所拉动;功能扩展到直接推动力量之外;成为教育事业发展的内在需求。简要地回顾一下上海教育对外开放的历程,窥视出它是如何从一种教育的交流走向一种教育的服务贸易的,对这段历史有学者将其分为了三个时期:(1) 教育开放的启幕 (1979—1984 年);(2) 教育开放的展开 (1985—1991 年);(3) 教育开放的深化 (1992—1998 年)。② 其实从上海教育自身的发展角度我们可以相应的命名为:作为外交附属物的教育交流时期;教育本身的对外交流时期,教育服务的国际贸易兴起时期 (1992 年至今)。

(一) 作为外交附属物的教育交流时期

20 世纪 70 年代末到 80 年代中期的上海对外交往并非主动、相对独立的工作,而是应对国际的交往需求,并附属于外交活动。那时,交流活动大都没有教育开放的内在要求,甚至有几分戒备。这一时期的教育对外交流只是出于教育以外的动机和目的,尤其是政治的原因,只是外交的附属物。对外交流的国家和地区范围,1980 年前后主要是社会主义国家,以及也门、叙利亚等"友好国家"。因为出于被动,所以这段时期的教育对外交往是以外事接待为主,不仅不可能自由出访,而且不能随便接待外方来访,必须由主管部门指定或特批,是以政府主导的方式进行对外交流的,基层教育机构的自主权十分有限。在这种作为外交附属物的教育对外交流时期,上海整个教育系统出访记录不多,教育出访团也只有三个,即 1981 年 8 月的上海中学生访日团、1983 年 5 月的上海中小学教师代表团和 1983 年 6 月的上海中小学教育考察团,而且仅限于对日本的考察。同时,上海与国外学校建立校际联系的也不多,据统计,上海基础教育总计只有 7 所学校与国外有校际交流,其中 6 所是与日本学校,交流内容主要局限于中学生书法、手工作品和通信。③ 因为教育对外交流不多,这一时期的有关法规也很少,以教育部和外交部联合颁发的《关于中小学同国外联系的初步意见》为准,即"建立通信联系,赠送中小学图书资料和学生的手工作品等纪念物"。因此,从 1978—1984 年,作为外交附属物的上海教育对外交流还不具有独立发展的自身内在动力,充其量只是政治交流的工具,主要还不是教育本身的交流,从其交流的国家与地区、交流的不多的内容等方面可以得到验证。

(二) 教育本身的对外交流时期

这是上海教育对外开放工作迅速展开的时期。这一时期教育开放的进展不仅在于量的

---

① 王佩军,莲娣.关于建立上海国际教育服务贸易功能区的建议[J].教育发展研究,2002.
② 丁钢.中国教育:研究与评论(第 1 辑)[M].北京:教育科学出版社,2001.
③ 上海中小学教师代表团,上海市中小学教师代表团访日汇报(1983).
上海市中小学教育考察团,大阪市枚方市中小学教育考察报告(1983).

巨大增长，对外的交流进入到较深层次，而且教育开放本身获得了内在动力。这是上海教育的对外交流围绕教育本身发展而进行的，最终促进了上海教育的发展。

教育的改革还是以经济改革的进展为基础的。1984年10月出台了《中共中央关于经济体制改革的决定》，中国经济改革的重点从农村转移到城市，经济管理体制、运行方式和经济形式等方面都取得了重要突破。就上海而言，上海被确定为首批开放的14个城市之一，10个月后，以上海为中心的长江三角洲又被定为三大经济开放区之一，并决定把上海建设成为对外经济联系的枢纽。这标志着上海的对外开放已经进入一个新阶段。经济体制的改革推动了教育、科技体制的改革，调整了教育结构，提高了教育的自主权，其中包括对外交往的自主权，不仅高校等教育基层机构取得了开展国际教育与学术交流等自主权，还鼓励加强教育对外交流。这个时期教育机构的对外交往开始走向经常化，许多的上海学校与国外学校建立了友好、姐妹学校关系，与德国、日本、澳大利亚、美国友好城市间的教育界互访等其他方面的交流也日益频繁起来。这一时期教育的对外交流的主要变化是：在互利的基础上开展实质性的教育交流。教育本身的对外交流有各种方式，包括互访、国外进修与考察、资料交流、教学研究与合作、人员交往等，使得上海教育界能直面国外教育经验。值得一提的是，在这一时期上海的教育类杂志，如《上海教育》、《上海成人教育》、《上海职业培训》、《上海职教》、《开放教育研究》和《上海高教研究》等开辟了"海外瞭望"、"他山之石"之类的专栏，介绍国外及港台地区的教育，向国际教育专家约稿，而且创刊了专门介绍国外教育的刊物，如《外国教育资料》（华东师范大学）、《外国中小学教育》（上海师范大学），还翻译出版了一些国外教育著作。另外，在这一教育本身的对外交流时期，上海引进了大量的国外教育项目，[①] 加上教育理论的译介，将上海乃至全国的教育逐步引向较深层次的教育实践和变革。应该说这一时期的上海教育的对外交流因其植根于教育自身的发展，对上海的教育带来了许多有益的经验，许多项目和教育理论至今还继续发挥着重要作用。另外一个就是这个时期上海教育的对外开放也为其后上海教育服务的国际贸易奠定了一定的基础，较为明显的例子就是教育的交流带来了大量的留学生的进出口，合作项目也在一定程度上催生了中外合作办学的萌芽。

（三）上海教育服务的国际贸易兴起

教育对外开放转向教育本身的对外交流极大地促进了教育的发展。在全球化市场经济的推动下，教育的对外交流逐渐向教育服务的国际贸易演变，市场的气息渗透到教育领域，上海成了我国教育服务的国际贸易兴起的前沿阵地。1990年中央决定浦东作为全国改革开放的重点，1992年邓小平同志"南巡"讲话把上海的改革和开放带进了一个新时期，开放的需求扩大，拓展了开放的途径，改革和开放成了上海发展的两条腿。教育领域自然也受到推动，与世界上其他发达国家一道，上海教育的对外交流成为教育服务而融入全球化市场下的国际贸易洪流中。1992年，上海批准了第一所中外合作办学机构，并出台了《上海市社会力量办学中关于涉外办学的若干意见》，以后涉外办学得以迅速发展，到1997年增加到63所，在中外合作教育机构就读的学员达6万人以上，1995—1997年增加到近6倍。另外，随着上海经济不断的开放，国外企业也涌入上海，上海出现了满足在沪外籍人员子女就学需要的国际学校，国际学校所具有的特色给上海的教育注入活力，

---

① 丁钢．中国教育：研究与评论（第1辑）[M]．北京：教育科学出版社,2001．

并提供了借鉴。还有一个重要的教育服务贸易领域就是包括接收和输出留学生教育等,这些都构成了上海在 WTO 冲击下的教育服务贸易现状。总之,在我国加入 WTO 之后,上海教育因其先天的地位在全国率先"与狼共舞",机遇与挑战并存,将是未来教育服务贸易的主题。下面我们来具体探讨这一现象。

二、WTO 背景下上海教育服务贸易现状的分析

我国加入 WTO 在教育领域的各方面都产生了深远的影响。同样,作为我国经济发达地区,上海的教育在 WTO 的冲击下也在诸多方面受到了巨大的挑战。要从纷繁芜杂的现象中找到规律,可以先从教育服务的国际贸易的四种形式来简要地进行概括,然后本书将选取上海教育服务的一些主要方面勾勒上海教育服务的国际贸易现状,包括进出口留学教育、留学中介机构、中外合作办学等几方面。

(一)上海教育服务贸易及其实现方式

加入 WTO,签订国际服务贸易协定 GATS,意味着我国的教育服务也要遵循这些国际规则。而上海因为由其经济发展、地理位置和国际开放性等所具有的先天地位在全国率先进入国际贸易的舞台,上海教育的对外开放也正在或已经逐步实现了从教育交流为主到教育服务的国际贸易为主的角色转换。但是,在市场经济特别是全球化背景下的市场经济冲击下,上海的教育领域也不再仅是一个"一公独大"的领域,公立学校独霸天下的局面已不复存在,教育领域的各种结构已经变得纷繁芜杂。为了能对上海教育服务的国际贸易现状进行把握,本书拟应用 GATS 中对国际服务提供方式的四种划分方法来对上海教育服务的国际贸易现状作一描述。教育服务的提供方式有四种,即跨境交付(方式1)、境外消费(方式2)、商业存在(方式3)和自然人流动(方式4)。

方式1:跨境交付

跨境交付所提供的服务虽然可以跨国,但是服务的提供者和消费者都在自己的国家中,与货物出口类似,因教育服务的这一特点使跨境交付这一服务提供方式具有一定的特殊性,在许多国家并没有得到完全承诺。这是一个现阶段相对较小但成长迅速的市场,随着信息与通信技术,尤其是互联网的使用,为该模式带来了巨大的市场空间。就上海而言,这种教育服务的国际贸易方式不是很显著,但已经有一个成功的案例了,"上海水产大学凭借捕捞学和水产养殖学两个专业的学术地位和国际声誉,已在美国合作办学,开出了3个班的网络教育。"[①] 在发达国家开设渔业类课程,不仅可提高中国的学术地位,还可利用合作办学获得该学科专业的国际前沿信息,进而更快地发展和提升上海的教育水平。

方式2:境外消费

境外消费是与消费者旅行或商业旅行相类似的一种教育服务方式,目前占据教育服务全球市场的最大份额,尤其是中学后教育中。同时,对学生而言,GATS 协议与非 GATS 协议相比,在学生签证和留学资助方面限制较少,因而影响不大。对于上海来说,目前进出口留学生也是上海教育服务的国际贸易中最大比重的方式。在接收留学生方面,上海因其具有的国际化大都市优势,在全国处于领先地位;在留学生出国教育方面,上海也因为

---

① 谢仁业. 全球视野与上海教育国际化——迈向国际大都市进程中上海教育开放战略选择[J]. 同济教育研究,2001.

经济发展的相对发达地位而处于全国进口教育服务的最多的地区之一。这两点本书在后面将作详细分析。从GATS协议各国教育承诺可以看出，境外消费是许多国家做出承诺较大的一种教育服务方式，也是世界教育对外交流史中比较古老的方式。但现在也存在着学位相互认证、学生资助等问题，我们从上海教育对外开放中会发现这些有待解决的问题。

方式3：商业存在

商业存在是GATS协议中教育服务的直接境外投资，具有巨大的未来市场成长潜力。但是成员国对相关协议的签署积极性不高：仅有7个WTO成员国对这种模式下的高等教育签署了完全协议。主要的原因可能在于其管理的难度问题，各国因此在商业存在方面更愿意保留较大的自由度。上海教育可以利用的优势主要有汉语教育、武术、中医等。上海中医药大学已经成功地在美国、日本、加拿大三国举办分校或合作办学，并和香港大学合作办学。上海交通大学利用比较优势在新加坡办有中外合作的工商管理班。

方式4：自然人流动

自然人流动相当于服务提供者的暂时移民或商业旅行，随着对于高水平的专家流动需求的增加，该方式存在着巨大的市场潜力。与其他三种模式相比，其在政治上的敏感程度远远胜于商业上的重大利益。这一点可以从新中国建立初期苏联专家援华的事例中得到证明，但现在作为一种教育服务贸易的方式，其中也夹杂着一些敏感的问题。各国对此教育服务的国际贸易方式大多不能做出完全承诺，我国也同样做出的是不完全承诺，要求来华从事教育服务的教师、专家具有一定的资格及相关的经验。上海在自然人流动方面获得一些成就，以上海教育系统而言，从"六五"期间（1981—1985年）起，就有许多的外国文教专家被聘请到上海来从事教育服务，上海各类教育机构在政府或民间机构引进外国专家和校际合作中，引进外国的智力资源是为战略与目标服务的重要手段。通过对三个"五年计划"（即1981—1985年，1986—1990年，1991—1995年）的比较，外国长期专家增加73.3%，短期专家增加了176.7%，帮助上海高校新建学科增加236.4%，培训教师、学生因上海自身能力的提高而大幅度削减。随着中国日益走向世界，我国中外合作办学的开展，今后来上海从事教育服务的专家也必然增多。各高校、科研机构聘请的国外学者（包括许多的华裔科技工作者）来华进行短期讲学和科研具有较大的潜力。

（二）上海进出口留学教育服务的现状

留学教育是四种教育服务贸易方式中境外消费的典型形式。事实上，留学教育也是目前人们最为关注的一个话题，因为相对于其他几种教育服务贸易的方式，它牵涉到的面更为广泛，也更容易引起社会的关注。因此对上海留学教育的研究也将成为重点分析对象，对其基本情况、起因、发展趋势、管理机构等作一个深入的剖析，力图找出一些规律性的东西。按照进出口留学教育服务的内容，我们可以分为两大部分，即进口留学教育服务（即出国留学教育）和出口留学教育服务（即接收外国留学教育）。

1. 上海出国留学教育

从上海教育对外开放的历程可以看出，上海出国留学教育是进口教育服务的一条十分重要的途径。事实上，从1996年开始，随着全国自改革开放以来的第四次出国留学高潮的到来，上海出国留学教育也日益扩大。国际教育市场需求逐渐向亚太地区转移，上海因其特殊的地理位置，处于东西文化交汇点，正位于国际教育市场需求中心转移的要冲。上海或领先或同步于全国形成出国留学的高潮。全国公派、自费留学生规模分别出现了若干高潮。其中公派出国三次：第一次为 1981 年，当年总数为 2992 名；第二次为 1988 年，当年总数为 12527 名；第三次为 1993 年，当年总数为 3196 人。自费留学生出现了两次高峰，第一次为 1981 年，当年总数为约为 5000 人；第二次为 1995 年，当年总数约为 12600 人。1978—1995 年，上海教育系统出国人员共 16970 人，其中国家派出 3482 人，单位派出 6662 人，自费出国留学 6835 人。国家、单位派出和个人自费的比例大体为 1：1.9：2.0，自费出国留学逐渐成为出国留学中的最大部分。在 1988 年全国第二次出国留学高潮时，当时重要留学国为日本，全国留学日本的留学生中约半数为上海人。进入 20 世纪 90 年代后，上海自费出国留学规模出现两大特点：一是超过国家公派和单位派出之和；二是数量领先全国，其中 20 世纪 90 年代初曾达到近万人（1992 年 9282 人）。上海出国留学人员规模总量在全国占有重要地位。

研究上海出国留学教育现状，为我国内地在加入 WTO 以后提供经验借鉴具有重要意义。大致来说，上海出国留学教育现状有以下特征。

(1) 自费出国留学又形成高潮

1999 年以来，上海自费出国留学又出现了新高潮，前几年自费出国留学读学位维持在 2000 人左右，而 1999 年头十个月通过市教委自费出国留学审核办公室审核办理出国手续的已达到 3005 人。到了 2001 年，仅通过上海 14 家留学服务中介机构已获得国外签证的出国留学人员就达到 6917 人。[①] 增长幅度巨大，超过 1999 年人数的 2 倍。可见，上海的自费出国留学又形成了新的高潮。这与我国改革开放的深入和市场经济的不断发展有很大的关联，也与上海地区经济发展水平的增长和人民生活水平的提高密切相关。

(2) 低龄化趋势明显

据不完全统计，"目前上海留学生低龄生（年龄在 15 周岁以下）数累计约达到 3000～4000 名，并已形成一定的规模，仅 1999 年 1—10 月上海自费出国留学生中的低龄生有 642 名，占 21%。"[②] 这种现象与我国其他几个出国人数密集的地区相似，广东出国留学生由前两年（1998 年、1999 年）的每年一二千人上升到现在的五六千人，其中 5% 是低龄学生。据上海市教委国际交流处统计，上海的中学生出国留学 "苗头" 大致源于 1997 年、1998 年。至今举行的每一次国际教育展都是人头攒动，自费留学人员低龄化现象日益明显，到 2001 年已猛增至一千多人。这一现象的产生与各方面的因素有关。这一现象既有在一定的经济发展水平下，开放的国际大都市里核心家庭对接受高质量教育的强烈需求，也因国外教育发达国家争夺国际教育市场、国内教育市场优质教育资源匮乏等因素所致，值得人们的重视。

(3) 学历层次呈现向两头扩展的趋势

上海自费出国留学教育人数中，大专层次 1995 年为 24%，比 1994 年翻一番，以后三年基本保持 21% 以上；本科和硕士层次比重稳步增加，年均增一个百分点；博士比例出现由低到高再回到低的起伏；博士后比例 1998 年比 1994 年扩大一倍多。1994 年留学博士后学历者约 81 名，占总数的 3%，大专学历者 307 名，占总数的 12.8%；1998 年博士后学历者上升至 173 名，占 6.6%，大专学历者 577 名，占 22%，与 1994 年相比，博

---

① 上海市教委国际交流处，上海市 2001 年通过中介机构获得国外签证的出国留学人员情况表。
② 姜海山，张沧海．自费出国留学及低龄化发展趋势研究[J]．教育发展研究，2000．

士后与大专学历者分别呈扩展态势。这一趋势与我国近年来的高等教育扩招和出国留学低龄化有关。

(4) 留学国别呈现重欧美轻亚洲且国别有扩大化趋势

上海出国留学的国别，主要有美国、澳大利亚、加拿大、英国、法国、德国、日本和新加坡等国，据上海市公安局出入境管理处的统计，在1993—1997年25977名出国留学人员中，赴美国的有10783人，约占41%；赴欧洲国家的有5455人，约占21%；赴日本的有4226人，约占16%；赴东南亚的2704人，约占10%；赴澳大利亚的1483人，约占6%；赴其他国家的2154人，约占8%。可见，从1993—1997年，大部分出国人员的主要去向是美国和欧洲，两者共计达到62%，接近总人数的2/3。在此之后，上海自费出国留学人员中赴日的人数有明显的增加。随着我国对外开放度的增大，上海出国留学人员前往的国别也在不断扩大，人们也不再局限于欧美一些发达国家，而是开始根据自己的需求在更大的范围内选择留学的国家，反映了某种程度上消费者出国留学的多种选择趋向。

(5) 出国留学生家庭收入分析

从目前的情况来看，自费留学对国内居民而言还属于高消费领域，需要丰厚的经济基础做后盾，那么上海出国留学生家庭的经济状况是否都较为优越呢？根据由上海市教委指导、上海市留学中介机构协会在2002年年底完成的《留学中介机构调查报告（上海）》显示，留学生数量最多的家庭月收入分别在5000~6000元以及10000元以上，两者的百分比为17.5%和16.4%，而月收入在1000元以下的家庭仅为0.3%，看来对于低收入家庭来说，留学只是个"奢侈"的愿望。另外，留学生数量在月收入6000~10000元的家庭中出现了一个波谷，这类属于中高收入的家庭，对于留学的愿望并没有人们想象中的高，他们生活安逸，追求也呈多元化，但留学教育似乎并不是他们的首要需求。

2. 上海外国留学生教育现状

《中国教育改革与发展纲要》明确指出："世界范围的经济竞争，综合国力的竞争，实质上是科学技术的竞争和民族素质的竞争。从这个意义上说，谁掌握了面向21世纪的教育，谁就能在21世纪的国际竞争中处于战略主动地位。"适时提出了我国高等教育实施深化改革，扩大开放的方针。第三次全国教育工作会议提出了实施科教兴国的发展战略，为我国高等教育逐步走向国际化和来华留学生教育事业发展提供了强有力的保证。上海以其先天优势地位及后天各种因素，在外国留学生教育方面走在了全国的前列。作为上海教育对外开放的一个重要内容，外国留学生教育在上海教育服务的国际贸易中具有一定的地位。研究上海外国留学生教育，能扬长避短，发挥上海的各种优势，吸引更多的外国留学来华。下面从基本概况出发，以外国留学生人数最多的韩国和日本为例分析，在此基础上提出进一步促进上海外国留学生教育事业发展的若干措施。

(1) 上海外国留学生教育的基本概况

在接收国外留学生的地位上，上海一直是仅次于北京的一个重镇。近年来，上海来华留学生教育事业发展迅猛，截止2009年年底的统计，上海留学生总人数为38510人，成为继北京之后我国接收来华留学生最多的城市。随着上海向世界经济、金融、贸易、航运中心的逐步迈进，上海必然也将成为世界东西文化的交汇地、中外各种人才的聚集地。日新月异的上海不仅吸引越来越多的五湖四海的学生来沪深造，而且还能为完成学业的留学生们提供一个广阔的可以让他们大展宏图的大舞台。上海的大发展以及上海地位的不断升高必然会促进来华留学生教育事业的大发展。

改革开放以来,特别是近几年来,上海市外国留学生教育发展迅速,外国留学生的数量不断增大。目前,上海市已有复旦大学、上海交通大学、同济大学、华东师范大学、上海外国语大学和上海师范大学等24所高校接收外国留学生。学生类型包括博士后研究、博士研究生、硕士研究生、本科生、高级进修生、普通进修生、语言生、专接本生和汉语短期班等各种层次。外国留学生来自亚洲、非洲、欧洲和美洲等一百多个国家和地区。学习领域扩展到理、工、医、文、史、哲、美等各个专业。上海在外国留学生工作上取得了显著的综合效益。以2009年为例,上海来华留学生总数中,超过6个月的长期生28888人,学习期限在6个月以下的短期生9622人。长期生中学历生9830人,占长期生总数的40%,其中本科生7514人、硕士生1845人、博士生451人。与2000年留学生人数相比,总数增长6.08倍。其中长期生增长6.42倍,短期生增长5.95倍。长期生增长幅度最大的高校是复旦大学、上海交通大学;其次为上海外国语大学、华东师范大学、同济大学和上海师范大学。短期生增幅最大的高校分别为上海大学、上海师范大学和上海中医药大学。最多的前10位国家依次为韩国(10297人)、日本(4843人)、美国(3947人)、法国(1906人)、印度尼西亚(1179人)、德国(1173人)、泰国(1056人)、哈萨克斯坦(950人)、越南(893人)、蒙古(769人)。留学生按学科分析,选读最多的学科依次为文学(24754人)、管理学(3742人)、医学(2682人)、经济学(2534人)、工学(1662人)、法学(989人)、教育学(911人)、理学(334人)、历史学(211人)哲学(119人)。从以上数据我们可以看出,上海外国留学生集中在亚洲,这可能与我国文化背景相似有关,都处于"大中华"文化辐射圈;而欧洲等地的留学生市场还有待开发。从专业上看语言文学专业占绝大比例,我国还有一些传统专业如中医、中国武术等的优势还没有发挥出来。这也是今后我国高校留学生教育发展的一个方向。

(2) 案例之一:迅速崛起的韩国留学生规模

中韩自1992年8月正式建交以来,两国之间的友好关系发展迅速。随着两国经贸关系的增强,人员互访和文化交流也日益增强和扩大,其中来沪的韩国留学生人数正在不断增加。2009年来上海韩国留学生总人数为10297名。人数远远超过排在其后面的国家。下面我们具体来介绍一下韩国在沪留学生的一些基本情况。

①在沪韩国留学生概况

据2009年调查统计,目前在沪韩国留学生,超出上海留学生总人数的1/4。韩国留学生所学专业有中文、法律、管理、中医及国际贸易等近二十个专业,涉及文、理、工、医等多种学科。

②学生构成情况

另有统计表明,目前在沪的韩国留学生越来越趋于年轻化,其中25岁以下的未婚者占绝对优势(62.4%)。以在国内已获得了本科学位,到中国来再进修汉语或学习其他专业的学生最多(56.1%)。这一方面显示了由于中国综合国力的增长和国际地位的提高,被世界看好的新的经济成长区的发展势头,使中国特别是上海对韩国留学生的吸引力不断增加,韩国的年轻人对中国文化的兴趣逐步增强;另一方面也由于韩国国内竞争激烈,有一部分大学毕业生一时找不到工作,一些高中生在国内难以考上大学,他们都逐渐把目光转向中国广阔的教育市场。在中国留学首先可以降低学习成本,在中国的留学费用要大大低于赴欧美的留学费用；其次通过在中国的留学可以提高他们的学历层次，回国以后可以增强竞争力。上海以其与韩国所处的优势地理位置，加上其发展的势头吸引了大量的韩国留学生。

③留学目的和途径分析

中韩两国在历史上渊源颇深，具有相似的历史文化背景，思维方式有很多共同点，又由于近年来两国的交往不断增加，彼此之间有着较深的相互了解，所以文化上的隔阂几乎不存在。大多数韩国留学生的留学目的十分明确，即学习汉语和专业知识，为了回国后工作上更有竞争力，具有相当的实用性。另一方面也反映了中国在国际上的实力和地位日渐增强，影响力不断扩大。调查还显示，韩国留学生的来华途径呈多元化，但是以朋友之间介绍的占多数，这表明中国各高校自主宣传和公关的力度尚有不足。

④学科分布和性质

据调查，在沪的韩国留学生中学习汉语的约占一半以上。其中大部分在通过我国汉语水平考试（HSK）后选择继续留在中国学习专业。在专业学科中，以中文系居多，其次为经济领域，包括国际贸易、企业管理、市场营销等，再次为中医学专业，其余专业还有国际关系、法律、土木建筑、计算机和电子信息、广告和摄影、音乐、体育等。在由此可见，中国博大精深的文化始终对国外知识界和青年学子具有强烈的吸引力，同时也不能忽视随着我国科学技术的发展、国际贸易份额的增长、国际地位的提高以及各项法律法规的完善，选择来沪学习理工技术、法律、医学的韩国留学生也占相当的比例。

（3）案例之二：人数持续增长的日本留学生

尽管上海接受日本留学生的历史较长，但在相当长的一段时间内，人数增长缓慢，到1991年上海日本留学生总数才207人，以后开始较快的增长。1995年达1138人，各校总数突破千人大关；2001年达到2283人，各校总人数突破两千人大关。[①] 在11年里，日本留学生人数年年有所增加，但增长速度快慢不一。90年代，上海日本留学生人数增长最快的是1993年、1994年、1995年这三年，每年比上年增长50%以上，其中1993年比上年增长80.6%。这是邓小平同志"南巡"讲话以后上海改革开放的结果。而在东南亚金融危机爆发后，日本经济受到较大影响，因此，1997年、1998年来沪日本留学生数量增长进入低速阶段。两年之后的情况得以改变，1999年上海日本留学生数量增长又进入一个较快阶段。现在由于韩国留学生增长加快，日本留学生占来沪留学生总人数的比例下降，日本留学生在来沪留学生人数排名中退居韩国之后，成为第二位。

①接受日本留学生新生增长及学校分布

1996—2001年，上海23所高校共接受5492名日本长期留学生，其中前四年上海高校每年接受的日本留学生新生一直是800名左右，这一局面到2000年才有所改变。是年比上年增加108人，增长13.3%；2001年又增加了206人，增长22.4%。日本留学生新生人数徘徊不前的局面才真正打破。1999年上海日本留学生在校生总人数比1996年的日本留学生在校生总人数增加330名。1996—2001年，上海高校中接受日本留学生新生总人数排名前8名的依次为复旦大学（1315人）、华东师范大学（872人）、上海外国语大学（787人）、上海交通大学（636人）、上海师范大学（437人）、上海大学（330人）、同济

---

① 沈文忠.上海日本留学生教育研究课题报告(1996—2001)[G].上海:上海市教委国际交流处,2003.

大学（240人）和上海对外贸易学院（222人）。① 8校共接受4842名新生，占各校留学生新生总人数的88.2%。上述8校排名与1991—2001年上海高校日本留学生在校总人数的排名基本一致，只是在校生总人数第8名的上海中医药大学换成了上海对外贸易学院，这是因为前者比后者的学位生更多，而后者比前者有更多的进修生。

②日本留学生人数的增长主要是自费生的增长

从经费来源来说，外国留学生可分成公费生和自费生两大类。公费生又可分为奖学金生和交流生两种，奖学金生又有全额奖学金生和部分奖学金生，交流生有校际交流生和市际交流生之分，自费生也分学校自行招收的自费生和教委招收的自费生。1996—1999年，上海高校日本留学生在校生中共有公费生283人，自费生5864名，经费来源不详者182人。统计显示，这几年公费生一直在60多名到80多名之间上下浮动，而自费生数量经过三年的停滞不前后，于1999年有明显的增加，是年自费生人数比1998年净增61名，增长了17.8%；而1999年日本留学生总人数比1998年只增加253名，可见日本自费留学生的增加还略高于日本留学生总人数的增加。这4年的公费生与自费生之比分别为：1996年1∶22.6，1997年1∶20.9，1998年1∶17.4，1999年1∶22.7。自费生差不多一直是公费生的20倍左右，只是1998年偏低，只有17倍。是年复旦大学、华东师范大学、上海外国语大学和上海海事大学（原上海海运学院）的公费生都有明显增加。

③学历生人数增长快于非学历生人数增长

我国来华留学生教育与中国学生教育一样，也分成学历教育和非学历教育两大类。学历生类别有专科生、本科生、硕士研究生和博士研究生四种；非学历生类别有汉语进修生（或称语言进修生）、普通专业进修生、高级进修生以及研究学者四种。近年上海这八类日本留学生都有。在非学历生中，以汉语进修生为主，人数占到非学历生总人数的90%左右；普通专业进修生次之，一般占8%左右；高级进修生再次之，研究学者最少，这两种学生之和约占非学历生总人数的近2%。在学历生中，本科生为主，占学历生总数的91%~94%；硕士研究生次之，占3.1%~5.7%；博士研究生再次之，专科生最少，后两者之和约占学历生总人数的3%左右。1996—2001年，学历生和非学历生都有较大增长，2001年学历生比1996年增加412人，增长105%，年增长在18%~29%；2001年非学历生比1996年增加401人，增长37%，年增长都在17%以下。2000年非学历生比上年反而要少11人。若将两类的增长数和增长速度作对比，学历生人数增长明显快于非学历生人数增长。学历生人数与非学历生人数之比从1996年的1∶2.74上升到2001年的1∶1.84，同样也证实学历生人数增长明显快于非学历生人数增长。

④学科分类

根据当前来华留学生的实际情况，可以将留学生就学的学科类别分成汉语、人文社会学科、理科、工科、农科和医科六大类。上海没有农科的日本留学生。这几年日本留学生分布于人文社会学科的中国语言文学、经济学、政治学、工商管理、法学、历史学、新闻传播学、艺术、教育学、社会学、体育学、外国语言文学、哲学、公共管理和马克思主义理论等15个学科，理科的生物科学、心理学和物理学等3个学科，工科的土建、轻工纺织食品、机械、交通运输、电器信息、计算机和环境与安全等7个学科，医科的基础医

---

① 沈文忠. 上海日本留学生教育研究课题报告（1996—2001）[G]. 上海：上海市教委国际交流处，2003.

学、临床医学、中医学与中药学等3个学科。1996—2001年上海高校日本留学生历年学科人数统计数据显示：占日本留学生总人数绝对多数的是汉语生和人文社会学科学生，而且汉语生明显多于人文社会学科学生，汉语生占总人数的60％左右。理科、工科、医科学生数量很少，三者之和历年均在总人数的5％以下，其中医科学生相对最多，理科学生最少。从增加人数来看，人文社会学科最多，2001年比1996年增加381人，增长近1倍。这主要是由于近几年汉语言专业本科生有了长足的发展，同时经济、法律和管理等专业进修生也有相当的增长。从增长速度来看，由于基数低，工科最快，但人数仍不多。

（三）上海自费出国留学中介服务机构的兴起

1984年年底国家颁布自费出国留学规定之后，自费出国留学人数迅速增加。随着而来的，就是为自费出国留学人员提供选择学校、办理申请入学手续和申请入境签证的中介服务的出现。当时，主管留学工作的国家教委属下有办理留学出国手续的三个机构，即国家教委出国人员北京集训部、上海集训部和广州集训部。这三个机构为广大有志出国留学的青年学生及家长提供留学咨询，解释有关留学生派出和管理的政策和相应规定，并不办理什么手续，还称不上标准的中介服务。但这类咨询服务亦应是中介服务的一种形式，即一种初级阶段的服务。在很长时期国家教委留学服务机构的留学咨询都仅停留在这一阶段。

但是，具有商业意义的中介服务在大量自费出国留学人员出现之后，很快就在南方沿海城市发展起来。这种中介服务的特征是在学校和学生之间提供服务，一头是帮助学校招生，另一头是帮助学生选择学校和课程，帮助学生申请入境签证，中介服务机构则从中获得服务费。由于地缘关系，这类机构和服务很快就从香港进入广州、深圳，延伸至上海及南方沿海城市，并发展到了内地。从客观上看，这类自费出国留学的中介服务机构及其服务的出现是社会发展的需要，特别是在我国加入WTO之后，随着教育服务的国际贸易的兴起而得到更大的发展。按照1999年7月颁布的《自费出国留学中介服务管理规定》，2000年1月10日，教育部、公安部对第一批11个省、市的68家自费出国留学中介服务机构进行了资格认定。此后，全国获得批准的留学中介机构数目不断增加，到2003年年初为止，全国共有合法留学中介服务机构246家，上海目前共有留学中介机构14家，全部是2000年1月公布的首批合法中介。上海是唯一一个没有批准新的留学中介服务机构的省（市）。

留学中介机构在上海自费出国留学中占有重要地位。

根据1999年8月24日教育部、公安部和国家工商行政管理局联合颁布并实施的《自费出国留学中介服务管理规定》，中介服务系指经批准的教育服务性机构通过与国外高等院校、教育部门或其他教育机构合作开展的与我国公民自费出国留学有关的中介活动。中介服务机构要求申请者有熟悉我国和相关国家自费出国留学政策并从事过教育服务业的工作人员。具体来说，主要工作人员应当具有大学专科以上学历，熟悉我国和相关国家的教育情况和自费出国留学政策或者曾经从事过教育、法律工作；工作人员的构成中应当有具备外语、法律、财会和文秘专业资格的人员；中介服务机构的工作人员不得少5名；法定代表人员应当是具有境内常住户口的中国公民，中介服务机构应拥有自己的机构章程，包括人事制度、自费出国留学中介服务协议书及其他各种规章制度。

在提供必须的材料之后，上海出国留学服务中介机构应当向上海市教育主管部门（市教委）提出申请，经审核同意后报教育部商公安部进行资格认定。通过资格认定的机构应当到当地工商行政管理部门办理企业登记注册手续，同时到机构所在地上海市公安机关出入境管理部门备案。自费出国留学中介服务属于特许服务行业，关系到出国留学者的合法权益，因此在申请办理中介服务机构时要求比较严格。

第三节 构建政府、学校及社会"合力"应对 WTO 冲击的对策

一、上海教育服务贸易的策略探讨

面对WTO对上海教育服务贸易的挑战，上海该如何应对？上海应当发挥国际化大都市的优势，借鉴发达国家教育服务贸易的经验，以高等教育国际化为龙头，挖掘中华民族传统项目的优秀遗产，从高科技端发挥后发优势，重点发展中外合作办学和外国留学生教育事业，积极开拓海外教育市场；同时整顿教育服务的中介市场，吸引海外人员、学者回国或来华从事教育服务。

当前上海正围绕建设世界经济、金融、贸易和航运中心城市，积极推进知识经济功能建设，以发展教育产业要素市场为主要特征的教育服务贸易有望成为上海新一轮经济发展，特别是国际服务贸易建设的核心支柱产业而得到扶持和培育。这为上海教育服务贸易提供了发展的契机。上海在迈进国际化大都市的历程中，以教育服务贸易为主要内容的教育领域的对外开放是不容忽视的组成部分。上海应当借鉴欧美、日本等发达国家教育国际化的经验，以高等教育的国际化为龙头，提升自身教育服务的国际贸易竞争力。如今，美国的大学和研究生教育承担了美国国际服务业中的决定性角色，特别是在新产品的研究、开发、咨询、设计、包装以及金融和生产营销方面。[①] 德国是一个自然资源匮乏的国家，面对经济全球化的趋势，德国高等学校的国际联系与交流从整体上看一直处于扩大和发展中。特别是20世纪80年代以后，高等教育中的国际交往在广度和深度上都有了新的突破，呈现出一种前所未有的发展势头。德国高等教育国际交流越来越多地服从经济的利益，促进这种国际交流在很大程度上被视为增强国家经济和国际竞争能力的手段。而在80年代以前，高等教育的国际交流基本不涉及经济利益。日本政府则早就于1983年在《21世纪留学生政策提案》中提出"大力加强留学生的交流"，此后日本高等教育在国际化方面取得了很大成绩。[②] 上海在高等教育方面具有明显的优势地位：有良好的高等院校群体，拥有较好的城市基础设施和生活环境，即将成为21世纪亚太地区乃至全球外来投资最活跃的地区之一。因此上海完全有能力也成为一个教育中心城市，它还可以进一步发挥我国许多优秀传统项目的优势，如中医、对外汉语、中国传统工艺、中国武术等吸引外来人员；同时它也可以发展尖端的科技，从高起点利用后发优势，继续大力引进国外优质的教育资源，推动与国外一流大学的交流。在引进的同时，上海教育也要有走出去的勇气，到海外开拓新的国际教育市场，利用远程教育、海外办学等多种方式把上海教育推向

---

① 上海市教育委员会国际交流处在1999年全国来华留学生工作学术讨论会的发言.
② 蒋国华，孙诚. 来华留学：一个尚待重视和开发的产业[J]. 高等教育研究，1999.

国外。最后，我们要整顿上海教育中介服务市场，为人员的进出提供有利的环境，以此引进海外专家、学者等各种人才来为上海甚至全国服务。

在全球化的背景下，教育的服务功能突出地显现出来了，与此伴随的是各国教育的对外开放已经或正在成为一种教育服务的国际贸易。在此大背景下加入WTO对我国的教育领域带来了重大而深远的影响和冲击，我国封闭式的自成体系的教育系统已经被打破。这一点在经济发达地区表现得尤为突出。上海以其具有的各种先天和后天的优势领先于许多其他地方应对了WTO带来的挑战，并且在出国留学、招收留学生、合作办学等方面正进行着教育服务的国际贸易，同时也取得了一定的成就。但是，如何应对WTO带来的冲击是一个系统的工程，只有政府、学校和社会等多方面的协作才能有效地应对挑战。从学校、政府和民间社会三方面来构建应对WTO带来的影响和冲击的合力。

根据WTO中的服务总协定（GATS）第十三条的规定，除了由各国政府彻底资助的教学活动以外，凡收取学费、带有商业性质的教学活动均属于教育服务范畴。这一条事实上表明参与国际贸易的教育服务的商业属性，凸现了教育活动中的市场意识。因此，从某种程度上WTO规则下的教育服务可以被当作市场化下的教育服务，并且是全球化背景下的国际教育大市场。WTO对我国教育领域的冲击是巨大而现实的，因为在过去计划经济体制下我国的教育领域一直被当做一种由国家全包的社会福利，还很难适应市场的挑战。市场带来的是服务的意识是给个人自由选择服务对象的权利，也是竞争和效益的催生剂。因此可以说，如何应对WTO带来的挑战就成了学校、政府和民间社会如何在全球化的市场经济中协同发展来共同提高我国教育服务贸易竞争力的问题。大致来说，学校应该提供优质教育资源，满足选择性教育时代的需求；政府应该与市场分清职责，不能"越位"和"错位"，承担其应有的职能；民间社会应当发挥第三部门的中介力量，在评估、监督学校教育等方面起到不可替代性的作用。当然，在这三者之间也要注意协调，以"治理"的理念，建立学校、政府和民间社会之间的合作伙伴关系，不断提升我国的教育服务在国际贸易中的地位。

二、WTO规则下的政府教育管理职能的范围与发挥

加入WTO，各成员国在公平、公正、公开的原则下进行贸易，实现公平与公正的贸易，必须公开一切有关教育服务的法律、法规和文件，增加透明度和贸易活动的可预测性。这一点对我国政府在教育管理职能方面带来巨大的挑战。从宏观层面上，仍存有政府与学校在计划经济体制下形成的政校不分、直接控制学校等方面的问题。究竟如何处理学校和政府之间的关系，也是应对WTO挑战下的一个重要问题。本书认为，政府应该转变职能，从"无限政府"走向"有限政府"，回归与发挥其应有的职能。

"政治生活高度制度化是整个社会保持稳定、高速、协调发展的前提。政治学的基本逻辑是：封闭的政治与无限的政府；开放的政治与有限的政府。在孟德斯鸠看来，一个自由的、健全的国家，必然是一个权力受到合理合法限制的国家。"[①] 当今中国面临的最大挑战是"来自市场经济的必要性与落实市场经济的社会政治条件的缺乏之间所构成的紧张关系所形成的挑战，或者说，是构成市场经济所必不可少的有限政府，实现由与计划经济

---

① 董云川．现代大学制度中的政府、社会、学校[J]．高等教育研究，2002．

相适应的无限政府向与市场经济相适应的有限政府的变革。"① 在计划经济体制下，政府的角色是多重而混淆的，它既是学校的举办者，又是行政管理者，还是事实上的办学者。这种多重合一的角色是导致政校不分和政府与学校关系混乱的主要原因，也直接导致了学校办学效益的低下，不能适应WTO带来的挑战。因此，应对WTO，改革教育应该重视政府的教育管理职能的转变。

依照有限政府理论，政府不应该承担本来完全可以由社会或市场自己去履行和完成的事情，"判断有限政府与无限政府的尺度在于一个政府，或者说一个政府的权力、职能、规模上是否受到来自法律的明文限制；是否公开愿意接受社会监督与制约；政府的权力和规模在越出其法定疆界时，是否得到及时有效的纠正。"② 具体到教育领域，政府角色应当调整为：首先，政府不是所有学校的举办者，而只是公立学校的举办者；其次，政府不是所有学校的直接管理者，对公立学校也不是，只是间接管理者；最后，政府不是所有学校的办学者，对公立学校不是，对社会力量举办的学校也不是。进一步讲，在WTO冲击下的政府至少在以下两方面需要进行实质性的突破：第一，政府作为学校的行政管理者与举办者的角色要分离，相应职能必须加以区别界定；第二，政府作为行政管理者与学校的办学者角色要分离，相应职权必须加以区别界定。市场经济体制的确立和加入WTO的现实为我们实现从无限政府向有限政府的过渡提供了契机。根据我国的国情，本书认为在WTO冲击下政府在以下方面能够发挥其应有的职能。

（一）发布各种类型的留学教育政策

留学教育在教育服务贸易中占据重要的地位，它包括出国留学教育和外国留学生教育两方面。目前，留学教育在各发达国家开拓海外教育市场时都是重点项目，它们主要通过制定、修改留学政策来达到目的。处于WTO背景下的中国政府也应当根据我国的实际国情制定有利于吸引国外学生来华接受教育和有利于国内消费者出国留学的各种类型的留学政策。这是政府在教育服务的国际贸易中以法兴市的一个重要职能。

（二）创设适应国际教育服务贸易的办学环境

加入WTO后，我国的教育进入了全球化下的视野，各国竞争会十分激烈。如何在激烈的竞争中立于不败之地？从政府的角度而言，创设一个适应国际教育服务贸易的办学环境是其应有的职能。这就包括政府各部门的协调，达成开放教育市场的共识；加快转变政府职能和工作方式，学会按国际通行规则做好教育管理和服务工作；明确政府教育主管部门的职责范围，防止"越位"和"错位"等。

（三）规定从事国际教育服务贸易机构及人员的标准

加入WTO给我国带来了许多的机遇，这在经济发达地区已有体现，开始兴起一些从事国际教育服务贸易的机构及人员。对于这些从事国际教育服务贸易的机构和人员，政府应该借鉴国外有效的经验制定批准和审核的标准，以对教育服务消费者负责。

（四）规范及严格查处违法违规的机构与公民

对于出现违规违法的机构和公民，政府部门应该及时地进行严格查处，整顿教育服务市场，维护教育市场的良性发展，促进我国教育市场的不断繁荣，以获取服务贸易的

---

① 刘军宁.共和·民主·宪政[M].上海：上海三联书店，1998.
② 刘军宁.共和·民主·宪政[M].上海：上海三联书店，1998.

利益。

（五）规范及有效资助符合国家法规政策的机构

加入WTO之后，就会产生许多为消费者进行服务的机构，包括大量的中介机构。政府部门有责任规范这些机构。对于一些有助于我国教育事业发展的机构，如中介性质的教育质量评价机构、教育服务消费者协会等，政府也有义务进行适当的资助，扶持第三部门（民间力量）的介入，从各方面促进我国教育服务市场的健康成长。

（六）建立和完善国际教育服务贸易活动的预警、监控体系

WTO冲击下的教育服务贸易已经成为各国一个重要的对外贸易领域，许多的国家鲜明地提出将教育服务贸易当作一个获取外汇的重要来源。我国也应该予以充分地重视，建立和完善国际教育服务贸易活动的预警、监控系统，从战略高度来发展我国教育服务的国际贸易。

（七）研究并适时发布国际教育服务贸易的动态或指南

国际教育服务贸易是一个很复杂的贸易领域，面对大量的信息冲击，许多的机构和个人未必能把握好。政府在这方面处于优势地位，可以从宏观上为从事教育服务贸易的机构和个人提供国际教育服务贸易的动态或指南。这也是政府在WTO背景下的重要职能之一。

（八）推进学位、学历证书的国际互认

学位、学历证书的国际互认是教育消费者十分关注的一个问题，在这方面政府可以起到一定的推动作用。政府可以组织一些国际性的交流会议，在各国学校之间发挥协调作用，可以组织对一些学校学位、学历的认可工作，还可以在国内学位、学历证书改革中逐渐走向国际化等。学位、学历证书的国际互认能推动教育服务市场的规范化、稳定化，在我国现有的国情下政府是能有所作为的。

（九）采取适当的措施保护我国国内的教育市场

我国是发展中国家，教育市场还不是很完善，教育的财力、物力和师资力量以及教育条件与WTO的许多成员国相比确实处于劣势。所以我国开放教育市场，尤其在刚刚起步阶段应该把握"度"的问题。这就要求政府关注教育市场，制定行之有效的保护性措施，以利于我国教育市场健康良性地成长。

（十）维护我国的教育主权

教育主权涉及国家基本的政治文化经济利益，是每一个主权国家都必须坚决维护的基本权益。学校是培养社会主义建设者和接班人的摇篮，必须坚持党和国家的教育方针，以马克思列宁主义、毛泽东思想特别是邓小平理论为指导，成为推动中国先进生产力和先进文化发展的重要阵地。随着加入WTO后教育开放度的加大，将有更多的西方教育机构进入我国，并带来其思想和文化影响。特别是一些带有明显意识形态目的的教育机构会趁机进入，教育领域维护社会主义意识形态，反对西化、分化的任务将更加艰巨。此外，在更加开放的条件下，在吸收国外先进文明成果的同时，保持和弘扬中华民族优秀文化传统也是每个教育工作者的神圣职责。因此，维护我国的教育主权也是政府应对WTO冲击的重要职能之一。

三、扩大上海留学生的教育规模

从上海韩国和日本留学生教育多年的发展情况以及其他相关资料可以看出，上海外国

留学生的数量近年增加较快,但必须认识到,作为国际化大都市的上海要真正走向世界还要进一步发展留学生教育事业,结合对上海留学生调查所得的实际情况,大致可以从下面几方面采取若干措施。

(一) 上海外国留学生教育观念的转变

在扩大留学生规模的同时必须不断地提高留学生教育的质量,改变留学生教育中存在的教育内容、教育方法和手段、管理体制的刻板、单一、封闭甚至僵化。其中,应转变教育观念,对外国留学生的教育必须从单纯的传授知识为主,向实现全面素质教育的方向转变;对留学生教育从以教师为主,向以学生为主的方向转变,即要将留学生由完全被动接受的传统学习方式转变为主动学习方式;应进行教学内容、教学方法、教育途径、教育手段等多样化改革,以满足不同个性、不同能力、不同年龄的外国留学生的多种多样的学习要求。外国留学生的生活空间越来越大,要改变学校包揽留学生全部教育的观念,学校要与社会携手共建外国留学生教育、管理的综合体系。在培养对华友好、学有所成的合格人才的同时,上海外国留学生教育应明确为上海的建设和发展服务,培养上海乃至全国建设发展需要的人才。

(二) 不断开拓生源,注意提高层次

上海外国留学生在国别和人数上还有很大的增长空间,如何不断地开拓留学生生源也是其面临的一个问题。同时,与一些发达国家的留学生教育对比,上海的外国留学生很大部分集中在非学历生,因此留学生在层次上还有待提高。对于这一方面建议采取的措施有:进一步增加公费生名额,包括政府奖金生和市际交流生;利用现代化手段,全方位多层次地开展对外招生宣传;在国外大学、教育中介机构、友好团体中寻求合作伙伴,创造条件在国外招生、委托招生;有条件的学校应设立来华留学生奖学金,并且向学位生特别是研究生层次倾斜。

(三) 加强师资队伍建设,提高教育质量

近几年外国留学生事业蓬勃发展,在一些外国留学生人数增长迅猛的学校,汉语教师普遍超负荷上课,学校不得不大量聘用外面的在职教师、退休教师和在读研究生来给留学生上课。这引起一些外国留学生的不满,有的甚至提出"学校别把留学生当作摇钱树"[1]。因此,上海要发展外国留学生教育,首先必须努力建设一支思想觉悟高、知识面广、熟练掌握外国留学生教学技巧和规律、工作责任心强、善于关心和爱护外国留学生的专职对外汉语教师队伍。其次,严格执行外聘教师的选聘标准,加强对临时选聘的汉语教师的培训、管理,力争形成一支上课质量好又相对稳定的外聘汉语教师队伍。再次,还要加强各校外国留学生教学、管理队伍的建设。教育质量是留学生教育的生命线。一个学校的声誉如何,能否持续稳定发展,说到底还是取决于它的教学质量的高低。规范教学管理、提高教学质量是一项紧迫的工作,是留学生教育工作中的重中之重。各接受外国留学生比较多的学校要明确树立"品牌意识",在品牌上做文章,在品牌上打胜仗。

(四) 努力改善办学条件

目前上海很多高校的留学生教育事业的发展已大大领先于办学条件的改善,特别是在一些接受留学生比较早的学校这一矛盾更为突出。对于外国留学生来说,办学条件是他们

---

[1] 沈文忠. 上海日本留学生教育研究课题报告(1996—2001)[G]. 上海:上海市教委国际交流处,2003.

选择就学学校的一个重要标准。在一些留学生调查中,有一些国家的留学生对所在高校的办学条件产生了抱怨。① 的确,陈旧拥挤的教室、宿舍不仅给外国留学生留下了不好的印象,而且已成为外国留学生教育事业大发展的瓶颈。学校必须多方筹措资金,想方设法改善留学生的学习条件和生活条件,因此我们的教学设施要跟上时代的步伐,确保现代教育技术在对外汉语教学中的应用。学校要充分利用各部门的资源,全方位地为留学生服务。在教育资源日益社会化的今天学校也将越来越多地依托社会办学力量。我们在改善校内办学条件的同时,还必须学会利用各种社会资源,善于借助各种社会力量,取校外之长补校内之短,形成一个以学校为主、由社会作补充的良好的办学条件。

以上几个方面对发展上海外国留学生教育是一个相互联系的整体。教育观念是先导,招生工作是基础,师资队伍建设和教学质量是关键,后勤服务是保障。切实加强上述几个方面的工作无疑将会推动上海外国留学生教育事业更快更好地发展。

四、发展与规范管理留学中介机构

"社会的现代化有许多标志,社会中介组织的大量兴起便是其中重要的一条。"② 所谓社会中介组织,是指介于政府与教育机构之间、教育机构与企业之间、政府与企业之间以及一个大的群体与政府之间,促进沟通、加强联系,起桥梁作用的双向服务性组织。"实践证明,社会中介组织正在发挥愈来愈重要的作用:沟通和协调政府与社会各主体的关系;维护与表达团体、个人的利益;规范市场交易行为、监督交易活动;维护市场运行的正常秩序;为市场主体提供信息、咨询服务。总之,社会中介组织的发展顺应了政府转变其管理方式……从而有利于社会进步"。③ 发展教育领域中的中介组织可以最大限度地发挥民间社会力量作用,共同促进我国教育服务市场的繁荣。

建立有效的中介组织并充分发挥其作用在我国加入WTO之后具有重要意义。中介组织在政府与学校之间起到重要的缓冲和润滑作用。中介机构一般通过研究、咨询、评价、指导等功能的发挥,沟通学校与政府、学校与社会之间的联系,一方面有效传递政府和社会各个层面的意图和思想,另一方面及时反馈学校的要求和愿望,既可以约束政府违背办学规律、脱离实际的强制性干预,也可以在一定程度上制约学校有悖于政府方针和社会发展趋势的盲目倾向。当然,前提是这种中介必须是真正意义上的中介机构,而不能是行政部门的代言人或附属机构。

从我国加入WTO以及我国现在的实际国情来看,教育领域中的中介机构可以在许多方面发挥作用,包括从民间的角度评价学校办学质量、留学回国人员协会、教育服务的消费者协会、教师联合会等。因为我国没有像西方发达国家一样经历市民社会,因此民间的力量还不是很强,随着我国加入WTO,中介机构不断成立,民间力量将会获得长足的发展。为了更好地体现中介职能,充分发挥其社会监督作用,有必要保证中介机构的独立性、权威性和公正性,借鉴发达国家行之有效的中介运作模式,尽快建立具有中国特色的、与教育服务的国际贸易相适应的中介制衡系统。

---

① 沈文忠. 上海日本留学生教育研究课题报告(1996—2001)[G]. 上海:上海市教委国际交流处,2003.
② 王建华. 试论大学中介性组织产生的合理性[J]. 青岛科技大学学报(社会科学版),2002.
③ 周文杉. 制度选择与我国社会中介组织的发展[D]. 北京:北京大学,1997.

从学校、政府和社会民间三方面合理构建我国教育领域应对WTO挑战的策略，建立三方合作协同的伙伴关系，有利于我国教育服务在国际贸易中不断增强竞争力，取得应有的成就。当然，对于许多发展中国家来说也应该充分发挥三方合力的作用，发掘各自的传统项目，利用自身的比较优势，并且要注意从较高的起点来发挥后发优势，以便在激烈的教育服务的国际贸易中立于不败之地。

上海留学中介机构真正被确认为合法中介机构始自2000年，相对其他的许多行业来说，作为新兴的特许服务行业，上海留学中介市场发展还是不很完善，存在留学中介公司鱼目混珠、留学中介服务不规范、管理法规不完善和管理部门管理职能不清等问题。

（一）监控留学中介公司

由于出国留学中介服务市场利润相当高，许多的个人和机构都想进入，以获取高额利润，形成了非法和合法留学中介机构并存的局面。2000年10月至12月，上海市教委、市公安、工商局在全市范围内开展的清理整顿自费出国留学市场活动中，直接取缔了11家非法从事自费出国留学中介活动的机构。其中有一家上海市的咨询公司是由两个社会闲杂人员在上海市郊注册的私营公司，在市区办公楼租房非法从事赴德国留学中介活动。该公司使用的发票全是假的，公司人员承认是从火车站附近购买的。该公司所收取的申请者学费等全放在公司"负责人"的手提包内。检查中还发现该公司伪造学历、伪造合同等情况。大致来说，上海市从事非法留学中介机构主要有三类：一是境外驻沪办事机构利用其特殊地位非法进行留学中介活动；二是一些具有法人资格的单位超范围经营；三是无照经营。因此，在不很成熟的中介留学服务市场，可以说鱼龙混杂。

（二）规范留学中介服务

由于缺乏全市统一的留学法规，缺乏对中介机构的资质认定，因此出现了留学中介服务不规范的问题。

（1）一些中介机构靠发布虚假广告招揽服务对象，从中牟利，坑骗学生和家长。如有的国家规定留学人员不可打工，但有的中介机构却列出月打工收入，有的留学生听信了这种"诱惑"出国后身处窘境，学习和生活举步维艰。

（2）学籍管理尚未跟上。在出国留学生中，有的中学生人已在国外，但学校却未替其办理学籍手续；有的转学学生同时挂靠两所中学，人已出国，可两所中学都未替他办理学籍手续。

（3）中介公司和消费者签订协议中的权利和义务的不平等。在双方的协议中存在责任、权利不明确的现象，如中介机构"提供相关情况"到底是什么程度的情况等都不很明确，容易带来争议；另外，在消费者诉讼方面，一般有"在甲方（中介机构）所在地的人民法院提出诉讼"的权利。但在甲方所在地打官司肯定是对甲方（中介机构）更有利的，这一点明显是中介机构的自我保护，有损消费者利益。

（4）指导学生在成绩单和履历上造假，异地经营、动用或挪用申请者交付的学费等违规操作。这些不规范的服务给消费者带来很大的损失。

（三）完善中介的管理法规

规范自费留学中介经活动的强制性行政法规涉及很多方面，包括工商管理、外汇管理等，其中目前我国有四部相关法规，即《自费出国留学中介服务管理规定》、《自费出国留学中介服务管理规定实施细则（试行）》、《中华人民共和国广告法》和《中华人民共和国反不正当竞争法》。但是作为一个还不够成熟的市场,并且由于出国留学服务属于专业性较强的职业,因此在管理法规方面还有很多不完善的地方,主要包括了三个方面:一是在中介公司与消费者之间因语言和专业知识等分布不均而导致了信息的不对称,进而使得消费者处于劣势。如中介服务公司具有娴熟的涉外教育机构等相关知识,在中介服务过程中更倾向于机会主义地发布有利于自身的信息,因此如何保护消费者的利益就成为法规完善的一个方面。二是在涉外服务过程中,中介公司面临着资金风险、商业秘密被侵犯等可能性。因为距离、语言、法规等的不同,中介机构在与国外教育机构合作中也具有一定的风险,如何保护上海中介机构的利益也存在着管理法规不完善的地方。三是就是牵涉消费者的个人生活信息秘密、个人通信秘密、生活安全等方面的保护问题。在接受中介机构服务的过程中,消费者不得不将许多的个人资料告诉中介机构,虽然我国现有一些相关法规保个人各种合法权益,但在具体的留学中介服务实践中我国仍然缺乏针对性很强的法规。因此如何保护消费者在出国留学服务中的个人合法权益也是中介机构管理法规应当努力的一个方向。

(四)厘清管理部门的职责

上海管理出国留学的有三个机构,即市教委、市公安局和市工商局。由于管理职能不够明确,因此对出国留学中出现的许多新问题、新矛盾很难自主、及时地出面解决,有的则超越管理职能管了不该管的事情,发生管理相互冲突的局面。这些都对出国留学事业的发展带来负面影响。

从长远来看,中介机构及管理存在的各种问题对消费者和中介机构的利益都带来损害,因此如何解决这些问题就成为比较现实的问题。政府有关部门可以以法治为基本手段,打破管制,管理部门分工合理、协调,并且切实履行监督的作用,让中介服务市场进行有序的竞争,提高消费者在市场中的竞争地位,促进留学中介市场的不断完善,以便更好地服务消费者。

五、加强与完善上海的中外合作办学

中外合作办学也是教育服务的国际贸易中的一个重要内容,属于教育服务中的第三种服务方式,具有很大的潜力。开展国际合作办学,引进资金和先进的教育管理机制,了解、吸取并实践国际上通行的办学模式、专业课程设置、师资培训、质量保证等方面的经验是尽快提高我国高等教育水平和质量,增强国际竞争力的一个有效途径。作为我国高等教育发达地区,上海有更好的条件来举办中外合作学校。随着上海的教育不断走向世界,中外合作办学也成为一个重要的贸易领域。1992年上海批准了第一所中外合作办学机构,并出台了《上海市社会力量办学中关于涉外办学的若干意见》,使涉外办学得以迅速发展,到1997年已增加到63所,在中外合作机构就读的学员达6万人以上,1995—1997年两年间增加到近6倍。① 近年来中外合作办学在上海不断地获得了更大的发展。

根据上海中外合作办学的实践情况,实际上已经形成了政府为主企业参与、政府与企业共同举办和校际合作三种办学体制模式。

---

① 丁钢.中国教育:研究与评论(第1辑)[M].北京:教育科学出版社,2001.

(1) 政府为主、企业参与的办学体制

这种体制模式的特点是政府为主要投资者和举办者，企业资助部分资金，依托大学合作办学。政府投资的主要方向为土地、校舍和主要设备，企业投资的主要方向为指定的专业、实验室、教学、科研基金或奖教金奖学金等，大多是经常费的组成部分。实行这一办学体制模式的有上海市政府和欧洲联盟共同投资的中欧国际工商管理学院、德国政府投资的同济大学中德学院两所。中欧国际工商管理学院于1994年11月成立，是一所具有独立法人地位和充分办学自主权的中外合作教育机构，由上海交通大学和欧洲委员会派员参与学院的日常管理和运作。目前，学院已经与哈佛大学商学院、哥伦比亚大学商学院等多所世界一流大学建立了聘请教授、交换学生、学术及管理交流等诸方面的合作关系。国内外企业界对学院经费资助主要有年度赠款，捐赠教席，设立教授基金、奖学金、研究基金三项。因此，它可以充分利用国内外资源，迅速提升自己的办学水平和规模，并结合国际规范和中国国情形成自己的办学特色。在培养我国管理人才方面，它的实践十分成功。[1]

(2) 政府与企业共同举办的办学体制

这种体制模式的特点是政府与企业共同筹措办学资金，依托大学办学，为企业培养高级管理人才。典型的例子就是由原中国机械工业部和企业共同组织"机械工业部—斯隆教育发展委员基金会"募集办学经费，依托上海理工大学举办的机械部上海斯隆国际商学院。该校成立于1994年，主要采取短期培训的教育方式，面向国有大中型企业在岗的各级干部，为国家培养高级管理人才。学院结合东西方日美两大经济强国的优秀管理经验进行比较学习，取长补短，从而为学员在今后的工作中开创出一套适合中国国情的、有中国特色的现代管理模式奠定扎实的基础。

(3) 校际合作办学体制

这种体制模式的特点是中外双方学校分别以办学场地、师资和经费课程为主投资，是目前高校中外合作办学的主要模式。上海大学悉尼工商学院是上海大学下设的一个二级学院，不具有独立的法人资格，合作双方是上海大学和澳大利亚悉尼科技大学。澳方提供办学的课程设置、英语和专业教材以及证书；中方提供办学人员、办学场所、日常管理、基础课师资和证书。学院坚持融英语、计算机、商务为一体，强化教学特色，培养出了大批适应现代市场经济的实用型人才。这类中外合作办学的现象在上海比较普遍，很多大学都与国外大学在进行校际合作办学。

上海还有一种比较特殊的合作办学形式——国际学校。这类学校是由多重办学主体举办，近年来获得了很大的发展。如果说中外合作学校适应了上海广大学子的迫切需求，那么国际学校则专门服务于在沪外籍人员子女。它也适当招收少数回国华侨和留学生的子女，不招收中国学生。1989年3月，上海美国学校首先落成，不过直到1992年以后国际学校才获得真正的发展。从1989年到1998年，上海国际学校由1所增加到15所，学生数也从48人增加到3364人。[2] 国际学校的发展不仅方便了外国人在上海的生活，同时营造了良好的投资环境，也影响着上海的教育。作为上海教育的特区，对上海的教育起着某种启示作用。从办学体制来说，国际学校办学主体是多重的，其办学主体主要有以下

---

[1] 蔡永莲. 全球化趋势对高等教育的影响——关于合作办学的一点思考[J]. 教育发展研究, 2002.
[2] 丁钢. 中国教育：研究与评论(第1辑)[M]. 北京：教育科学出版社, 2001.

三种。

(1) 驻沪领馆为办学主体

这一模式起源最早,如上海美国学校和上海日本人学校。所在国均为办学的主要投资者,投入的主要方向为校舍、设备设施和师资。

(2) 社会团体或个人为办学主体

这一模式的主要投资者为企业或社会教育团体。如耀中国际学校由香港耀中教育集团开办,协和国际学校由香港协和控股有限公司举办。

(3) 教育行业组织为办学主体

这一模式主要投资者为与政府教育部门联系较密切的教育行业组织,如上海德国学校是由"德国学校理事会"主办,并接受德国政府"德国海外学校管理处"监管、"上海法国学校"则由法国"学生家长联合会"主办。

六、满足选择性时代对学校教育的要求

加入WTO以后,我国除"义务教育和军事、警察、政治和党校等特殊领域"之外的学校都要进入全球化下的教育市场。教育市场要求学校参与竞争,尽力获取较多的教育资源,不断提高办学的效益。事实上,现在已经处于一个选择性教育时代,在贸易国际化以及教育国际化的今天,人们有条件也有可能选择适合自己发展的教育,接受形式多样的跨国、跨地区教育。教育市场的形成和人们对选择性教育的需要使教育是一种服务的意识也不断得到强化。另外,从教育功能的角度来看,过去我们对教育功能的认识主要谈它的政治功能、经济功能、文化功能,而且更多的是从社会角度去理解的。通过对教育功能认识的不断深化,出现了消费功能、休闲功能等。这些新功能的出现不仅仅是对教育功能认识的新观点,更重要的是看到了教育不仅能满足社会的需要,而且满足了自身的需要。同时我们从市场的角度看到了教育新的功能,它能满足个体自身的特殊需要而应该付费。这为教育服务理念的出现提供了条件。

受到教育服务理念直接冲击的是学校,学校教育成了特殊的服务行业。在选择性教育时代,学校应该提供优质的教育服务以满足作为消费者的学生的要求,只有这样才能在国际国内教育市场竞争中生存、发展。教育服务要求学校树立"产业经营"的思想,树立"质量与效益"观念,树立"教育市场"观念。计划经济下我国学校是由政府一手包办的,以致形成了低效的痼疾,难以在市场经济下提供消费者满意的教育。因此,改造学校,提供优质服务满足选择性教育时代的要求是学校应对加入WTO冲击的对策。学校必须在"服务"理念指导下对学校起关键作用的课程和管理制度等方面进行改革。

(一)"入世"后体现辐合文化的课程构建

应对WTO挑战的课程改革必须面向古今中外全人类的所有优秀文化,抓住加入WTO有利的契机,建构走向全球时代的课程系统,当前应着眼于以下几个方面。

1. 树立辐合的课程观念

中国加入WTO后,必须抛弃过去以升学为目的建立的课程体制,而以全面培养学生成才为中心建立新的课程体制,变统一、单调的、固定的课程设置为灵活多样的既有理论又有实践的课程设置,切实适应服务学生的需要。以学生为本组织教学内容,课程与现代信息技术结合发展,打破传统的学科界限,从以教科书为中心向利用多种媒体组合的教学

载体转变，从强调内容向强调过程的转变，从强调积累知识向强调发现、重视创造、发展能力、提升素质的转变。而这种课程观念要求在策划建构中强调古今中外文化辐合的原则。一方面，"文化传统是历史的又是现实的，它是历史在现实中的沉淀"。[①] 现实的课程不可能抛开历史、只谈现在，同时现今的文化主流将直接指向课程的内容，古今文化在课程建构时交融在一起，这是古今的辐合。另一方面，不同地区、不同民族之间的文化交流是文化赖以发展、提高的基础，也是课程发展的推动力量。中外辐合有着悠久的历史，曾经对世界教育的发展变革产生过重大的影响，提倡中外辐合是在分析中西差异或差距的基础上讨论如何借鉴或直接拿来别人的精髓，改革好我们的课程。古今中外的研究方法上下贯穿历史，左右跨越疆域，挖掘时代的深度，研究世界的广度，将纵向与横向、跨度与深度有机地结合，通过比较借鉴的途径来完善现在，它必将对全面细致地分析课程、构建课程有积极的意义。

2. 确定先进的课程目标

"课程目标是教学科目要达到的目标，是它反映了教学内容的方向和性质。"[②] 在当今社会，为社会培养怎样的人和怎样为社会培养需要的人是教育的两个重要问题，课程也被赋予新的目标。中共中央、国务院《关于深化教育改革全面推进素质教育的决定》中，明确提出要"以培养学生创新精神和实践能力为重点"实施素质教育，这是对未来社会发展走势以及未来教育改革发展方向十分准确的把握，必将对我国的教育产生深刻的影响。未来社会要求每一个人都能积极进取、开拓创新。在教育要培养创新精神、创新人才的驱使下，课程应树立在服务消费者的基础上更好地为社会服务的目的观。新的课程目标是课程不仅限于给学习者扎实地基础知识，培养学习兴趣，还应培养人的主动性，培养人的行为和能力并深入精神生活。服务理念下的课程目标首先要求课程不仅只是知识的传递，更应体现对知识的探索和创造。

3. 安排适当的课程内容

作为独立的教育要素，课程并不直接参与社会的政治经济活动，它是通过继承和传递文化来培养人，所以课程的文化功能尤为重要，通过它才能实现其政治、经济功能，具体表现为课程对文化的传递和选择。课程传递文化时从来不是全盘照搬，而是有所取舍的，这就是说课程也在对人类文化进行选择。课程的这种选择实际上是对人类文化的筛选和过滤，在人类文化的进步和发展中有积极的意义。

具体来说，在WTO冲击下的课程内容应该有：(1) 课程既要吸取新的科学技术成就，又要保留那些久经检验并有较大教育价值的旧知识，这是古今的辐合；(2) WTO所带来的更加开放的社会让我们有机会深入了解别国的课程内容，其中必有先进的观念、先进的内容值得我们学习，这是中外的辐合。另外，由于"入世"，懂外语必然会成为人才的极为重要的补充定义，外语教育的重要性与迫切性就显示出来了。

4. 组建优化的课程体系

课程体系是为了完成课程目标而设置的全部课程的总和，它的合理与否直接关系课程目标的实现，关系到培养人才的质量，关系到教育服务的质量。在课程体系中有这样几对

---

① 丛立新. 课程论问题[M]. 北京：教育科学出版社，2000.
② 汪霞. 课程改革与发展的比较研究[M]. 南京：江苏教育出版社，2000.

矛盾：必修课与选修课，显性课程与隐性课程，理论课程与实践课程，它们在整个课程体系中的地位、关系是必须要考虑的问题。教育工作者要仔细研究世界上已有的课程体系，用比较的方法将不同模式的课程体系进行辐合。这样才能组建优化的并且符合我国实际情况的课程体系，更好地服务于教育消费者。

（二）改革学校内部管理体制，提高教育服务质量

在国际教育市场中取胜的根本途径是提高教育服务质量。而教育服务质量的提高最终依赖于学校内部的管理与人才培养的规格。市场化条件下的学校内部体制必然与计划经济体制下的学校体制有所不同；外资办学或合作办学的教育机构的体制必然与我国现有教育的体制有所差别。所以，传统的学校体制必然要进行一系列的改革。当前，在以下几个方面应有所考虑。

1. 在领导体制上，借鉴和引进现代产业管理模式，在学校建立董事会制。董事会由相关产业、社会各界及各行业人士共同参与，对学校办学的重大问题做出决策，对教学过程、教学管理进行监督，通过加强学校与社会的紧密联系，实现对学生的"双向参与、共同培养"。

2. 在财务管理体制上，采用股份制。通过学校内部成员共同承担风险来促进全体教职工的责任心。采用股份制也可以在一定程度上防止个别领导者在收取学费后卷款而逃的现象。

3. 在人事管理体制上，打破终身制，采取聘任制。对教职工的聘任方法要加以改进，即不再单纯地以教师的经历作为依据，而是要注意教师的实际素质和创新能力。对聘用的教师，除了要求有较高的理论水平外，还要有较强的实际动手能力和社会活动能力。同时，应积极鼓励教师到科技水平含量高的企业及研究机构进修学习，鼓励和支持教师与国内外企业界人士、教育界人士广泛交流和合作。除此之外，对外籍教师的评聘也要本着公平、公正和公开的原则在统一标准下竞争上岗。

4. 在教学管理体制上，应用全面质量管理（Total-Quality Management）的理论和方法取代传统的教学管理和评价，用国际标准来衡量办学水准，设计未来规划。第一，教学内容需要更新。教育应超前于社会，学生才能不断学到新知识，服务好社会。第二，要实施创新教学。科技创新已成为经济发展的主导力量，应用知识添加创意是经济活动的新核心。第三，要培养学生的国际化能力。国际化能力不是简单地运用英语和计算机的熟练程度，国际化能力是指具备洞悉国际科技发展动态和经济运行走势的敏锐目光，不断创新，提高自己的市场竞争力来适应这种国际趋势的生存能力。

附录一

政府教育行政部门与学校关系的调查问卷

尊敬的校长：

您好！本问卷中所得数据将纯粹用于学术研究，我们不辨认任何答卷人，因此，您不必在问卷上写下自己的名字。请您拨冗回答下列问题，我们诚挚地感谢您的合作。

"家长、社区人员在现代学校管理中角色与职能研究"课题组
2005年1月

1. 学校类型
（1）A. 中学　　　　　B. 小学　　　　　C. 其他
（2）A. 普通　　　　　B. 重点
（3）A. 城市学校　　　B. 乡镇学校

2. 学校规模
（1）12个班级　　　　（2）13～24个
（3）24～36个　　　　（4）36个以上

3. 学校综合水平在本学区的位置
（1）上　（2）中上　（3）中　（4）中下　（5）下

4. 所在学校在上级主管部门督导评估中的大致等第
（1）很好　（2）较好　（3）一般　（4）较差　（5）很差

请阅读下列陈述句，在最接近您个人看法的回答上画圈。

1. 上级主管部门保证学校教育教学活动的开展有宽裕的经费
（1）一直如此　　　（2）经常如此　　　（3）有时如此
（4）很少如此　　　（5）从来不是如此

2. 学校使用校产、设施和经费方面，上级主管部门给予完全的自主权
（1）一直如此　　　（2）经常如此　　　（3）有时如此
（4）很少如此　　　（5）从来不是如此

3. 上级主管部门对学校的人事调动、教师的招解聘尊重学校的意见
（1）一直如此　　　（2）经常如此　　　（3）有时如此
（4）很少如此　　　（5）从来不是如此

4. 上级主管部门在学校对教师的考核、奖惩方面给予学校完全的自主权

(1) 一直如此　　　　　　(2) 经常如此　　　　　　(3) 有时如此
(4) 很少如此　　　　　　(5) 从来不是如此

5. 学校人事改革能及时得到上级主管部门的政策、财力等的支持
(1) 一直如此　　　　　　(2) 经常如此　　　　　　(3) 有时如此
(4) 很少如此　　　　　　(5) 从来不是如此

6. 上级主管部门在学校的招生方面给予学校合适的自主权
(1) 一直如此　　　　　　(2) 经常如此　　　　　　(3) 有时如此
(4) 很少如此　　　　　　(5) 从来不是如此

7. 在学校学籍管理、学生奖惩和处分方面，上级主管部门给予完全的自主权
(1) 一直如此　　　　　　(2) 经常如此　　　　　　(3) 有时如此
(4) 很少如此　　　　　　(5) 从来不是如此

8. 上级主管部门及时制止任何其他组织和个人对学校正常教育教学活动的干预
(1) 一直如此　　　　　　(2) 经常如此　　　　　　(3) 有时如此
(4) 很少如此　　　　　　(5) 从来不是如此

9. 在学校课程设置、考试、发放证书方面，上级主管部门给予学校合适的自主权
(1) 一直如此　　　　　　(2) 经常如此　　　　　　(3) 有时如此
(4) 很少如此　　　　　　(5) 从来不是如此

10. 上级主管部门保证学校有良好的周边环境、自然环境
(1) 一直如此　　　　　　(2) 经常如此　　　　　　(3) 有时如此
(4) 很少如此　　　　　　(5) 从来不是如此

11. 上级主管部门能积极帮助学校处理与其他政府职能部门的关系
(1) 一直如此　　　　　　(2) 经常如此　　　　　　(3) 有时如此
(4) 很少如此　　　　　　(5) 从来不是如此

12. 在学校出现困境和突发事件后上级主管部门能采取有力的措施保护学校的权益
(1) 一直如此　　　　　　(2) 经常如此　　　　　　(3) 有时如此
(4) 很少如此　　　　　　(5) 从来不是如此

13. 上级主管部门能为学校的改革、发展提供必要的相关信息
(1) 一直如此　　　　　　(2) 经常如此　　　　　　(3) 有时如此
(4) 很少如此　　　　　　(5) 从来不是如此

请您对下列问题做出回答：

1. 您认为，随着市场经济发展的不断深入，学校的发展在哪些方面受到上级主管部门的制约？（可举例说明之）

_____

_____

_____

_____

2. 您认为，随着市场经济发展的不断深入，上级主管部门在哪些方面还可以给予学校的发展予以支持？（可举例说明之）

_____
_____
_____
_____

3. 您认为，随着市场经济发展的不断深入，上级主管部门对学校的哪些管理方式需要改变？（可举例说明之）从您的角度简要说明怎样改变？

_____
_____
_____
_____

谢谢您的合作！

附录二

家长、社区人员参与
学校管理的研究调查问卷

尊敬的校长/教师/家长：
　　您好！
　　促进学生的健康成长，是校长、教师和家长的共同心愿！为使学校、家庭、社会形成教育合力，更好地促进学生的发展，因此开展本研究，旨在研究家长、社区人员参与学校管理的现状及未来的发展趋势。问卷不涉及对你或你所在学校的评价，每一题的答案没有"对"、"错"之分，敬请各位校长/教师/家长根据实际情况一一作答。请在每一题目前的"□"内写上您认为合适的答案前的数字，或在"＿＿＿＿＿＿"上写上文字，每一题只能选一个答案。您的认真参与将会给我们很大的帮助，谢谢！

"家长、社区人员在现代学校管理中角色与职能研究"课题组
2005年1月

□1. 你的性别
（1）男　　　　　（2）女
□2. 你的文化程度
（1）初中及以下　（2）高中（中专、技校）　（3）大专
（4）大学本科　　（5）硕士及以上
□3. 你/孩子所在学校的类型
（1）幼儿园　　　（2）小学　　　　　　　　（3）初中
□4. 你的身份
（1）校长　　　　（2）教师　　　　　　　　（3）家长
□5. "家长、社区人员在学校管理中是平等合作者"，你同意这种说法吗？
（1）非常不同意　（2）不同意　（3）同意　（4）非常同意
□6. "家长、社区人员应了解学校发展规划、办学方向、教育教学质量、财务和总务工作等的情况"，你同意这种说法吗？
（1）非常不同意　（2）不同意　（3）同意　（4）非常同意
□7. "家长、社区人员应参与到学校的内部管理中"，你同意这种说法吗？
（1）非常不同意　（2）不同意　（3）同意　（4）非常同意
□8. "学校的重大决策应听取家长、社区人员的意见、建议，并一起做出决定"，你

同意这种说法吗？
    （1）非常不同意　　（2）不同意　　（3）同意　　（4）非常同意

□9. "家长、社区人员对学校管理工作应进行监察督促"，你同意这种说法吗？
    （1）非常不同意　　（2）不同意　　（3）同意　　（4）非常同意

□10. "家长、社区人员参与学校管理，有利于提高办学效益"，你同意这种说法吗？
    （1）非常不同意　　（2）不同意　　（3）同意　　（4）非常同意

□11. 学生/你孩子参加社会实践活动每学期多少次？ _____

□12. 学校有家长、社区人员参与学校管理的组织吗？
    （1）没有　　　　　　　　　　　（2）家长委员会
    （3）社区管理协调委员会　　　　（4）其他（请写明）_____

□13. 学校对发展规划、办学方向、教育教学质量、财务和总务工作等情况及动态，经常向家长、社区人员公布吗？
    （1）没有　　　（2）偶尔　　　（3）有时　　　（4）经常

□14. 对学校的内部管理，家长、社区人员一起参与吗？
    （1）没有　　　（2）偶尔　　　（3）有时　　　（4）经常

□15. 对学校的改革举措等重大决策，家长、社区人员一起参与做出决定吗？
    （1）没有　　　（2）偶尔　　　（3）有时　　　（4）经常

□16. 对学校的工作，经常请家长、社区人员评议（提意见）吗？
    （1）没有　　　（2）偶尔　　　（3）有时　　　（4）经常

□17. 学校学期初向家长、社区人员介绍工作设想，学期末向家长、社区人员汇报一学期工作，接受他们监督吗？
    （1）没有　　　（2）偶尔　　　（3）有时　　　（4）经常

□18. 家长、社区人员参与学校管理最主要的途径是什么？
    （1）定期召开家长会　　　　　　（2）建立家校联系手册
    （3）建立家长委员会　　　　　　（4）家访
    （5）开放半日活动　　　　　　　（6）家教专题讲座
    （7）电话联系　　　　　　　　　（8）发放宣传材料
    （9）其他（请写明）_____

□19. 家长会最主要的目的是什么？
    （1）向家长介绍学生的学习情况
    （2）宣讲办学理念，向家长介绍学校情况
    （3）要求家长配合学校的工作
    （4）向家长宣传科学教子知识
    （5）征求家长们对学校工作的意见、建议
    （6）交流、分享教育学生的经验
    （7）其他（请写明）_____

□20. 家访最主要的目的是什么？
    （1）了解学生在家的情况
    （2）向家长介绍学生的学习情况

(3) 宣讲办学理念，向家长介绍学校情况
(4) 要求家长配合学校的工作
(5) 向家长宣传科学教子知识
(6) 征求家长对学校工作的意见、建议
(7) 交流、分享教育学生的经验
(8) 其他（请写明）＿＿＿＿＿＿＿＿＿＿

□21. 家长、社区人员参与学校管理，你感到最困难的是什么？
(1) 缺乏相应的政策、法规
(2) 社会对这项工作不理解、不支持
(3) 学校领导层对这项工作缺乏统一认识
(4) 缺少工作的方式、方法
(5) 其他（请写明）＿＿＿＿＿＿＿＿＿＿

□22. 学校与当地社区的联系状况怎样？
(1) 没有联系　　　　　　(2) 很少联系，也不深入
(3) 有一定联系，但不深入　(4) 联系密切，深入

□23. 家长对学校工作的意见、建议，可通过什么渠道向校方提出？
(1) 向学生班主任反映　　　(2) 直接向校领导当面提出
(3) 通过家校网络向学校提出　(4) 通过校长信箱书面提出
(5) 其他（请写明）＿＿＿＿＿＿＿＿＿＿

谢谢您的合作！

附录三

课题成果公报

（6000—8000字，可另附页）

公报格式：
课题名称： 政府在市场经济条件下的教育管理职能转变与管理机制研究
课题批准号： BFA010066
课题级别： 国家一般课题
学科分类： 教育经济与管理
课题负责人： 魏志春　教　授　上海师范大学
主要成员： 黄复生　刘江园　黄德平　黄娟娟　杨　慧
正文：

一、内容与方法

（一）内容

1. 政府应对教育领域实行管制，也需要约束管制。现代教育既是社会生产力发展的产物，也是现代市场经济体制下政府职能扩大的结果。现代实行混合经济体制的社会中，政府是教育发展所需资源的主要支撑者。现代社会对多样化的教育产品与服务的需求，必须有政府的干预才能得到有效供给。在教育产品与服务的提供上，因竞争机制的引入而出现自然垄断，则将使教育领域的社会资源配置丧失效率，更无法保证社会的公共利益。为此，政府需要对教育产品与服务的提供行为实行管制，这是政府介入与干预教育领域的主要实现方式，目的是为了保证学校及其他教育机构的社会公益性与非营利性，避免教育资源市场配置方式带来的消极影响，以实现国家的教育发展规划、在学校中倡导与推行社会主流价值观、推进教育的社会公平等目标。政府管制的范围主要包括：(1) 制定管制价格；(2) 实行信息管制；(3) 实行质量管制；(4) 实行资格管制。但是，"管制"也会带来教育机构的低效率、管制者偏好带来的缺陷以及为产生"寻租"行为提供了机会等弊端。因此，需要约束政府对教育领域的管制行为。在遏制教育领域内对市场机制的滥用时，又要防止传统计划体制的回归，避免管制成为某些利益阶层或集团实现目的的途径，这就需要规范与完善政府对教育领域的管制方式：(1) 促成政府管理职能的"到位"，对社会公益性突出的教育产品与服务，政府必须管到管好。确保提供纯社会公益性的教育产品与服务的部门与机构，不因受市场经济社会的逐利性而被边缘化；(2) 解决政府管理职能的"越位"。甄别现有教育部门与机构提供产品与服务的属性，一些市场化程度很高的教育产品与服务，可以并已经实现企业化运作的教育部门与机构，政府应当转变直接管理者的身份担当起监控者的角色,还政府以"游戏"规则制定者和"裁判员"的正确身份定位。(3) 依国家法律法规约束各类教育机构的市场性行为。

2. 实行政事分开,建立与完善学校事业法人制度。这是实现政府教育管理职能转变的关键:(1) 建立健全学校事业法人制度,使学校享有与政府机关平等的法律地位,具有独立的法人资格,具有民事权利能力和民事行为能力,成为享有法定权利与义务的实体。学校在组织目标的确立、人员构成、经费使用、内部分配等方面拥有自主权,依法面向社会自主开展教育教学等活动,通过学校的自主发展和自我约束,增强学校对社会的适应与服务能力,提高教育产品与服务的质量。从而为约束政府对教育领域管制范围提供前提条件。(2) 创新现代学校的管理体制。包括领导体制、人事管理、激励机制以及财务管理体制等方面的创新。(3) 建立对学校的监督约束机制。在实施政事分开,淡化行政隶属关系的过程中,必须同时培育多元化的监督与制约主体,以制止或减少因信息不对称而造成的学校"败德"行为。在创新和强化政府对相关教育领域行政执法的内容、形式与手段的同时,应建立和加强学校的内外部民主监督制度,建立社会公众对学校的评价制度和实施常规监督的有效渠道。

3. 促成政府教育管理职能"到位",推进基础教育均衡发展。基础教育的均衡发展,是教育的社会公平原则在教育领域的具体体现,更是构建社会主义和谐社会的本质要求。现阶段基础教育的发展失衡,不仅表现在校舍等教育设施设备上,也反映在师资水平、生源质量、教育教学管理水平等诸多方面,其症结是基础教育投入的失衡。政府的职能转变应遏制基础教育领域学校之间的"马太效应",均衡基础教育各个学段的投入,特别是加大对义务教育阶段学校的投入;建立责任清晰的财政转移支付制度,强化县级以上政府对基础教育的责任,改变基础教育的发展完全依赖地方经济发展水平与政府财政收入的被动状况。制定义务教育的基本生均费用、最低财政拨款标准等,在投入增量上缩小区县之间、学校之间的教育经费差距,以逐步增强县级以上政府对义务教育均衡发展的宏观调控力度。在均衡区域以及学校的师资水平方面,政府及其教育行政部门应在收入、晋升、培训等方面制定倾斜政策,以尽快稳定、充实与提高相对贫困地区和薄弱学校的师资力量。

4. 构建"学校—家长—社区人员"合作伙伴关系,建立与完善学校的管理监督机制。在政府教育管理职能的转变中,应强调学校独立自主,让家长、社区人员等共同参与学校管理,以促进教育管理体制的完善,推动学校教育健康有序地发展。政府职能的转变决不是简单的"放权"问题,必须在改革"行政指令、计划调控、自我封闭、教育与社会分离"体制的同时,建立起"政府统筹、社会参与、主动服务、教育、社会一体化"的新体制。从操作层面上,应着眼于"学校—家长—社区人员"合作伙伴关系的构建,通过制度建设,保证家长、社区人员参与学校管理的知情权、管理权、决策权、评价权与监督权等。

5. 选择"有限政府"的管理方式,适度引入市场规则,提高教育机构的效率。现代市场经济体制下,"有限"政府的教育管理职能范围:一是政府专心于公共教育政策的制定和法规建设、教育发展战略研究、教育信息服务、教育督导和质量评估;积极鼓励教育科学研究和教育创新;加快制定规范、公开、公正和效益导向的公共教育经费拨款制度,使之成为推进教育发展的有力政策工具。二是政府职能逐步退出教育活动的微观管理领域,转向监督控制。主要表现在,除拨款举办各级各类教育并促进教育机会的公平分配外,应建立并实施国家教育质量标准、教师专业标准、课程标准、教师教育机构标准等,对学校的微观活动进行监控,以防止在学校和学生之间出现严重的两极分化现象,均衡教育公平与学校效率的关系。

6. 践行"服务型"政府理念与行为,建立适应市场全球化需要的教育管理体制。在教育服务全球化的背景下,政府在教育管理职能方式上要改变主要依靠行政手段的做法,转为运用法律手段、资助政策、政策引导、信息服务、监督评估等,建立教育中介组织参与教育管理与监督机制,为吸收社会教育资源服务,并建立起有效的激励机制。同时,政府也应当充分保护个人和团体合法的教育财产权利,为教育资源发挥最大效益提供服务。

(二)方法

1. 文献研究。(1)系统收集了1992年党的十四大明确提出建立社会主义市场经济体制以后,中央和地方政府职能转变、教育宏观管理体制改革以及学校内部管理体制改革等文献资料,包括国家颁发的教育法律法规、若干具有代表性或对全国范围教育体制改革起到示范性作用的地方政府及其教育行政部门的重要文件、国家教育行政部门负责人对教育管理体制改革阐述的文章、国内外重要研究机构和著名学者对中国教育管理体制改革的评述。(2)文献分析研究。在文献收集整理的基础上,理清教育管理改革同经济、政治体制包括国家财税体制、劳动人事制度、干部管理制度改革等的协同关系,形成以现代社会公共管理的视野,透视政府在教育管理中的角色及其作用的逻辑起点。

2. 实证研究。通过问卷调查和访谈,较全面地了解现阶段政府教育行政部门与学校主管人员在教育管理观念上的困惑和管理行为方面的摩擦与冲突;以形成对政府在教育管理中职能的定位和功能进行规范分析的现实起点。重点调研和一般考察并举,实行点面结合。(1)选择上海市和浙江省若干区(县)的教育行政职能行使为主要调研对象,设计并实施分别以政府公务员为主、以中小学校长为主以及学生家长为对象的问卷调查。全面了解分析政府及教育行政部门名义发布的各类文件,包括行政指示、会议纪要和工作要点与汇报总结等的内容以及实施方法,形成对政府在教育管理中职能的定位和功能进行规范分析的现实起点。同时,对区(县)级的教育行政部门的管理状况进行访谈,作为问卷调研的验证。(2)选择若干所学校和教育集团的管理状况作为考察对象,反映政府如何控制与管理教育组织与机构的实际运作。

3. 规范研究。在文献收集整理、问卷调查、访谈分析的基础上,全面剖析各种现存的政府教育管理行为及其形成的社会根源与认识论根源,廓清现代市场经济体制下政府在教育这一社会公共事务管理上的权力边界、职责与义务;政府与学校、社会(主要是指政府以外的各种教育法律关系主体)之间的管理权利与接受监督义务的互动关系,阐释政府在公共教育资源配置与使用上的权力及阈限方面的制度安排。透视现阶段政府在教育管理领域上政策与行为方面"越位"同"缺位"并存的现象,着力明确政府在教育领域介入的区域,介入的方式和介入的程度,为推进政府在教育领域管什么、怎样管和管多少的制度厘定提出建设性意见。清晰作为国家干预的政府对教育的宏观管理,包括法律法规和公共政策的制定与实施的边界,教育发展所需资源的筹措职责。

二、结论与对策

（一）政府需要对教育机构的市场性行为实行管制

在现代市场经济体制下，为避免教育资源市场配置方式带来的消极影响。政府需要对教育领域实行管制的干预方式，以实现国家的教育发展规划、在学校中倡导与推行社会主流价值观、推进教育的社会公平等目标。主要包括：(1) 制定管制价格，包括由政府规定教育产品与服务的收费标准或价格和投资建立各种公立学校，提供多样化的教育产品与服务等，维护教育产品与服务的分配效率，以保证社会公众对教育产品与服务享用的普遍性。(2) 实行信息管制，政府制定法规或颁布政策要求学校及其他教育机构全面、公正、及时地公开其提供的产品与服务的信息，保护教育服务消费者的权益。(3) 实行质量管制，政府对教育领域内不同层级和类型学校设立办学条件和标准，使学校的环境与设施、教学制度与措施等符合学生身心健康成长的要求，并定期对它们进行督导与评估，保证教育产品与服务的基本质量。(4) 实行资格管制，政府针对不同的教育领域制定各自的进入标准，决定谁有资格从事某种教育产品与服务的提供，将政府认为不符合社会公共利益的产品与服务挡在教育领域之外，以事先杜绝教育服务过程中可能产生的缺陷。

（二）政府对教育领域的管制行为应当受到约束

同经济领域的竞争性产业不同，用于教育领域的投入与产出效益难以精确衡量，政府部门缺乏足够的动力考虑其行为的效率，在公共教育项目上的扩张意识与行为便缺乏客观的约束。这就使政府机构的管理者会将个人的职业生涯与发展前景，同一定时间和有限空间的"公共利益"结合在一起。实现自己管辖范围内教育产品与服务的规模最大化，无疑是突显其工作绩效的合理选择，这就使教育产品与服务提供上存在市场失灵的同时，也会发生"政府失灵"的状况。现代市场经济体制下的政府对教育领域管制政策与行为，应同计划经济时代无所不包的"全能"政府有根本性的区别，为使管制不至于成为某些利益阶层或集团实现目的的途径，避免在消除自然形成的垄断过程中，又人为打造出以政府名义实行的垄断，政府对教育领域的管制应当受到约束。实行政事分开，建立健全学校事业法人制度，既避免教育领域内对市场机制的滥用，又有效约束政府对教育领域的管制行为，防止传统计划体制的回归，是实现政府教育管理职能转变的关键。

（三）重新调整和完善政府对教育管理的职能范围

政府必须承担起公共权力机构所赋予的职责，以社会公平为追求目标，加大政府财政的支撑力度，公共财政应负担起主要直至全部投入，并使之制度化和规范化，确保提供纯社会公益性教育产品与服务的部门与机构，不因受市场经济社会的逐利性而被边缘化。对那些市场化程度很高的教育产品与服务，可以并已经实现企业化运作的教育部门与机构，政府职能应当转变直接管理者的身份，从"运动员"的角色退役，担当起"监控者"的角色，还政府以"游戏"规则制定者和"裁判员"的正确身份定位。在政府对教育领域的管制范围内，应当实行政事分开，才能促进政府的教育管理职能从微观管理转向宏观管理。政府及其教育行政部门不再以行政命令、指示、规定或指令性计划等行政措施和手段为主，直接领导和管理学校，以从根本上改变学校作为政府附属机构的地位。

（四）建立健全学校事业法人制度，创新现代学校的管理体制

实行政事分开，使学校享有与政府机关平等的法律地位，具有独立的法人资格，具有民事权利能力和民事行为能力,成为享有法定权利与义务的实体。学校在组织目标的确立、人员构成、经费使用、内部分配等方面依法拥有自主权,依法面向社会自主开展教育教学等活动。创新现代学校的管理体制,在领导体制方面,以政事分开为体制框架,取消学校的行政级别和淡化行政隶属关系,由学校相关各方组成民主、科学的领导决策权力机构,保证学校独立决策和自主经营管理;在人事管理体制方面,打破人才的部门、地区和单位所有制,依托社会化的劳动保障制度建立,运用和发挥生产要素市场在人力资源配置上的作用,使学校组织的成员由"国家人"、"单位人"转向"契约人";在激励机制方面,学校组织内部引入竞争机制,建立健全完善的用人机制,并实行多样化的劳动分配制度,充分调动组织内部各类成员的劳动积极性、主动性和创造性;在财务管理体制上,通过规范化的国有资产管理制度的施行,建立和健全学校的成本核算制度和经费收入与支出管理制度,规范学校的收支管理,提高教育经费使用的效益,实现国有资产的合理有效利用。创新现代学校的管理体制,还应当包括建立对学校的监督约束机制。在实施政事分开,淡化行政隶属关系的过程中,必须同时培育多元化的监督与制约主体,以制止或减少因信息不对称而造成的学校"败德"行为。在创新和强化政府对相关教育领域行政执法的内容、形式与手段的同时,应建立和加强学校的内外部民主监督制度,扩大法制约束的途径,增强法制监督的力度,建立起社会公众对学校的评价制度和实施常规监督的有效渠道。

(五)构建社会广泛参与的学校管理体制

政府教育管理职能的转变决不是简单的"放权"问题,必须配套建立起"政府统筹、社会参与、主动服务、教育、社会一体化"的新的教育体制。从操作层面上,应着眼于"学校—家长—社区人员"合作伙伴关系的构建,家长、社区人员参与学校管理职能的内容和范围应该应当包括知情权、管理权、决策权、评价权以及监督权等,具体表现为:(1)校务委员会内有家长、社区代表,代表的遴选标准与程序由家长、社区人员自己制定;(2)监督和评价学校的办学方向、办学特色、办学质量;(3)参与讨论和询问学校的运作情况;(4)参与学生的部分学习活动;(5)家长、社区人员和教师共同为孩子制订个别化学习改进计划;(6)建立家—校计算机连接系统,便于家长了解学校信息及孩子的学习情况;(7)适度参与教师遴选工作。

(六)构建应对教育市场全球化的政府教育管理职能的框架

国际教育市场在 WTO 规制下正快速形成,面对全球化的冲击,政府的教育管理职能需要做出以下的反应:(1)发布各种类型的留学教育政策。包括制定有利于吸引国外学生来华接受教育和有利于国内消费者出国留学的各种类型的留学政策。(2)创设适应国际教育贸易的办学环境。政府各相关部门的协调一致,达成开放教育市场的共识;加快转变政府职能和工作方式,学会按国际通行规则做好教育管理和服务工作;明确政府教育主管部门的职责范围,防止"越位"和"错位"等。(3)规定从事国际教育服务贸易的机构及人员标准。对于从事国际教育服务贸易的机构和人员,政府应该借鉴国外有效的经验,制定相应的批准和审核标准,以对教育服务的消费者负责。(4)规范及严格查处违法违规的机构与公民。政府部门负有维护教育服务市场良性发展的职责,以获取教育服务贸易的国家利益。(5)建立和完善国际教育服务贸易活动的预警、监控体系。(6)研究并适时发布国际教育服务贸易的动态或指南。国际教育服务是一个很复杂的贸易领域,政府可以从宏观上为从事教育服务贸易的机构和个人提供相关的动态或指南。(7)推进学位、学历证书的国际互认。学位、学历证书的国际互认是教育服务消费者十分关注的一个问题,政府可以在各国学校之间发挥协调作用,组织对学位、学历证书的认证工作,通过对学位、学历证书的国际互认工作,推动教育服务贸易市场的规范化、有序化。(8)采取适当的措施保护我国国内教育市场。作为发展中国家,我国教育的财力、物力和师资力量以及设施条件与WTO的许多成员国相比还处于劣势地位。这就要求政府关注教育市场的波动,制定行之有效的保护性措施,以利于我国教育市场健康良性地成长。(9)维护我国教育主权。教育主权涉及国家基本的政治文化经济利益,是每一个主权国家都必须坚决维护的基本权益。在吸收国外先进文明成果的同时,教育领域还负有维护社会主义意识形态,保持和弘扬中华民族优秀文化传统的重任。

三、成果与影响

1. 本课题研究的重要成果《公共事业管理》已由上海教育出版社于2004年3月出版,该著作反映了课题研究的诸多成果,并被一些高等学校的公共事业管理(教育管理方向)本科专业、教育经济与管理专业研究生作为教学参考书。

2. 本课题研究的阶段性成果,有3篇研究报告或论文发表在CSSCI学术刊物上,分别是"学校管理者权威形成的路径分析"(《教育研究》,2003年第12期)、"学校劳动关系变革与教师聘任制的完善"(《教育科学研究》,2005年第1期)、"公共管理视野下转制学校的困境与选择"(《教育科学研究》,2006年第1期);其中"学校管理者权威形成的路径分析"、"公共管理视野下转制学校的困境与选择"以及"转型时期现代学校制度的解析"(《中小学学校管理》,2004年第5期)等3篇论文分别为中国人民大学复印报刊资料《中小学学校管理》2004年第3期、第8期和2006年第3期全文转载。

3. 本课题研究的另一项重要研究成果"政府对教育领域管制的评析",已被联合国教科文组织国际教育局《教育展望》采用,将在该刊物的第146期(2009年1月出版)发表。

四、改进与完善

1. 一是限于课题组的能力,实证调查的范围还比较小。问卷调查和访谈主要在上海市和江苏、浙江省部分地区进行。其中固然有考虑这些地区的市场经济较为发达,政府教育管理职能的转变已具有较充备的社会环境以及实践探索等因素,但这不能不影响相关分析应具有的全面性,从而可能使提炼的观点与得出的研究结论受到局限。二是课题研究的内容全面性尚存在不足,一些需要认真研究的问题尚未涉足,随着课题组研究工作的展开,愈发认识到政府教育管理职能与管理机制转变中需要研究的问题面大量广,如各级政府(这里指的是省级以下市、县区、乡镇三级政府)的教育管理职能与管理机制应有何异同,如何根据市场经济体制的要求进行调整,没有做分门别类的深入调查研究。尽管基础教育实行"以县为主"的管理体制,但本研究以县(区)级的政府教育管理职能为集中分析的对象,就存在一定的局限性。

2. 根据研究结论获得的启示。随着我国社会主义市场经济体制的逐步完善,政府教育管理职能与运行机制转变的实践将愈益丰富,研究的条件在不断成熟,以下问题可做进一步的深入研究。(1)在义务教育由政府财政全部承担的条件下,政府与学校的关系如何确定，政府教育管理职能如何定位，以促进基础教育的可持续发展。(2) 省级以下市、县（区）、乡（镇）三级政府的教育管理职能应如何划分，管理机制应有何异同，从而清晰"以县为主"体制应获得怎样的支持问题。(3) 在城乡居民对基础教育愈益关注、受教育者及其家长权利意识生成的社会环境下，考察政府教育管理职能的变革，研究不仅要从中小学管理者的视角，还需要从学校教育利益相关者的角度进行考察，以构建和谐社会的视野探索政府教育管理职能与运行机制的转变问题。

附录四

课题研究总报告

一、简介部分

1. 标题　政府教育管理职能转变的研究
2. 序言

本课题的研究,旨在探索社会主义市场经济体制建立与完善的改革实践中,政府教育管理职能的定位及转变进程。试图从现代市场经济体制下公共教育政策的制定与选择的视野,以公共经济学、公共管理学和现代教育管理理论为学术平台,世纪之交的国际范围内的教育管理改革为参照,融合多学科理论与方法,研究中国教育体制改革的理论与实践。

现代教育既是社会生产力发展的产物,也是现代市场经济体制下政府职能扩大的结果。在实行混合经济体制的当今社会中,政府是教育发展所需资源的主要支撑者,这不仅是社会生产力发展的要求,也是现代国家为发挥解决市场失灵问题,促进社会公平的职能所在。正因为如此,当今世界发达国家和许多发展中国家都把发展与改革教育、解决教育领域中问题、推动教育的创新等作为国家最重要的发展目标之一,政府则将教育改革作为施政纲领的主要议题。这反映了现代社会教育活动同政府职能之间的密切联系,现代教育的发展与改革既离不开政府的资源投入,也无法摆脱政府的主导和控制。因此,政府职能的扩大推动了现代教育的发展。

但是,正是"大政府"理念导向下的政府职能的过度扩张,产生了诸多的负面效应,使公共教育的维持和进一步发展陷入了困境。20世纪70年代以后,西方经济状况发生逆转,通货膨胀、失业增加、企业赢利下降,政府财政困难加重,预算赤字连年扩大,同所谓的"福利国家"制度捆绑在一起的教育产品与服务,显得难以为继。现代社会公共利益的复杂性,使有些教育的产品与服务的提供,并不一定显现社会公众的普遍需求,而是表现为较明显的个人收益性,如果由政府提供便会产生所谓的"绝对强制"问题。市场经济社会的利益分化及利益集团的形成,必然使一些阶层与集团从自身利益出发,要求与促成政府扩大对教育领域职能的范围和程度,那些没有对此需求的居民也要为此纳税,这就会在丧失税收公平性的同时,也失去教育的社会公平性。显现了政府职能的过度扩张给教育发展带来的困境。

这种发展过程中的困境,显然同现代教育产品与服务的制度安排有关。在现代市场经济体制下,为避免教育资源市场配置方式带来的消极影响。政府需要对教育领域实行管制的干预方式,以实现国家的教育发展规划、在学校中倡导与推行社会主流价值观、推进教育的社会公平等目标。因此,包括制定管制价格、实行信息管制、质量管制以及资格管制等在内的"管制"便成为政府对教育领域实施干预的普遍方式,以维护教育产品与服务的分配效率，以保证社会公众对教育产品与服务享用的普遍性；解决教育服务供给者与需求者之间的信息不对称问题，使学校的环境与设施、教学制度与措施等符合学生身心健康成长的要求，保证教育产品与服务的基本质量，将政府认为不符合社会公共利益的产品与服务挡在教育领域之外，事先杜绝教育服务过程中可能产生的缺陷等。

但是，同经济领域的竞争性产业不同，用于教育领域的投入与产出效益难以精确衡量，政府部门缺乏足够的动力考虑其行为的效率，在公共教育项目上的扩张意识与行为便缺乏客观的约束。这就使政府机构的管理者会将个人的职业生涯与发展前景，同一定时间和有限空间的"公共利益"结合在一起。实现自己管辖范围内教育产品与服务的规模最大化，无疑是突显其工作绩效的合理选择，这就使教育产品与服务提供上存在市场失灵的同时，也会发生"政府失灵"的状况。加之，"管制"本身造成教育机构的低效率、管制者偏好带来的缺陷以及为"寻租"行为提供机会等弊端，就需要有效约束政府对教育领域的管制行为。现代市场体制环境下的政府对教育领域的管制政策与行为，应同计划经济时代无所不包的"全能"政府有着根本性的区别，在遏制教育领域内对市场机制的滥用时，又要防止传统计划体制的回归，以使管制不至于成为某些利益阶层或集团实现目的的途径，避免在消除自然形成的垄断过程中，又人为打造出以政府名义实行的垄断。因此，实行政事分开，建立健全学校事业法人制度，就成为实现政府教育管理职能转变的关键。

转变政府的教育管理职能突出地表现在现代市场经济体制下政府在教育领域的管理定位问题，包括：(1) 促成政府管理职能的"到位"，对社会公益性突出的教育产品与服务，政府必须管到管好。(2) 解决政府管理职能的"越位"，甄别现有教育部门与机构提供产品与服务的属性，不该政府管的坚决不管。对一些市场化程度很高的教育产品与服务，可以并已经进行企业化运作的教育部门与机构，政府职能应当转变直接管理者的身份，从"运动员"的角色退役，担当起监控者的角色，还政府以"游戏"规则制定者和"裁判员"的正确身份定位。(3) 依国家法律法规约束教育机构的市场性行为。(4) 引入"公共管理"的理念。适当选择"有限政府"的管理方式，践行"服务型"政府行为。"有限"政府的教育管理职能范围应该是：第一，政府专心于公共教育政策的制定和法规建设、教育发展战略研究、教育信息服务、教育督导和质量评估；积极鼓励教育科学研究和教育创新；加快制定规范、公开、公正和效益导向的公共教育经费拨款制度，使之成为推进教育发展的有力政策工具。第二，政府应该逐步退出教育活动的微观管理领域，转向监督控制。政府应从一切可以由学校自主决策的领域逐步退出，这些领域包括：专业设置、课程方案（义务教育除外）、招生计划、毕业生资格认定等。政府教育管理职能主要表现在，除拨款举办各级各类教育并促进教育机会的公平分配外，应建立并实施国家教育质量标准、教师专业标准、课程标准、教师教育机构标准等，对学校的微观活动进行有效的监控，以防止在学校和学生之间出现严重的两极分化现象，均衡教育公平与学校效率的关系。第三，建立健全学校事业法人制度，创新包括事业领导体制、人事管理体制、财务管理体制和监督约束体制创新等在内的现代学校管理体制。建立对学校的监督约束机制。政府在教育管理职能上应退出一般竞争性的办学领域，把办学竞争的利益和责任"归还学校，回归社会"；把学校组织内部的事务管理职能"归还校长，回归学校"。

以推进基础教育的均衡发展，促成政府教育管理职能转变。政府的职能转变应从公共管理的视野，着力遏制市场经济环境下基础教育领域学校之间的"马太效应"，建立责任清晰的政府财政转移支付制度,强化县级以上政府对基础教育的责任,改变基础教育的发展完全依赖地方经济发展水平与政府财政收入的被动状况。制定义务教育的基本生均费用、最低财政拨款标准等,在投入增量上缩小区县之间、学校之间的教育经费差距,以逐步增强县级以上政府对义务教育均衡发展的宏观调控力度。在均衡区域以及学校的师资力量方面,政府及其教育行政部门应在收入、晋升、培训等方面制定倾斜政策,以尽快稳定、充实与提高相对贫困地区和薄弱学校的师资水平。

发挥家长、社区人员在现代学校管理中的职能,以填补政府教育管理职能向宏观管理转变留下的空间。在市场经济环境中,如果政府实行宏观管理,而现行校长负责制没有相应的监督约束机制,校长全权管理学校,就有可能衍变为"内部人控制现象"。因此,政府职能的转变决不是简单的"放权"问题,在改革"行政指令、计划调控、自我封闭、教育与社会分离"传统教育体制的同时,建立起"政府统筹、社会参与、主动服务、教育、社会一体化"的新的教育体制。在操作层面上,应着眼于"学校—家长—社区人员"合作伙伴关系的构建,在我们调研的过程中发现的"家长参与幼儿园管理四步分段法"和"社会评学"等实践,已渗透着公共管理中强调的"平等关系"、"过程参与"、"结果质询"等关键特征。家长、社区人员参与学校管理职能内容和范围应该是有知情权、管理权、决策权、评价权和监督权。

我国加入WTO以后,我国国内教育已经开始置身于国际教育服务贸易的市场中,政府教育管理职能的转变应适应开放式教育体制的需要。根据WTO中的服务总协定(GATS)的规定,除了由各国政府彻底资助的教学活动以外,凡收取学费、带有商业性质的教学活动均属于教育服务范畴。这表明参与国际贸易的教育服务具有的商业属性。相对于过去国家对教育领域各方面的全面控制而言,我国教育"市场"正从垄断走向了开放,向市场经济体制的转型和加入WTO的现实为从无限政府向有限政府的过渡提供了契机,为此,政府的教育管理职能,创设适应国际教育服务贸易的办学环境,发布各种类型的留学教育政策,规定从事国际教育服务贸易的机构及人员标准,建立和完善国际教育服务贸易活动的预警、监控体系。研究并适时发布国际教育服务贸易的动态或指南。推进学位、学历证书的国际互认。维护我国教育主权,采取适当的措施保护我国国内教育市场。

通过分析政府在教育管理职能中的定位和管理机制,阐释现代市场经济体制下政府教育管理职能的实现方式与途径,探析政府在教育这一社会公共事务管理上的权力边界、职责与义务,建立科学合理有效的配置公共教育资源的理论框架,从而规范包括政府在内的参与教育活动的社会各方所享有的管理权利与接受监督的义务,对于建立和完善具有中国特色的现代教育管理学将起到重要的基础理论作用。本课题研究具有明显的应用指向,主要对改善现阶段政府的教育管理职能和建立高效的管理机制,包括建立有社会各方参与教育政策的制定、教育事务管理的保障和监督制度,规范政府办学等公共教育资源的配置政策与行为,完善政府的教育行政执法、督导等,具有一定的咨询和参考作用。

3. 摘要(不超过500字)

社会主义市场经济体制下的政府教育管理职能与管理机制的转变,是中国教育体制进入深化改革阶段无可回避的问题。从计划经济体制转向现代市场经济体制,需要完善政府对教育领域实行管制的干预方式,以实现国家的教育发展目标、在学校中倡导与推行社会主流价值观、推进教育的社会公平等目标,避免教育资源市场配置方式带来的消极影响,确保学校及其他教育机构的社会公益性与非营利性,以维护教育产品与服务的分配效率,保证社会公众对教育产品与服务享用的普遍性。但政府对教育领域的管制行为需要受到约束,既要遏制教育领域对市场机制滥用的同时,也要防止传统计划体制的回归,避免人为打造出以政府名义实行的垄断。对社会公益性突出的教育产品与服务,应促成政府管理职能的"到位";对可以实现企业化运作的教育部门与机构,政府应当转变直接管理者的身份,担当起监控者的角色,解决政府管理职能的"越位"。实行政事分开,建立健全学校事业法人制度,构建有社会多方参与的学校监督约束机制,是政府教育管理职能切实得到转变的关键。在公共管理的框架下,选择"有限政府"的管理方式,践行"服务型"政府行为,以推进基础教育的均衡发展,并满足建立开放式教育体制的需要。

4. 内容结构图

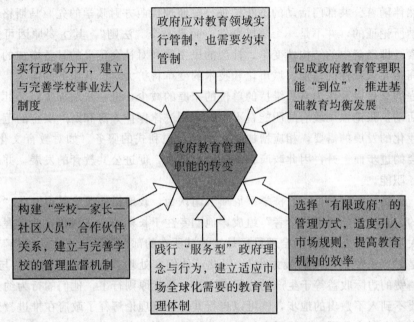

二、主体部分

1. 研究问题

(1) 研究目的。本研究旨在揭示现阶段政府在教育管理职能中"越位"与"缺位"并存的现象及其形成的认识论根源、体制缺陷与利益驱动因素,较全面地阐明适应社会主义市场经济体制与现代民主与法治国家要求的政府教育管理职能的定位、功能及运作机制。

(2) 研究意义。本课题研究旨在建立和完善社会主义市场经济体制的改革实践中,探索政府教育管理职能的定位及转变进程,试图在制度创新的层面上,阐释现代教育管理在中国实现的可选择路径,这对于教育管理体制的深化改革具有理论探索的意义;从学科建设而论,已超出现行教育行政学的范围,亦远逾传统学校管理学的研究领域,也非两者叠加。研究试图从现代市场经济体制下制定与选择教育的社会公共政策视野,以公共经济学、公共管理学和现代教育管理理论为学术平台,融合多学科理论与研究方法,以世纪之交的国内外教育管理改革为参照,中国教育体制改革的实践为研究对象。通过分析政府在教育管理职能中的定位和管理机制,阐释现代市场经济体制下政府教育管理职能的实现方式与途径,探析政府在教育这一社会公共事务管理上的权力边界、职责与义务,建立科学合理有效的配置公共教育资源的理论框架,从而规范包括政府在内的社会各方参与教育管理的权利与接受监督的义务,对于建立和完善具有中国特色的现代教育管理学,将起到重要的基础理论作用。本课题研究具有明显的应用指向,主要对改善现阶段政府的教育管理职能和建立高效的管理机制,包括建立有社会各方参与教育政策的制定、规范政府办学等公共教育资源的配置行为、学校事务管理的保障与监督制度等,具有一定的咨询和参考作用。

(3)研究假设。当代工业发达国家对教育发展干预力度的加强,投入教育领域的公共资源不断增加的趋势,验证了西方一些学者有关政府对包括教育在内的社会公共事务,不断扩大干预范围和力度的假说。

其一,政府活动扩张论("瓦格纳法则")。根据瓦格纳法则,随着经济的增长,工业化的发展必然伴随着公共部门活动的不断扩张。按照现代西方财政学的先驱马斯格雷夫的解释,瓦格纳所论证的,并不是一个随机事件,而是一个"法则",其主要原因可追溯到三个主要因素:即经济中的结构性变革、社会的民主化和对社会正义的日益增加的关注。经济部门之间相互依赖性的增加,城市化和技术的变革将扩大对公共服务的需求。自给自足的农业家庭的衰落以及作为自我维持的单位的家庭的减少,进一步增加了对公共服务的需求。政府活动扩张论强调政府的职能,不仅限于用法律保护人身和财产安全的范围,还应当适应工业化的发展的需要,相应增加文化和社会福利式的服务。如对教育文化的需求,会随着社会的进步而上升,因此政府有义务予以提供,促进公共教育的发展,并改善教育的社会服务职能。

其二,官僚行为增长论。经济学家尼斯卡南认为,政府机构通常是由一些"受过严格专业训练的公共决策的长期执行者"组成,"他们专注于长期的公共利益,并掌握丰富的专业技能和大量的信息";他们的合理目标是"为其所在的部门争取最大化的规模",行为的鲜明特点是"追求预算规模的最大化"。因此,他们在处理教育所提供的产品与服务时,并不按照消费的边际收益等于生产的边际成本这一最优原则行事,他们的行为约束要宽松得多,只要不到入不敷出的地步,就可以自行其是。该理论解释了政府在推进教育发展过程中的许多内在因素作用,阐明了在提供公共物品上存在市场失灵的同时,也会发生"政府失灵"的一个重要原因。

"政府行为扩张论"和"官僚行为增长论"等揭示的现象及其弊端,是现代国家公共事务管理中的通病。在教育领域中通常表现为这两种情形:一方面是政府过高地估计自己权力对教育领域各种事务的干预能力,任意扩大政府权力的行使边界,"管制"范围无所不包,无隙不入,管了许多"不该管"、"管不好"和"管不了"的事;另一方面是受"任期目标制"及"目标责任制"等的驱使,"短期行为"滋生与蔓延,在时间的偏好上注重近期忽视长远,过高地估计教育项目的短期收益,并会用各种理由盲目扩大教育供给,如建示范学校,树窗口学校,上各种名目的新项目,造就了许多"形象工程"、"政绩工程"、"首长工程"。政府官员对教育领域的强制性干预意识的形成,还同现阶段社会公众对市场失灵的担心和对"全能"政府的预期有关。

(4)核心概念。政府职能:萨缪尔森在其《经济学》一书中论述了政府的五种职能——直接控制职能、公共物品的社会消费职能、稳定经济的财政政策和货币政策、政府从事生产的职能和福利支出职能。人们这种认识产生的基础,在于进入20世纪以后,由于技术进步,生产的社会化,经济增长和社会发展,使政府的职能大大扩展,由政府提供的公共物品包括产品与服务的范围和数量不断增加,政府对公共事务的直接管理程度也大为加强。人们依据现代国家的政府在解决市场失灵与促进社会公平方面的作为,把它的职能大体上划分为积极大、中、小三种类型(见下表)。

从政府职能的范围划分中,可以看到教育的产品与服务大都集中在中型职能的框架内,这就意味着即便是实行"有限政府"职能的国家中,促进教育的发展也仍然是政府的主要职能之一。现代社会中,政府是教育发展所需资源的主要支撑者,这不仅是社会生产力发展的要求,也是现代国家为发挥解决市场失灵问题,促进社会公平的职能所在。

现代国家的政府职能类型

	解决市场失灵问题			促进社会公平
小职能	提供纯粹的公共物品;国防、法律与秩序、财产所有权、宏观经济管理、公共医疗卫生			保护穷人;反贫穷计划;消除疾病
中型职能	解决外部效应:基础教育、环保	规范垄断企业;公共事业法规;反垄断政策	克服信息不完全问题:保险(医疗卫生、寿命、养老金)、金融法规、消费者保护	提供社会保险;再分配养老金;家庭津贴;失业保险
积极职能	协调私人活动;促进市场发展、集中各种举措			再分配;资产再分配

资料来源:世界银行.1997年世界发展报告[M].北京:中国财政经济出版社,1997.

教育管理职能:政府教育管理职能,是政府运用公共权力,通过制度安排与体制构设,公共财政资源的配置,政策与标准的制定与实施,对教育领域及各级各类学校及其活动进行指导与控制的过程。政府教育管理职能一般包括——职能理念、职能定位、职能范围、职能程度、职能方式以及管理机制,这几者在职能理念的统领下成为相互紧密关联的共同体。在建立与完善社会主义市场经济体制的现阶段,转型社会的教育领域涌现出的许多问题使计划经济体制下形成的政府教育管理职能正面临巨大的挑战,表现为政府教育管理职能发挥越位、缺位与管理方式不当等。这是计划经济体制下所形成的政府教育管理职能所不能预期、难以解释和解决的,但也预示着构建适应现代市场经济体制的政府教育管理职能的必要性与紧迫性,加快政府教育管理职能的转变,以此来解释和解决教育领域在转型社会中出现的新情况、新问题。

教育管理机制:机制指的是"有机体的构造、功能和相互关系",或曰:"有机体内部各构成要素之间相互联系、作用和调节的方式"。政府的教育管理机制指的是构成政府教育管理职能各要素之间的相互联系和相互作用的方式。公共管理体制下的政府教育管理机制是教育管理的治理机制,与计划经济体制下政府教育管理职能的统治机制迥然不同。市场经济条件下教育管理的治理机制与各国教育改革中的政府职能转变相一致的,校本管理的教育改革就是试图突破政府教育管理的单一权威,形成多方互动的管理机制。

2. 研究背景和文献综述

(1)研究背景。20世纪80年代中期以后,在经济、科技体制改革的推动下,我国的教育体制开始进入改革时期。特别是90年代中期以来,社会主义市场经济体制的建立使政府教育管理职能与学校以及社会对教育发展要求不相适应的诸多方面逐渐显现出来。按照计划经济体制要求的政府教育管理职能行使,使"地方缺乏自主权,事事按上级指示,造成学校缺乏生机和活力,产生极大的惰性,不利于学校办出特色,压抑教育的个性发展"。市场经济的发展给社会公众带来了前所未有的教育选择权利,也必然促使各个学校形成自己的办学特色,并以此获得教育资源,这要求政府转变管理职能与机制。我国政府部门和教育界在改革实践中不断地探索政府如何转变教育管理职能的方式与途径问题,进行了多种改革探索,尝试通过充分给予学校发展自主权,把微观层次的教育决策权(还)归学校,宏观层次的教育决策权(还)归政府,政府集中精力进行宏观教育决策,而不是从课程设计、课程结构、课时安排等面面俱到地管理学校。一些改革,特别是办学体制方面的改革,尽管受到很大的争议,有的属于浅尝辄止,但毕竟留下了可以探究的问题,政府应该如何让学校得到可持续发展?学校自主权的"度"到底是多大?政府如何在资源、政策、信息服务等哪些方面给学校发展予以支持?如何评价学校的办学水平和办学特色?这些都是计划经济条件下政府教育管理职能所缺失的,需要着力的进行各种探索实践,以适应新的社会环境下的要求。

教育体制改革的实践表明,在现代市场经济体制下,政府教育管理职能理念不能再桎梏于对教育的行政管理,而是要充分认识到教育的公共物品与准公共物品的属性,尽管这是制度安排的结果,但都需要将不同的教育产品与服务作为社会公共事业来管理。政府要通过教育政策、法规等间接的职能方式引导公众投资教育,突破过去"全能"政府的职能范围,在"退位"和"补位"中做出新的选择。在新的经济、社会发展状况下重新界定政府教育管理职能范围,充分调动一些热心教育的团体和个人的积极性,增加社会的投入,保护公民合法教育财产权利的管理职能,鼓励公民参与教育投资,以解决我国教育投入不足的问题。政府的教育管理职能,应当承担起指导学校办学方向和保障教育质量的职责,加快办学机制的转换和薄弱学校的建设,促进整体教育质量的提高,以满足社会对教育多层次的需求。改变过去事无巨细的直接管理学校方式,给予学校发展一定的自主权,在政府教育管理职能程度由集权走向职能高度分化的同时,还需要建立引导家长、社区人士等参与监督教育质量与学校运行的管理机制,以弥补政府管理职能转变留下的空间。政府应该在追求公平方面有所作为,政府教育管理职能的转变,并不意味着放弃对教育公平的追求与努力,转变的只是仅仅使用行政、微观、具体的计划指令方式,改由公共政策的引导、公共资源的合理配置,科学合理的标准制定与实施,推进教育的可持续发展。在这个过程中,变政府职能逐步由以管制为主走向服务为主,由统治管理机制为鼓励社会公众参与教育管理的治理机制,促进学校自主能力的提高。

在公共管理主义思潮的影响下,20世纪90年代初开始,在美国、英国、澳大利亚、新西兰等西方发达国家对传统的公立学校制度进行了多种改革的尝试。公共管理主义的着眼点应该是社会事务的管理,社会性是公共管理的内涵。公共管理主义的一个基本前提是政府应该是掌舵者而不是划桨者,因此特别强调社会参与公共管理,强调建立提供公共物品的公共服务决策的机制,重视为公众服务。蕴涵了政府从公共视野角度进行教育管理的深刻理念。由此,公共管理主义对教育改革的假设是:在市场革命的背景下,教育组织从集权的官僚化的教育体制转化为一种发展性组织,学校承担服务职能和责任,权力进行重新分化和分配,以更好地增进学校效能。公共管理主义导致的教育改革在各发达国家获得了蓬勃的发展,促使政府下放教育权力,给予学校一定的自主权,盛行各国的所谓的校本管理等就与这种理论密不可分。无疑,公共管理主义促使各国政府对其教育管理职能发挥做出了适度的反思,试图产生一种新的公共教育部门的管理模式,以成为所谓公共管理运动的组成部分,并对许多国家整个公共部门的改革产生了一定的影响。

(2) 相关研究成果。20世纪80年代中期以来,国内涉及政府在教育宏观管理中的职能的研究文献并不鲜见,包括教材、论文等。这些研究辨析了教育行政的基本概念,也对市场经济条件下政府教育管理的职能转变等问题进行了初步的探讨。从整体上看,国内已有的相关研究存在许多不足:①关注的是计划经济体制下教育行政职能的研究,依据的是计划经济体制下的行政概念,没有突破政府与学校之间上下级的单向管理思维,忽视社会主义市场经济条件下参与教育管理的主体的多元性,仅有少量文章对此有所涉及(陈赘,2003),但并未形成系统、完整的研究框架;②注重理念的、宏观的研究,其理念大致可分为"政府全能"的理念(如大部分现有教育行政方面的论文、教材)和"自由市场"的思路(张铁明,1998)两类,以公共事业管理的视角并结合我国教育管理改革的实践来从微观、实证层面探讨政府教育管理职能的转变及管理机制的建构的论著不多,仅对"政府行使教育职权的范围与方式"、"政府与学校的关系"等进行了初步的探讨(葛新斌、胡劲松,2002);③少数研究已经开始触及市场经济对教育行政改革方面的影响(王乃信,2002),但是显得比较零散与局部,没有形成完整的理论体系,因而也就不能有效地应对社会转型时期给我国政府教育管理实践带来的种种挑战,从而为政府教育管理职能的转变提供充分的依据;④基于集权、分权和混合模型的教育行政管理,或遵循"政府全能"的思路,着眼于增加政府发展教育的权力与义务,论证其对教育超前发展的重要性;或强调的是扩大学校办学自主权,以市场经济的自由竞争效率为理论依据,政府"统得越少"为理想模式,论证其对教育机构发展多样化、"搞活学校"的必要性,还处于简单的两极思维模式中,针对具体国情提出有效对策尚显不足。

与国内在政府教育管理职能研究方面还不够深入形成鲜明对比的是,20世纪80年代以来,西方各国在教育改革理论与实践上不断取得新的突破。如在美国学者杰拉尔德·莱因旺德的美国21世纪公立教育改革的议题中,"公司的参与"、"社区的参与"等多项议题都是需要教育管理体制改革来做保障的;美国的萨乔万尼、英国的托尼·布什、美国的苏珊·莫尔·约翰逊和澳大利亚的布莱恩、卡德威尔都持有类似的观点:教育管理体制改革将是21世纪初教育改革的一个重点。根据我国学者冯大鸣的观点,美、英、澳三国在20世纪90年代教育管理体制改革的基础上,21世纪初将主要侧重于两个方面:继续实行对学校放权与问责并举的政策;构建教育系统与教育系统外部机构、组织、团体之间广泛的伙伴关系。这些观点在上述三国的国家教育战略目标中都得到了体现,预示着西方教育管理改革的新方向。在实践层面,具有代表性的西方国家开始在"教育分权化"的基础上进行了"校本管理"、"学校选择"等的改革,对市场经济机制的渗入与公共管理运动的挑战做出了回应。总之,尽管教育改革中的许多问题仍然处于争论阶段,但还是可以发现西方国家在教育改革中遵循着市场逻辑和公共管理理念的导向,各国学者也努力以公共管理的视野来研究政府教育管理职能及其转变,这对研究我国政府教育管理职能问题提供了很好的借鉴意义。教育管理职能是政府在现代社会事业管理中的重要职能之一。在公共管理背景下,随着我国市场经济体制的建立与不断完善,政府如何正确地构建其教育管理职能并完善相应的管理机制,是现代政府教育管理职能发挥作用所需要解决的重要问题。

3. 研究程序

(1) 研究设计。首先,进行文献收集整理分析。系统收集了1992年党的十四大明确提出建立社会主义市场经济体制以后,中央和地方政府职能转变、教育宏观管理体制改革以及学校内部管理体制改革等文献资料,包括国家颁布的教育法律法规、若干具有代表性或对全国范围教育体制改革起到示范性作用的地方政府及其教育行政部门的重要文件、国家教育行政部门负责人对教育管理体制改革阐述的文章、国内外重要研究机构和著名学者对中国教育管理体制改革的评述。同时,在文献收集整理的基础上,理清教育管理改革同经济、政治体制包括国家财税体制、劳动人事制度、干部管理制度改革等的协同关系,形成以现代社会公共管理的视野,透视政府在教育管理中的角色及其作用的逻辑起点。

其次,开展问卷调查和访谈——重点调研和一般考察并举,实行点面结合。一方面,选择上海市和浙江省若干区(县)的教育行政职能行使为主要调研对象,设计并实施分别以政府公务员为主、以中小学学校校长、幼儿园园长以及学生家长、社区(街道)各级工作人员等为对象的问卷调查。全面了解分析区(县)政府及教育行政部门名义发布的各类文件,包括行政指示、会议纪要和工作要点与汇报总结等的内容以及实施方法,形成对政府在教育管理中职能的定位和功能进行规范分析的现实起点。同时,对区(县)级的教育行政部门的管理状况进行访谈,作为问卷调研的验证。另一方面,选择若干所学校和教育集团的管理状况作为考察对象,反映政府如何控制与管理教育组织与机构的实际运作。

最后,规范分析与撰文。在文献收集整理、问卷调查、访谈分析的基础上,全面剖析各种现存的政府教育管理职能行为及其形成的社会根源与认识论根源,廓清现代市场经济体制下政府在教育这一社会公共事务管理上的权力边界、职责与义务;政府与学校、社会(主要是指政府以外的各种教育法律关系主体)之间的管理权利与接受监督义务的互动关系,阐释政府在公共教育资源配置与使用上的权利及阈限方面的制度安排。透视现阶段政府在教育管理领域上政策与行为方面"越位"同"缺位"并存的现象,着力明确政府在教育领域介入的区域、介入的方式和介入的程度,为推进政府在教育领域管什么、怎样管和管多少的制度厘定提出建设性意见。

(2) 研究对象。以建立与完善同社会主义市场经济体制相适应的现代国民教育管理体制为目标,探索在现代市场经济为基础的民主与法制社会中,作为公共权力机构的政府在教育这一社会公共事务管理上的权力边界、职责与义务;政府与学校、社会(主要是指政府以外的各种教育法律关系主体)之间的管理权利与接受监督义务的互动关系,政府在公共教育资源配置与使用上的权利及阈限方面的制度安排。本课题研究以国民教育体系为边界,基础教育为重点;以政府及其教育行政部门的职能与运作机制为主要考察对象,通过历史的、实证的、规范的方法,阐释现代市场经济体制下政府在教育管理职能中的定位和管理机制的构设。

(3) 研究方法。历史研究:系统收集改革开放以后特别是1992年党的十四大明确提出建立社会主义市场经济体制以来,中央和地方政府职能转变、教育宏观管理体制改革以及学校内部管理体制改革等文献资料,理清教育管理改革同经济、政治体制包括国家财税体制、劳动人事制度、干部管理制度改革等的协同关系,形成以现代社会公共管理的视野,透视政府在教育管理中的角色及其作用的逻辑起点。

实证研究：通过问卷调查和访谈，较全面地了解现阶段政府教育行政部门与学校主管人员在教育管理观念上的困惑和管理行为方面的摩擦与冲突，以形成对政府在教育管理中职能的定位和功能进行规范分析的现实起点。

规范研究：通过较全面地收集现代发达市场经济国家国民教育管理的文献资料，包括涉及教育的法律和政策制定与运行，政府、社会、学校在教育管理中协同运作的案例等，分析研究现代民主与法制国家教育管理制度化、规范化和稳定性形成的内在机理，探寻可供参照和借鉴的政府的角色行为与管理范式。根据建设社会主义市场经济体制和现代民主与法治国家的要求，全面剖析各种现存的教育管理观念和管理行为及其形成的社会根源与认识论根源，为正确地阐释政府的教育管理职能中的定位和管理机制提供若干理论依据和实施要求。

（4）技术路线。

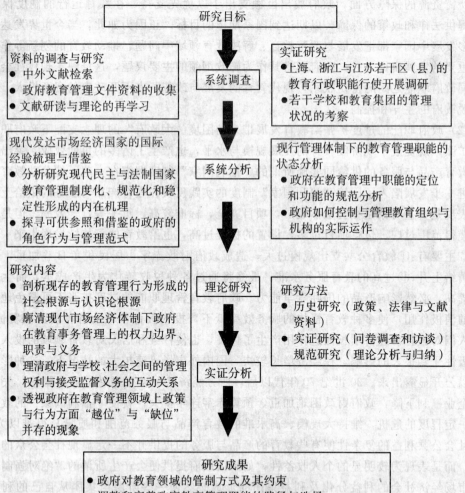

4. 研究发现或结论

(1) 政府职能的扩大推动了现代教育的发展。现代教育既是社会生产力发展的产物，也是现代市场经济体制下政府职能扩大的结果。现代实行混合经济体制的社会中，政府是教育发展所需资源的主要支撑者，这不仅是工业化社会不断发展成熟的要求，也由于社会文明程度的提高，多样化的教育内容与形式的涌现，必须有政府的干预才能使教育满足居民的正常需要。第二次世界大战结束以后，当代资产阶级国家的政府职能比以往任何时期都扩大了，政府干预和调节经济以及社会活动达到了前所未有的深度和广度，干预和调节的形式和手段也日趋完备。在干预和调节的过程中，为了缓和经济危机，控制通货膨胀，增强竞争能力，使经济获得迅速而稳定的增长，实行广泛的社会保障制度，支持与发展各种内容和形式的教育，是其中最重要的社会事务之一，这也是现代国家为解决市场失灵问题，促进社会公平的职能所在。同时，发达国家对教育的掌控和干预是全面的，特别是在教育所需资源的保障方面，政府拨出巨额支出予以优先支持，在教育运行的制度保证方面，提供法律和政策的保障，以期达到国家期望的目标。正因为如此，当今世界发达国家和许多发展中国家都把发展与改革教育、解决教育领域中问题、推动教育的创新等作为国家最重要的发展目标之一，政府则将其作为施政纲领的主要议题，这反映了现代社会教育活动同政府职能之间的密切联系，现代教育的发展与改革既离不开政府的资源投入，也无法摆脱政府的主导和控制。

(2) 政府职能的过度扩张给教育发展带来的困境。"大政府"的理念支配下政府职能的不断扩张，既促成了现阶段教育的发展规模与水平，也产生了诸多的负面效应，突出表现在将教育产品与服务的供给同实施所谓的"福利国家"制度捆绑在一起，使公共教育的维持和进一步发展陷入了困境。"福利国家"制度的实践反映在教育产品与服务的供给上，突出的表现是受益对象是社会全体成员，项目齐全，标准较高，重平等，轻效率。但是由于政府揽得范围过广，包得项目过多，设置的标准过高，也给教育的可持续发展带来一系列难题，主要有：①教育公共支出规模过大，造成政府财政赤字，居民税负日益加重，社会不满情绪上升；②过高的教育服务水准，最终将通过各种税收转化为生产成本，而生产成本的提高，必然影响产品的国际竞争能力。政府教育管理职能的过度扩张不可避免地产生诸多的消极作用，使多种教育机构的服务效率低下，投入教育领域的各种资源浪费惊人，既使人们对教育对经济增长促进作用产生了怀疑，也使社会和居民对教育领域的投入热情和积极性受到很大的影响。在经济增长较快，国内外市场迅速扩大的情况下，这种影响一时难以公开显露出来。20世纪70年代以后，西方经济状况发生逆转，通货膨胀，失业增加，企业赢利下降，政府财政困难加重，预算赤字连年扩大，就使"福利国家"的教育产生了一定程度的危机，维持大规模、高水准的教育产品与服务范围和质量显得难以为继。现代社会公共利益的复杂性使有些教育的产品与服务的提供并不一定显现社会公众的普遍需求，而是表现为较明显的个人收益性，如果由政府提供便会产生所谓的"绝对强制"问题。市场经济社会的利益分化及利益集团的形成必然使一些阶层与集团从自己的利益出发，要求与促成政府扩大对教育领域管理的范围和程度，那些没有对此需求的居民也要为此纳税，这就会在丧失税收公平性的同时也失去教育的社会公平性。

(3) 政府应当对教育领域实行必要的管制。在现代市场经济体制下，"管制"是政府对教育领域实施干预的普遍方式。政府对教育产品与服务的管制，即政府以强制性手段实现对教育机构决策与行为及其结果的限制。在社会现实中,教育产品与服务是由不同的教育部门与机构所提供的,出于对效率的追求,必然要求在一定范围内引入市场机制,提倡一定程度的竞争,这就为自然垄断在教育领域的形成创设了外部条件。如果在教育产品与服务的提供上,因竞争机制的引入而出现自然垄断,将扭曲教育部门和机构的公益性和非营利性,使教育领域的社会资源配置丧失效率,更无法保证社会的公共利益。为此,政府需要对教育产品与服务的提供行为实行管制,目的是为了保证学校及其他教育机构的社会公益性与非营利性,避免教育资源市场配置方式带来的消极影响,以实现国家的教育发展规划、在学校中倡导与推行社会主流价值观、推进教育的社会公平等目标。政府干预主要特点主要包括:①制定管制价格,包括由政府规定教育产品与服务的收费标准或价格和投资建立各种学校,提供多样化的教育产品与服务等,维护教育产品与服务的分配效率,以保证社会公众对教育产品与服务享用的普遍性。②实行信息管制,政府制定法规或颁布政策要求学校及其他教育机构全面、公正、及时地公开其提供的产品与服务的信息,解决教育服务供给者与需求者之间的信息不对称问题。③实行质量管制,政府对教育领域内不同层级和类型学校设立办学条件和标准,使学校的环境与设施、教学制度与措施等符合学生身心健康成长的要求,并定期对它们进行督导与评估,保证教育产品与服务的基本质量。④实行资格管制,政府针对不同的教育领域制定各自的进入标准,决定谁有资格从事某种教育产品与服务的提供,将政府认为不符合社会公共利益的产品与服务挡在教育领域之外,以事先杜绝教育服务过程中可能产生的缺陷。这既是保证教育质量的重要前提,预防教育服务消费者的权益损失,也净化了教育事业发展的社会环境。但是,"管制"也会带来教育机构的低效率、管制者偏好带来的缺陷以及为产生"寻租"行为提供了机会等弊端。

(4)政府对教育领域的管制行为需要受到约束。以政府管制这种强制性形式出现的干预措施,在教育产品与服务的提供方面会产生一些重大的缺陷。为此:①政府对教育领域的管制行为需要约束。政府管制的实质在于让公共权力机构代替教育服务的实际需求者,由前者在教育产品与服务的效益和代价之间做出选择,其缺陷主要有:一是容易导致教育机构的低效率。学校通过政府教育主管部门的规定得到稳定的入学人群,在保证学校教学秩序和教职工工作稳定的同时,也往往形成学校及其成员在工作上的惰性,缺乏对学生的关爱和工作的进取性,更缺少对学生及其家长的服务意识与行为,甚至导致不少学校内部机构重叠,人浮于事,设备闲置,效率十分低下。二是管制者偏好带来的缺陷。政府机制进行的资源配置通常不是高效率的,同经济领域的竞争性产业不同,用于教育领域的投入与产出效益难以精确衡量,政府部门缺乏足够的动力考虑其行为的效率,在公共教育项目上的扩张意识与行为便缺乏客观的约束。这就使政府机构的管理者会将个人的职业生涯与发展前景同一定时间和有限空间的"公共利益"结合在一起。实现自己管辖范围内教育产品与服务的规模最大化,无疑是突显其工作绩效的合理选择,理所当然地去追求最大可能的资源投入,这就使教育产品与服务提供上存在市场失灵的同时,也会发生"政府失灵"的状况。三是为产生"寻租"行为提供了机会。政府对教育领域管制的实施使管理者拥有批准或不批准的权力,这种权力同时也有了用来为私人、集团或部门利益服务的机会。掌握管制权力的机构和人员就有可能用审批权力来换取私利。②有效约束政府对教育领域的管制行为。现代市场体制环境下的政府对教育领域的管制政策与行为应同计划经济时代无所不包的"全能"政府有着根本性的区别,为使管制不至于成为某些利益阶层或集团实现目的的途径，避免在消除自然形成的垄断过程中又人为打造出以政府名义实行的垄断，政府对教育领域的管制应当受到约束。在遏制教育领域内对市场机制的滥用时，又要防止传统计划体制的回归。在政府对教育领域的管制范围内，实行政事分开，建立健全学校事业法人制度，是实现政府教育管理职能转变的关键。政府及其教育行政部门不再以行政命令、指示、规定或指令性计划等行政措施和手段为主，直接领导和管理学校，以从根本上改变学校作为政府附属机构的地位。政府的介入与干预，应着重放在为教育机构运作创设良好的外部环境，提供高效率的行政服务上，才能促进政府的教育管理职能从微观领域向宏观领域的转变。

(5) 调整和完善政府对教育管理的职能范围。转变政府的管理职能突出地表现在现代市场经济体制下政府在教育领域的管理定位问题。①促成政府管理职能的"到位"，对社会公益性突出的教育产品与服务，政府必须管到管好。如义务教育领域，政府必须承担起公共权力机构所赋予的职责，以社会公平为追求目标，加大政府财政的支撑力度，公共财政应支撑起主要直至全部投入，并使之制度化和规范化，确保提供纯社会公益性产品与服务的部门与机构，不因受市场经济社会的逐利性而被边缘化。②解决政府管理职能的"越位"，不该政府管的坚决不管。甄别现有教育部门与机构提供产品与服务的属性。现有教育的规模极其庞大，教育机构功能边界模糊不清的状况非常严重，营利与非营利行为混淆。一些完全可以或者已经按市场规则办事的教育产品与服务，仍被当作公益事业对待，使这些部门和机构既得到了政府财政的支持，又通过市场交易而获益，这就加剧了公共财政的紧张状况，也是造成教育领域各部门、机构之间苦乐不均的根源。一些市场化程度很高的教育产品与服务，那些可以并已经实现企业化运作的教育部门与机构，政府职能应当转变直接管理者的身份，从"运动员"的角色退役，担当起监控者的角色，还政府以"游戏"规则制定者和"裁判员"的正确身份定位。③依法律法规约束教育机构的市场性行为。无论是公立教育还是私立教育领域，教育机构的市场性行为主要依靠国家或政府颁布的法律法规来约束，并应受到较严格的限制，因为教育机构不可能也不被允许像私人经济领域中的企业那样，完全依靠价格机制的运用，获得足够的资源。倡导与推行竞争也是有限制的，因为教育毕竟是一个不完全竞争的市场，运用风险机制或倡导企业家的冒险精神来取得学校经营业绩，必然会给教育带来较多的负面影响。④建立健全学校事业法人制度，使学校享有与政府机关平等的法律地位，具有独立的法人资格，具有民事权利能力和民事行为能力，成为享有法定权利与义务的实体，在组织目标的确立、人员构成、经费使用、内部分配等方面拥有自主权，依法面向社会自主开展教育教学等活动，通过学校的自主发展和自我约束，增强学校对社会的适应与服务能力，促进各类学校发展及其成员工作的主动性、积极性和创造性，提高教育产品与服务的质量，从而为约束政府对教育领域管制范围提供前提条件。⑤创新现代学校的管理体制，包括事业领导体制、人事管理体制、财务管理体制和监督约束体制的创新。在领导体制创新方面，以政事分开为体制框架，取消学校的行政级别和淡化行政隶属关系，由学校相关各方组成民主、科学的领导决策权力机构，保证学校独立决策和自主经营管理；在人事管理体制创新方面，打破人才的部门、地区和单位所有制，依托社会化的劳动保障制度的建立，运用和发挥生产要素市场在人力资源配置上的作用，使学校组织的成员由"国家人"、"单位人"转向"契约人"；在激励机制方面，学校组织内部引入竞争机制，建立健全完善的用人机制，并实行多样化的劳动分配制度,充分调动组织内部各类成员的劳动积极性、主动性和创造性;在财务管理体制创新上,通过规范化的国有资产管理制度的施行,建立和健全学校的成本核算制度和经费收入与支出管理制度,规范学校的收支管理,提高教育经费使用的效益,实现国有资产的合理有效利用。⑥建立对学校的监督约束机制。当学校成为独立的面向社会自主提供教育产品与服务的法人实体时,信息不对称的状况可能愈加突出。因此,在实施政事分开,淡化行政隶属关系的过程中,必须同时培育多元化的监督与制约主体,以制止或减少因信息不对称而造成的学校"败德"行为。在创新和强化政府对相关教育领域行政执法的内容、形式与手段的同时,应建立和加强学校的内外部民主监督制度,扩大法制约束的途径,增强法制监督的力度,建立起社会公众对学校的评价制度和实施常规监督的有效渠道。

(6)发达国家政府教育管理职能转变的启示。以市场逻辑和公共管理理念为导向的各国政府教育管理职能的调整,是"政府失灵"问题的凸现和财政危机困扰的背景下,教育的国家干预行为和观念所受的影响与冲击。其提出的要点是,在强调竞争和效率的目标下,以减少政府的直接干预为改革路径,通过保证自由交易(如包括教育券计划、特许学校、公校私营等多种形式)的选择来提高教育的质量与效率;同时,倡导与教育相关的各主体都参与教育管理,建立政府、学校、社区、家长等共同合作的新模式,这要求政府在学校管理的多个方面放权,促进教育消费者在教育管理中发挥积极作用。启示我们不能将教育管理仅仅看做是政府教育行政管理,而排斥了学校、学生等其他利益主体参与教育管理的可能性,应强调学校独立自主,让家长、社区等共同参与学校管理。基于我们对中小学校长进行的问卷调查,校长普遍认为政府在教育管理职能行使中存在统得过死、管得过细以及行政监督过多而服务职能过少等管理方式不当的问题。为此:①引入"公共管理"的理念。政府要努力推进教育的公共管理,包括有效地、合法地筹措教育的公共资源,制定和实施教育的公共政策、保障公共教育管理的规范化运行,协调和处理教育的公共关系,公平有效地提供教育的公共服务,追求教育的公共利益最大化等。②践行"服务型"政府行为。政府在教育管理职能方式上要改变主要依靠行政手段的做法,转为运用法律手段、资助政策、政策引导、信息服务、监督评估等,建立教育中介组织参与教育管理与监督机制,为吸收社会教育资源服务,并建立起有效的激励机制。同时,政府也应当充分保护个人和团体合法的教育财产权利,为教育资源发挥最大效益提供服务。服务型政府的教育管理职能,重要的是在结果,如学校绩效考核等方面进行间接的管理,而无须对学校具体事务的亲力亲为。③适当选择"有限政府"的管理方式。在市场经济体制下,政府教育管理职能范围应该是有限的。政府在对教育管理上应退出一般竞争性的办学领域,把办学竞争的利益和责任"归还学校,回归社会";在竞争性的办学领域,政府从微观、具体、细致的管理职能中退出,把学校微观管理的职能"归还校长,回归学校",政府应从一切可以由学校自主决策的领域逐步退出。这些领域包括:专业设置、课程方案(义务教育除外)、招生计划、毕业生资格认定等。"有限"政府的教育管理职能范围:一是政府专心于公共教育政策的制定和法规建设、教育发展战略研究、教育信息服务、教育督导和质量评估;积极鼓励教育科学研究和教育创新;加快制定规范、公开、公正和效益导向的公共教育经费拨款制度,使之成为推进教育发展的有力政策工具。二是政府应该逐步退出教育活动的微观管理领域,转向监督控制。政府教育管理职能主要表现在,除拨款举办各级各类教育并促进教育机会的公平分配外,应建立并实施国家教育质量标准、教师专业标准、课程标准、教师教育机构标准等,对学校的微观活动进行有效的监控,以防止在学校和学生之间出现严重的两极分化现象,均衡教育公平与学校效率的关系。

(7) 政府教育管理职能转变应有利于基础教育的均衡发展。基础教育的均衡发展,是教育的社会公平原则在教育领域的具体体现,更是构建社会主义和谐社会的本质要求。基础教育均衡发展主要涉及三个方面:一是关注受教育者平等受教育的权利,确保人人都有受教育的权利和义务;二是相对均衡地配置优质教育资源,为受教育者提供相对平等的教育机会和条件;三是关注每个受教育者潜能的最大程度的发挥,为受教育者提供相对均等的教育成功机会和结果。由于现阶段我国东西部、城乡、沿海发达地区与"老少边贫"之间的经济与社会发展水平的差距,以及由此决定的"地方办学,分级管理"的教育体制,使基础教育均衡发展的着眼点仍应主要放在区域(主要是县级行政管辖范围)内。现阶段基础教育的发展失衡不仅表现在校舍等教育设施设备上,也反映在师资水平、生源质量、教育教学管理水平等诸多方面,其症结是基础教育投入的失衡。公共教育的资金投入差距不仅表现在省际之间,即使在县级区域内也十分突出,致使同一区域内不同学段的学校,乃至同一学段校际之间教师收入水平与公用经费额度上的显著差距。由此引发的不仅是学生的"择校",更有作为教育生产力要素的优秀教师从相对贫困地区与薄弱学校的流失,进而引发了更多优秀学生及其家长的择校行为。因此,政府的职能转变应从公共管理的视野着力遏制基础教育领域学校之间的"马太效应",加大对基础教育的投入,特别是对义务教育阶段学校的投入;建立保障教育经费落实到位的监督机制,即各级人民代表大会要依照《中华人民共和国宪法》、《中华人民共和国教育法》等法律,定期督促各级政府加大教育投入,为教育优先发展提供物质保证。建立责任清晰的财政转移支付制度,强化县级以上政府对基础教育的责任,改变基础教育的发展完全依赖地方经济发展水平与政府财政收入的被动状况。制定义务教育的基本生均费用、最低财政拨款标准等,在投入增量上缩小区县之间、学校之间的教育经费差距,以逐步增强县级以上政府对义务教育均衡发展的宏观调控力度。在均衡区域以及学校的师资水平方面,政府及其教育行政部门应在收入、晋升、培训等方面制定倾斜政策,以尽快稳定、充实与提高相对贫困地区和薄弱学校的师资力量。

(8) 发挥家长、社区人员在现代学校管理中的职能。根据公共管理的理念与实践,在政府教育管理职能的转变中应强调学校独立自主,让家长、社区人员等共同参与学校管理,以促进教育管理体制的完善,推动学校教育健康有序地发展。我们所作的问卷调查与访谈的结果显示:现阶段在上海和江苏等发达地区,家长、社区人员对学校的管理职能在知情权上,倾向于"到位",但在管理权、决策权、监督权、评价权上,则存在明显的"缺位"现象,特别是在评价权上,"缺位"现象严重。家长、社区人员等学校的相关利益者对学校的管理和决策等没有发言权,他们只是处于被动接受的地位,机械地执行学校的指示、命令等,更不用说对学校管理工作的评价了,家长、社区人员还处于学校管理中"局外人"的地位。其原因首先是政策、法规的不完善,阻碍了家长、社区人员参与学校管理的环境形成,既造成了观念上的滞后与障碍,也缺乏他们参与管理的制度与机制,制约了他们应有职能的发挥。从具体的制度层面上分析,现行的校长负责制没有给家长、社会人员参与学校管理留下空间。在市场经济环境中,如果政府实行宏观管理,而校长负责制没有相应的监督约束机制,校长全权管理学校,就有可能衍变为"内部人控制现象"。

因此，政府职能的转变决不是简单的"放权"问题，必须在改革"行政指令、计划调控、自我封闭、教育与社会分离"教育体制的同时，建立起"政府统筹、社会参与、主动服务、教育、社会一体化"的新的教育体制。从操作层面上，应着眼于"学校—家长—社区人员"合作伙伴关系的构建，在我们调研的过程中发现的"家长参与幼儿园管理四步分段法"和"社会评学"等实践已渗透着公共管理中强调的"平等关系"、"过程参与"、"结果质询"等关键特征。我们认为家长、社区人员参与学校管理职能内容和范围应该是有知情权、管理权、决策权、评价权和监督权，具体表现为：①校务委员会内有家长、社区代表，代表的遴选标准与程序由家长、社区人员自己制定；②监督和评价学校的办学方向、办学特色、办学质量；③参与讨论和询问学校的运作情况；④参与学生的部分学习活动；⑤家长、社区人员和教师共同为孩子制订个别化学习改进计划；⑥建立家—校计算机连接系统，便于家长了解学校信息及孩子的学习情况；⑦适度参与教师遴选工作。

（9）市场机制实践对政府教育管理职能转变的启示。在国内外进行的教育改革中，教育民营化的政策、将市场机制引入教育领域以及推行学校间的竞争等做法引发了很大的争议。但是，在教育资源尤其是优质教育资源稀缺的情况下，各种办学主体都必须寻求一种有效的办学模式，以拓展融资渠道，盘活存量资源，提高资源配置效益。教育集团作为一种市场型的资源配置与运作模式，在教育发展与改革实践中表现出来的办学和管理方面的优势为改革传统办学形式与管理方式提供了示范效应。我们通过对浙江省若干教育集团的调研，从教育集团的发展概况、运行机制和发展前景三个方面进行分析，探寻教育集团办学的共性特征。目前存在的教育集团类型有产业支撑型、政府主导型、企校转制型、股份融资型、发展积累型和名校嫁接型等六种。教育集团通过组织设计和制度安排，集团内各机构进行功能分解，分工协作，资源共享，有利于提高管理的标准化和专业化程度，有利于实现规模经济（Economies of Scale）、获得范围经济（Economies of Scope）与降低交易成本（Transaction Cost），提高办学效益。教育集团借助集团这种组织形式办学，通过组织设计和制度安排，在一定程度上把学校的投资者和办学者分离，学校实行所有权与管理权分开。教育集团对其下属学校进行共性管理，把学校的教育、科研以外的业务进行剥离，统一管理，统一运作。从教育集团的组织架构模式看，集团的组织设计都较为扁平化，避免了管理层次增多造成组织监控成本上升，激励力度下降，信息传递缓慢，变化反应迟钝，组织效率不高等问题。从教育集团的运行过程看，一般在运行过程中大都引入市场经济的成本概念，按高效、精简、勤俭的原则使教育资源得到最佳配置，最大限度降低办学成本。在人事管理上，教育集团大多参照现代企业的管理制度，一般都建有灵活多样的用人制度与激励机制，实行过程与终端考核并重、数量与质量并重、工作投入与绩效并重的"按劳取酬，优质优酬"分配政策。在资产管理上，教育集团除注重有形资产的管理外，也十分注重无形资产的管理。品牌扩张已成为教育集团发展的方式之一，教育集团在利用品牌效应进行扩张时，不光输出品牌标识，还包括一整套的管理制度、文化和理念等，这些品牌标识、管理制度和技术等是教育集团进行资产管理的重要内容。教育集团的运营并不一定意味着教育产业化，也并不一定意味着营利，避免了在发展民办教育上的若干争论。但教育集团的发展为在教育领域引入市场机制以及教育管理体制改革作了积极的探索，归结起来有：①两权分离，职责明确，提高管理专业化；②专业分工，集约管理，有效降低成本；③市场导向，机制灵活，激发竞争活力；④明确定位，强势投入，市场竞争力强;⑤连锁办学,规模运作,抗风险能力强。这些对政府教育管理职能的转变,无疑具有重要的启示。

(10) 政府教育管理职能的转变应适应开放式教育体制的需要。我国加入 WTO 以后,我国国内教育已经开始置身于世界教育大市场中,教育主权面临前所未有的挑战。教育领域带来了巨大的影响和冲击,这在大都市和经济发达地区表现得十分明显。WTO 中的服务总协定(GATS)规定,除了由各国政府彻底资助的教学活动以外,凡收取学费、带有商业性质的教学活动均属于教育服务范畴。这表明参与国际贸易的教育服务的商业属性,突现了教育活动中的市场意识。因此,从某种程度上我们可以将WTO 规制下的教育服务当作市场化下的教育服务,并且是全球化背景下的国际教育大市场。"教育服务"包括了提供远程教育、海外办学、鼓励出国留学和开展专业人才国际流动等四项主要内容。作为教育服务贸易强国的美、英等发达国家从解决教育资源过剩的国家利益出发,在市场意识及市场运作下,将其目光投向了拥有世界上最庞大教育人口的中国,并当作教育服务重要的输出之地。WTO 教育"服务"的理念要求政府仍然履行其应有的职责,集投资者角色和市场规则制定者角色于一体,怎么去处理两种角色的冲突并很好地服务于教育服务消费者,这是我国政府在 WTO 冲击下的巨大挑战。教育服务的国际贸易中比较突出的是国际生源市场和国际办学市场。随着国际教育市场的形成,各种与这些教育服务相关的教育咨询、出国留学教育服务及与此相关的短期培训等的业务发展起来了,其中大量的是由社会中介机构来承担。这种现象在经济发达地区如上海、深圳、广州等表现更为突出。相对于过去国家对教育领域各方面的全面控制而言,我国教育"市场"正从垄断走向了开放,在 WTO 冲击下的政府的教育管理职能至少在以下两方面需要进行实质性的突破:第一,政府作为学校的行政管理者与举办者的角色要分离,相应职能必须加以区别界定;第二,政府作为行政管理者与学校的办学者角色要分离,相应职权必须加以区别界定。政府角色应当调整为:首先,政府不是所有学校的举办者,而只是公立学校的举办者;其次,政府不是所有学校的直接管理者,对公立学校也不是,只是间接管理者。向市场经济体制的转型和加入 WTO 的现实为从无限政府向有限政府的过渡提供了契机。根据我国实际国情,在WTO 规则的制约下,政府可以在以下方面发挥其应有的职能:①发布各种类型的留学教育政策。包括制定有利于吸引国外学生来华接受教育和有利于国内消费者出国留学的各种类型的留学政策。②创设适应国际教育贸易的办学环境。政府各相关部门的协调一致,达成开放教育市场的共识;加快转变政府职能和工作方式,学会按国际通行规则做好教育管理和服务工作;明确政府教育主管部门的职责范围,防止"越位"和"错位"等。③规定从事国际教育服务贸易的机构及人员标准。对于从事国际教育服务贸易的机构和人员,政府应该借鉴国外有效的经验,制定相应的批准和审核标准,以对教育服务的消费者负责。④规范及严格查处违法违规的机构与人员。对于出现违规违法的机构和公民,政府部门应该及时地进行严格查处,整顿教育服务市场,维护教育市场的良性发展,以获取教育服务贸易的利益。⑤建立和完善国际教育服务贸易活动的预警、监控体系。WTO 规制下的教育服务贸易已经成为了各国对外贸易的重要领域之一,许多国家的政府鲜明地提出将教育服务贸易当作获取外汇收入的重要来源。我国也应该予以充分的重视,建立和完善国际教育贸易活动的预警、监控系统,从战略高度来发展我国教育服务的国际贸易。⑥研究并适时发布国际教育服务贸易的动态或指南。国际教育服务是一个复杂的贸易领域，面对大量的信息冲击，许多机构和个人未必能准确把握。政府在这方面处于优势地位，可以从宏观上为从事教育服务贸易的机构和个人提供相关的动态或指南。这也是政府在WTO背景下的重要职能之一。⑦推进学位、学历证书的国际互认。学位、学历证书的国际互认是教育消费者十分关注的一个问题，在这方面政府可以起到一定的推动作用。政府可以在各国学校之间发挥协调作用，组织对一些学校学位、学历的认证工作，通过对学位、学历证书的国际互认工作，推动教育服务贸易市场的规范化、有序化。⑧采取适当的措施保护我国国内教育市场。作为发展中国家，我国教育市场还不是很完善，教育的财力、物力和师资力量以及设施条件，与WTO的许多成员国相比，还处于劣势地位。所以我国开放教育市场，尤其在刚刚起步阶段，应该把握"度"的问题。这就要求政府关注教育市场的波动，制定行之有效的保护性措施，以利于我国教育市场健康良性地成长。⑨维护我国教育主权。教育主权涉及国家基本的政治文化经济利益，是每一个主权国家都必须坚决维护的基本权益。在吸收国外先进文明成果的同时，教育领域还负有维护社会主义意识形态，保持和弘扬中华民族优秀文化传统的重任。

5. 分析和讨论

（1）理论参照系的拓宽。本研究以现代市场经济体制下政府教育管理职能与运行机制的转变为研究对象，涉及面广，需要多学科的知识与研究方法为支撑。根据对所研究的问题的系统考察，本研究以公共经济学、公共管理学和现代教育管理理论为学术平台，世纪之交的国际范围内的教育管理改革为参照，以政府教育管理职能的转变为主要研究对象，融合了多学科理论与方法，试图将相关理论用于阐释我国教育管理体制的改革历程、问题与路径选择等，以期对政府教育管理的转变做出较为深刻的理论分析。

（2）相关理论观点的提炼。以现行对政府教育管理职能转变的论述而言，本研究所得出的如下观点，可以作进一步讨论。

①政府职能的扩大推动了现代教育的发展。提出了现代教育既是社会生产力发展的产物，也是现代市场经济体制下政府职能扩大的结果。

②"福利国家"制度是公共教育陷入困境的重要原因。"大政府"的理念支配下政府职能的不断扩张，将教育产品与服务的供给同实施所谓的"福利国家"制度捆绑在一起，既促成了现阶段教育的发展规模与水平，也使公共教育的维持和进一步发展陷入了困境。

③需要约束政府对教育领域的管制行为。"管制"是政府对教育领域实施干预的普遍方式。政府对教育领域实行的价格、信息、质量与资格等管制，有保证社会公众对教育产品与服务的普遍享用、解决教育服务供给者与需求者之间的信息不对称问题、保证教育产品与服务的基本质量、预防教育服务消费者的权益损失、净化教育发展的社会环境等效用，但也存有教育机构的低效率、管制者偏好带来的缺陷以及"寻租"行为等弊端。在避免教育领域对市场机制的滥用的同时，也要防止传统计划体制的回归，消除管制成为某些利益阶层或集团实现目的的途径，必须对政府的管制进行约束。

④应有效约束政府对教育领域的管制行为。在政府对教育领域的管制范围内，应当实行政事分开，建立健全学校事业法人制度，为约束政府对教育的管制范围提供前提条件，才能促进政府的教育管理职能从微观转向宏观。学校享有与政府机关平等的法律地位，具

有独立的法人资格,具有民事权利能力和民事行为能力,成为享有法定权利与义务的实体,在组织目标的确立、人员构成、经费使用、内部分配等方面拥有自主权,依法面向社会自主开展教育教学等活动。政府的介入与干预,应着重放在为教育机构运作创设良好的外部环境,提供高效率的行政服务上。

⑤创新现代学校的管理体制,是政府教育管理职能转变的重要条件。通过领导体制的创新,以政事分开为体制框架,保证学校独立决策和自主经营管理;人事管理体制与激励机制的创新,运用和发挥生产要素市场在人力资源配置上的作用,使学校组织的成员由"国家人"、"单位人"转向"契约人",实行多样化的劳动分配制度,充分发掘学校教职工的潜力与活力;财务管理体制的创新,建立和健全学校的成本核算制度和经费收入与支出管理制度,提高教育经费使用的效益;监督约束体制的创新,培育多元化的监督与制约主体,扩大法制约束的途径,创新和强化政府对相关教育领域行政执法的内容、形式与手段,建立起社会公众对学校的评价制度和实施常规监督的有效渠道,以制止或减少因信息不对称可能产生的学校"败德"行为。

⑥适当选择"有限政府"的管理方式,践行"服务型"政府行为。在市场经济体制下,政府教育管理职能范围应该是有限的。政府在对教育管理上应退出一般竞争性的办学领域,把办学竞争的利益和责任"归还学校,回归社会";在竞争性的办学领域,政府从微观、具体、细致的管理职能中退出,把学校微观管理的职能"归还校长,回归学校",政府应从一切可以由学校自主决策的领域逐步退出。政府在管理职能方式上要改变主要依靠行政手段的做法,转为运用法律手段、资助政策、政策引导、信息服务、监督评估等,建立教育中介组织参与教育管理与监督机制,为吸收社会教育资源服务,并建立起有效的激励机制。服务型政府的教育管理职能,重要的是在结果,如学校绩效考核等方面进行间接的管理,而无须对学校具体事务的亲力亲为。

⑦构建"学校—家长—社区人员"伙伴合作关系,以弥补政府教育管理职能转变留出的空间。在市场经济环境中,如果政府对中小学实行宏观管理,没有相应建立起对校长负责制的监督约束机制,便由校长全权管理学校,就有可能衍变为"内部人控制现象"。因此,为使政府教育管理职能的转变,不是简单地变型为所谓的"放权",在改革"行政指令、计划调控、自我封闭、教育与社会分离"的传统教育体制时,应着力构建"学校—家长—社区人员"伙伴合作关系,才能形成"政府统筹、社会参与、主动服务、教育、社会一体化"的新体制。操作层面上,需要建立"平等关系"、"过程参与"、"结果质询"的学校管理制度与程序,以保证家长、社区人员对学校管理的知情权、管理权、决策权、评价权和监督权。

⑧政府教育管理职能的转变应适应开放式的教育体制的需要。国际教育服务贸易具有的商业属性突现了教育活动中的市场意识与规则。随着国际教育市场的形成,在WTO规则的制约下,政府需要在以下方面发挥其应有的职能:a. 发布各种类型的留学教育政策;b. 创设适应国际教育贸易的办学环境;c. 规定从事国际教育服务贸易的机构及人员标准;d. 建立和完善国际教育服务贸易活动的预警、监控体系;e. 研究并适时发布国际教育服务贸易的动态或指南;f. 推进学位、学历证书的国际互认;g. 采取适当的措施保护我国国内教育市场,维护我国教育主权。

6. 建议

(1) 已有研究的缺陷：①限于课题组的能力，实证调查的范围还比较小。问卷调查和访谈主要在上海市和江苏、浙江省部分地区进行。其中固然有考虑这些地区的市场经济较为发达，政府教育管理职能的转变已具有较充备的社会环境以及实践探索等因素，但这不能不影响相关分析应具有的全面性，从而可能使提炼的观点与得出的研究结论受到局限。②课题研究的内容全面性尚存在不足，一些需要认真研究的问题尚未涉足。政府教育管理职能与管理机制转变问题，随着课题组研究工作的展开，愈发认识到其中需要研究的问题面大量广，如各级政府（这里指的是省级以下市、县区、乡镇三级政府）的教育管理职能与管理机制有何异同，如何根据市场经济体制的要求进行调整，尤其是管理机制需要做出怎样的变革，没有做分门别类的深入调查研究。尽管基础教育实行"以县为主"的管理体制，但本研究以县（区）级的政府教育管理职能为集中分析的对象，就存在一定的局限性。

(2) 根据研究结论获得的启示：随着我国社会主义市场经济体制的逐步完善，政府教育管理职能与运行机制转变的实践将愈益丰富，研究的条件在不断成熟，但教育发展与改革实践也陆续提出了一些新的问题，以下问题可做进一步的深入研究。

①在义务教育由政府财政全部承担的条件下，政府与学校的关系如何确定，政府教育管理职能如何定位，以促进基础教育的可持续发展问题。

②省级以下市、县（区）、乡（镇）三级政府的教育管理职能应如何划分，管理机制应有何异同，从而清晰"以县为主"体制的职能边界和应获得怎样的支持问题。

③在城乡居民对基础教育愈益关注、受教育者及其家长权利意识生成的社会环境下，考察政府教育管理职能的变革，研究不仅要从中小学管理者的视角，还需要从学校教育利益相关者的角度进行考察，从构建和谐社会的视野探索政府教育管理职能与运行机制的转变问题。

三、参考文献（略）

四、附录

致　谢

经过多年的努力，我们承担的全国教育科学"十五"规划重点课题（国家一般课题，BFA010066）"政府在市场经济条件下的教育管理职能转变与管理机制研究"，终于进入到了结题阶段。在此，我们要感谢为课题研究提供各种帮助的教育界同行和作调查访谈的政府机关、学生家长等朋友，需要感谢有：参加上海师范大学、浙江省教育学院中小学校长研修班的各位校长，参加浙江省嘉兴学院分管教育乡（镇）长培训班的乡（镇）长；浙江省宁波万里教育集团、衢州教育集团办公室主任及所属的学校校长，上海市黄浦区、闸北区、闵行区、宝山区和青浦区，江苏省泰兴市、姜堰市教育局的分管局长、校（园）长、教师及学生家长，上海童的梦艺术幼儿园等。是他们腾出宝贵的时间接待我们，提供自己工作的实际状况、真实想法和真知灼见才使我们的研究得以顺利进行并取得一定的研究成果。

还要感谢上海师范大学社会科学管理处的陈昌来、曾维华处长和江家鸣老师,更要感谢全国教育科学规划办公室各位领导,我们的研究过程离不开你们的大力支持。由于课题组研究过程中不断出现需要研究的新问题,试图追求研究内容的全面完备,造成研究的过程不断延宕,加之课题主持人工作单位的变动,耽误了按时结题。为此,要深深感谢你们的理解与宽容,正是你们的支持、理解与宽容,使我们有勇气与信心将课题研究的成果呈上。

谢谢!

课题组
2008年12月5日

附录五

课题发表的相关成果

成果一 新阶段政府教育管理职能应如何转变

魏志春

政府作为社会公共行政机构,是按照国家宪法和有关法律建立起来的管理社会公共事务的主体。现代中小学,绝大部分是政府为满足社会公共需要而举办的。在我国现阶段,政府及其教育行政部门通过管理职能的行使,贯彻落实国家有关教育的法律法规、方针政策,直接领导与具体管理中小学。在建立与完善社会主义市场经济体制和实现向现代化社会转型的过程中,政府如何转变职能以适应新形势?这是亟待研究和解决的一个重要问题。

一、政府教育管理职能转变的客观必然性

现代教育既是社会生产力发展的产物,也是现代市场经济体制下政府职能扩大的结果。在实行"市场 + 政府"的现代市场经济体制下,政府是教育发展所需资源的主要支撑者,这不仅是教育资源实现有效配置的要求,也是现代国家为解决市场失灵问题,促进社会公平的职能所在。正因为如此,当今世界发达国家和许多发展中国家都把发展与改革教育、解决教育领域中问题与推动教育创新等作为国家最重要的发展目标之一。政府则将教育改革作为施政纲领的主要议题,这反映了现代社会教育活动同政府职能之间的密切联系。现代教育的发展与改革既离不开政府的资源投入,也无法摆脱政府的主导和控制。因此,政府职能的持续扩大推动了现代教育的发展。

在现代市场经济体制下,为避免教育资源市场配置方式带来的消极影响,教育成为政府全力干预与控制的社会公共事务之一。为实现国家的教育发展规划、在学校中倡导与推行社会主流价值观、推进教育的社会公平等目标,政府主导或直接制订各种教育计划,延伸年青一代国民接受义务教育的年限,持续扩大对各级各类教育的投入,不断提高对学生学业水平的要求,促进学校教育质量的改进,提高教师的专业要求与标准,推出各类教育课程的改革方案等。为奠定综合国力竞争的坚实基础,世界各国特别是一些发达国家,政府在发展国民教育与提高中小学教育水平方面可谓不遗余力。

所有这些固然有助于实现政府对教育领域的全面管理,推进国民教育规模的迅速扩大,支持学校办学条件的不断改善。但也导致了政府对教育领域"包得过多"、"管得过细"乃至"管得过死"的行为扩张现象。我国在计划经济时代以及欧美"福利国家"制度下的基础教育与中小学状况,从不同社会的体制背景和发展层面反映了这种由"大政府"

理念引发的种种弊端。

在一些欧美的"福利国家",政府用于教育的公共支出不断扩大,包办过多,中小学失去竞争的压力和动力,缺乏生机与活力,学校教育教学状况与质量成为社会公众长期批评的对象,使公共教育的维持和进一步发展陷入了困境。这种发展过程中的困境,首先是同现代教育产品与服务的制度安排有关。现代社会的公共利益,既有一致性方面,也表现为各具特点的复杂性。许多教育产品与服务的提供并不一定显现社会公众的普遍需求,反而具有较明显的个人收益性,如果由政府提供便会产生所谓的"绝对强制"问题。那些同所谓的"福利国家"制度捆绑在一起的教育产品与服务,即便是发达国家都难以为继。市场经济社会的利益分化及利益集团的形成,必然使一些阶层与集团从自身利益出发,要求与促成政府扩大对教育领域职能的范围和程度,那些没有对此需求的居民也要为此纳税,这就会在丧失税收公平性的同时,也失去教育的社会公平性。

同时,同经济领域的竞争性产业不同,用于教育领域的投入与产出效益难以精确衡量。政府部门在公共教育项目上的扩张意识与行为,缺乏足够的动力考虑效率问题,便缺乏对自身行为的客观约束。政府机构的管理者会将个人的职业生涯与发展前景,同一定时间和有限空间的"公共利益"结合在一起。实现自己管辖范围内教育产品与服务规模的最大化,无疑是突显其工作绩效的合理选择,致使"官僚行为"的持续"增长",这就使教育产品与服务提供上存在市场失灵的同时,也会发生"政府失灵"的状况。

"政府行为扩张"和"官僚行为增长"等揭示的现象及其弊端是现代国家在包括教育领域的社会公共事务管理中的通病,通常表现为这两种情形:一方面是政府过高地估计自己权力对教育领域各种事务的干预能力,任意扩大政府权力的行使边界,"管制"范围无所不包,无隙不入,管了许多"不该管"、"管不好"和"管不了"的事;另一方面是受"任期目标制"及"目标责任制"等的驱使,"短期行为"滋生与蔓延,在时间的偏好上注重近期忽视长远,过高地估计教育项目的短期收益,并会用各种理由盲目扩大教育供给,如建示范学校,树窗口学校,上各种名目的新项目,造就了许多"形象工程"、"政绩工程"、"首长工程";"长官意志"、"瞎指挥",形式主义泛滥,过度干预学校教育教学专业上的具体事务等。因此,推进和实现政府教育管理职能的转变,是经济与社会进行转型的需要,更是促进教育可持续发展的客观要求。

二、政府教育管理职能转变的路径选择

现代市场体制环境下的政府对教育领域管理职能的行使,应同计划经济时代无所不包的"全能"政府有着根本性的区别。在遏制教育领域内对市场机制的滥用,强调政府对义务教育应负的职责,加大政府对基础教育投入的同时,又要防止传统计划体制的回归,以使管制不至于成为某些利益阶层或集团实现目的的途径,避免在消除自然形成的垄断过程中又人为打造出以政府名义实行的垄断。为此,需要引入"公共管理"的理念,适当选择"有限政府"的职能行为,践行"服务型"政府的管理方式,以有效推进政府教育管理职能的转变,跳出政府职能转变上的"一放就乱,一乱就收,一收就死"的历史覆辙。为此,政府教育管理职能的转变必须清晰政府在教育领域应该"做什么"的问题。

1. 制定与实施促进教育可持续发展的公共政策

政府及其教育行政部门应专心于公共教育政策的制定与操作、制定科学可行的中长期

教育发展规划、建立教育信息服务体系、建设教育督导和质量评估的长效机制；积极鼓励教育研究和教育创新；制定与完善规范、公开、公正和效益导向的公共教育经费拨款制度，使之成为推进教育发展与改革的有力政策工具。如对社会公益性明显的义务教育领域，政府必须承担起公共权力机构所赋予的职责，以社会公平为追求目标，加大政府财政支持的力度，公共财政应支撑起主要投入乃至全部投入，并使之制度化和规范化，确保提供纯社会公益性产品与服务的教育部门与机构，不因受市场经济社会的逐利性而被边缘化。

2. 对教育领域实行公开透明的有效"管制"

所谓的"管制"，即政府以强制性手段实现对教育机构决策与行为及其结果的限制。在社会现实中，教育产品与服务是由不同的教育部门与机构所提供的，出于对效率的追求，必然要提倡和进行一定程度的竞争。如果在教育产品与服务的提供上，因竞争机制的引入而出现自然垄断，将扭曲教育部门和机构的公益性和非营利性，使教育领域的社会资源配置丧失效率，更无法保证社会的公共利益。为此，政府需要对教育产品与服务的提供行为实行管制，目的是为了保证学校及其他教育机构的社会公益性与非营利性，避免教育资源的市场竞争方式带来的消极影响。因此，包括制定管制价格、实行信息管制、质量管制以及资格管制等在内的"管制"，便成为政府教育管理职能的主要体现，也是对教育领域实施干预的普遍方式。

政府选择的这些管理制度与行为，其反映的意图并试图取得的效用主要是，维护教育产品与服务的分配效率，保证社会公众对教育产品与服务享用的普遍性，以体现教育的社会公益性；解决教育服务供给者与需求者之间的信息不对称问题，使学校的环境与设施、教学制度与措施等符合学生身心健康成长的要求，保证教育产品与服务的基本质量，将政府认为不符合社会公共利益的产品与服务挡在教育领域之外，事先杜绝教育服务过程中可能产生的缺陷等。

3. 根据教育产品与服务的属性扮演不同角色

现代社会的教育规模极其庞大，教育机构功能边界模糊不清的状况非常普遍，营利与非营利行为混淆。一些完全可以或者已经按市场规则办事的教育产品与服务也常常被当作社会公益事业对待，使提供这些教育产品与服务的部门和机构，既得到了政府财政的支持，又通过市场交易而获益，这就加剧了公共财政的紧张状况，也造成教育领域各部门、机构之间的苦乐不均。

因此，政府需要甄别现有教育部门与机构提供产品与服务的属性。根据教育机构社会公益性的强弱，决定对其所需资源的投入程度和管理角色的扮演。一些市场化程度很高的教育产品与服务，那些可以并已经实现企业化运作的教育部门与机构，政府应当转变直接管理者的身份，在教育管理职能上退出一般竞争性的办学领域，把办学竞争的利益和责任"归还学校，回归社会"；从"运动员"的角色退役，担当起监控者的角色，还政府以"游戏"规则制定者和"裁判员"的正确身份定位。

4. 通过专业化标准对学校教育教学及其他事务进行监督控制

现阶段学校及其他教育机构和上级行政部门或行政主管部门之间存有隶属关系。但是，学校及其他教育机构是现代社会中的专业性组织，其成员以专业人员为主体，各种活动内容与形式具有浓郁的专业性色彩，这就需要形成适合教育教学专业特点的管理体制、结构与规则。教育机构所需的资源与政府组织有一定的共同性，但学校不是行政化的组织,也不应视作政府部门的附属机构。学校作为一个相对独立性的组织向社会公众提供教育服务,对社会的作用不同于政府组织的职能,运作也不同于政府机关,组织机构管理上必须享有较大程度的独立性和自主性,成为面向社会提供教育产品与服务的独立的事业法人。

政府应从可以由学校自主决策的领域逐步退出,把学校组织内部属于专业性的事务管理职能"归还校长、回归学校",才能有效地降低政府投入的成本,办出学校的特色,显示出教育在满足社会公益与其他方面需求的多层次性和选择性。政府对学校教育教学及其他事务的管理职能主要表现在,建立并实施国家或区域性的教育质量标准、教师专业标准、课程标准、教师教育机构标准等,对学校的专业性活动进行有效的监控,以防止在学校绩效和学生学业之间出现严重的两极分化现象,均衡教育公平与学校效率的关系。

三、政府教育管理职能转变应突出的重点

进入 21 世纪以来,随着国民经济的快速增长,各级政府拥有的公共财力及其对教育领域投入的力度也大大增强,各地城乡中小学的办学条件得到了明显的改善。在此背景下,现阶段政府教育管理职能转变的重点是什么呢?

1. 政府教育管理职能必须"到位"而不"越位"

对社会公益性突出的教育产品与服务,政府必须管到、管好。例如,为义务教育阶段的中小学提供基本的办学条件,包括合格的师资、安全适用的教育教学设施设备、必需的办公经费等。

同时,甄别现有学校及其他教育机构中属于公共性与专业性的事务,政府进行直接干预的必须是属于"公共性"领域的学校事务,而对于属于学校教育教学专业领域的事务,政府及其教育主管部门通过出台包括资质、资格、督导等在内各类质量标准,引导或指导学校与教师的专业工作,激励他们向政府所期望的目标努力。

此外,还应依国家法律法规约束教育机构的市场性办学行为,承担起学校教育教学活动监察者的角色。

2. 促进基础教育的均衡发展,以体现教育的社会公平

建立责任清晰的政府财政转移支付制度,强化县级以上政府对基础教育的责任,改变基础教育的发展完全依赖地方经济发展水平与政府财政收入的被动状况。制定基础教育区域性生均教育费用、生均公用经费标准以及最低财政拨款标准等;在投入增量上缩小区域内城乡、学段、学校之间的教育经费差距,逐步减缓并消除影响基础教育均衡发展的财政因素。

制定与实施均衡区域内基础教育师资配置的政策措施。以义务教育阶段学校实行教师绩效工资制度为契机,政府及其教育行政等相关部门,应在中小学教师收入分配、职务晋升、进修培训等方面制定配套政策,使资源与机会向县以下的乡镇学校和贫困地区学校倾斜,以尽快稳定和充实农村和薄弱学校的教师队伍。

制定与实施有助于农村和薄弱学校改进的评价制度,促进农村和薄弱学校的稳定和可持续发展。

3. 构建社会化的学校监督体系

在市场经济环境中，如果政府退出对学校的直接管理，现行校长负责制缺失相应的监督约束机制，学校就有可能衍变为"内部人控制现象"，使中小学管理产生失控的风险。因此，政府教育管理职能的转变决不是简单的"放权"问题，在改革"行政指令、计划调控、自我封闭、教育与社会分离"的教育行政管理体制的同时，必须充分发挥学生家长、社区人员在现代学校管理中的作用，建立起"政府统筹、社会参与、主动服务、教育、社会一体化"的新的监督体制。

在制度层面上，应建立由政府主导的包括家长在内的社区对学校进行监督制度，突显教育利益相关者对学校管理的"平等关系"、"过程参与"、"结果质询"等关键特征，避免社会监督流于形式或名存实亡。

在操作层面上，着眼于"学校—家长—社区人员"合作伙伴关系的构建，使家长、社区人员参与学校管理职能的内容和范围内，有知情权、管理权、评价权与监督权等，如建立有决策权力的校务委员会，其中有家长、社区人员自己制定遴选标准与程序推出的代表；其职能包括监督和评价学校的办学方向、办学特色、办学质量；参与讨论和质询学校的运作情况；参与学生的部分学习活动；家长、社区人员和教师共同为学生制订个别化学习改进计划；建立家—校网络系统，便于家长了解学校信息及孩子的学习情况；适度参与教师遴选与评价工作等。

4. 建立健全学校事业法人制度，创新现代学校管理体制

政府的教育管理职能从微观向宏观领域的转变，实行政事分开，意味着政府教育行政部门主要干预的是属于公共性的事务。政府及其教育行政部门不再主要以行政命令、指示、规定或指令性计划等行政措施和手段直接领导和管理学校，尤其是学校与教师的专业性事务。政府对教育领域干预的重点，放在为教育机构运作创设良好的外部环境，提供高效率的行政服务上，而专业性事务中大部分则由学校自己去处理解决，政府只提供相关的机会、信息与条件，以从根本上改变学校作为政府附属机构的地位。但是，缺失健全的学校事业法人制度，没有学校管理体制的创新，政府的教育管理职能的转变就无法实现。这是实现政府教育管理职能转变的关键。

建立健全学校事业法人制度，使学校享有与政府机关平等的法律地位，具有独立的法人资格，具有民事权利能力和民事行为能力，成为享有法定权利与义务的实体。学校在组织目标的确立、人员构成、经费使用、内部分配等方面拥有自主权，依法面向社会自主开展教育教学等活动，通过学校的自主发展和自我约束，增强学校对社会的适应与服务能力，促进各类学校发展及其成员工作的主动性、积极性和创造性，提高教育产品与服务的质量。这就需要对包括事业领导体制、人事管理体制、财务管理体制和监督约束体制等在内的学校管理体制进行创新。

——在学校领导体制创新方面，以政事分开为体制框架，取消学校的行政级别和淡化行政隶属关系，由学校相关利益者的各方组成民主、科学的领导决策权力机构，保证学校独立决策和自主经营管理。

——在人事管理体制创新方面，打破人才的部门、地区和单位所有制，依托社会化的劳动保障制度的建立，运用和发挥生产要素市场在人力资源配置上的作用，使学校组织的成员由"国家人"、"单位人"向"契约人"转变。

——在激励机制方面,学校组织内部引入竞争机制,建立健全完善的用人机制,并实行多样化的劳动分配制度,充分调动组织内部各类成员的劳动积极性、主动性和创造性。

——在财务管理体制创新上,通过规范化的国有资产管理制度的施行,建立和健全学校的成本核算制度和经费收入与支出管理制度,规范学校的收支管理,提高教育经费使用的效益。

[本文为全国教育科学"十五"规划重点课题(国家一般课题,BFA010066)"政府在市场经济条件下的教育管理职能转变与管理机制研究"部分成果的概述]

(原载于《人民教育》2009年第23期)

成果二 政府教育管理职能转变与管理机制研究

魏志春

改革开放以来,我国高等教育管理体制改革不断深化,转变政府教育管理职能的工作也取得明显进展。同时也应看到,我国教育管理体制机制还有许多方面不适应新形势的要求,其中,加快政府教育管理职能转变,仍需不懈努力。由我主持完成的国家社会科学"十五"规划教育学相关课题研究,着重就政府对教育应管什么、不管什么,和谐的政校关系应是什么样等问题进行探讨,并提出了有关政策建议。

一、政府需要管理的内容

(一)制定管制价格

包括由政府规定教育产品与服务的收费标准或价格,投资建立各种公立学校,提供多样化的教育产品与服务,维护教育产品与服务的分配效率,以保证社会公众能够享用教育产品与服务等。

(二)实行信息管制

政府制定法规或颁布政策要求学校及其他教育机构全面、公正、及时地公开其提供的产品与服务信息,保护教育服务消费者的权益。

(三)实行质量管制

政府对教育领域内不同层级和类型学校设立办学条件和标准,使学校的环境与设施、教学制度与措施等符合学生身心健康成长的要求,并定期对它们进行督导与评估,保证教育产品与服务的基本质量。

(四)实行资格管制

政府针对不同的教育领域制定准入标准,决定谁有资格提供某种教育产品与服务,将政府认为不符合社会公共利益的产品与服务挡在教育领域之外,以事先杜绝教育服务过程中可能产生的缺陷。

二、政府对教育领域的管制行为应当受到约束

(一)促成政府管理职能的"到位"

政府对社会公益性突出的教育产品与服务,政府必须管到管好。确保提供纯社会公益

性的教育产品和服务的部门与机构,不因受市场经济社会的逐利性而被边缘化。

(二)解决政府管理职能的"越位"

甄别现有教育部门与机构提供产品与服务的属性,对一些市场化程度很高的教育产品与服务,以及对可以或已经实现企业化运作的教育部门与机构,政府应当转变其直接管理者的身份,担当起监控者的角色,还政府以"游戏"规则制定者和"裁判员"的正确身份定位。

(三)依国家法律法规约束各类教育机构的市场性行为

政府及其教育行政部门不再以行政命令、指示、规定或指令性计划等行政措施和手段为主,直接领导和管理学校,以从根本上改变学校作为政府附属机构的地位。

三、建立健全学校事业法人制度,创新现代学校管理体制

(一)学校与政府机构实行政事分开

使学校享有与政府机关平等的法律地位,具有独立的法人资格,具有民事权利能力和民事行为能力,成为享有法定权利与义务的实体。学校在组织目标的确立、人员构成、经费使用、内部分配等方面依法拥有自主权,依法面向社会自主开展教育教学等活动。创新现代学校的管理体制,在领导体制方面,以政事分开为体制框架,取消学校的行政级别和淡化行政隶属关系,由学校相关各方组成民主、科学的领导决策权力机构,保证学校独立决策和自主经营管理;在人事管理体制方面,打破人才的部门、地区和单位所有制,依托社会化的劳动保障制度建立,运用和发挥生产要素市场在人力资源配置上的作用,使学校组织的成员由"单位人"转向"契约人"。

(二)学校内部引入竞争机制

学校组织内部引入竞争机制,建立健全完善的用人机制,并实行多样化的劳动分配制度,充分调动组织内部各类成员的劳动积极性、主动性和创造性;在财务管理体制上,通过规范化的国有资产管理制度的施行,建立和健全学校的成本核算制度和经费收入与支出管理制度,规范学校的收支管理,提高教育经费使用的效益,实现国有资产的合理有效利用。创新现代学校的管理体制,还应当包括建立对学校的监督约束机制。

(三)培育多元化的监督与制约主体

制止或减少因信息不对称而造成的学校"败德"行为。在创新和强化政府对相关教育领域行政执法的内容、形式与手段的同时,应建立和加强学校的内外部民主监督制度,扩大法制约束的途径,增强法制监督的力度,建立起社会公众对学校的评价制度和实施常规监督的有效渠道。

四、构建社会广泛参与的学校管理体制

校务委员会内有家长、社区代表,代表的遴选标准与程序由家长、社区人员制定;监督和评价学校的办学方向、办学特色、办学质量;参与讨论和询问学校的运作情况;参与学生的部分学习活动;家长、社区人员和教师共同为孩子制订个别化学习改进计划;建立家—校网络连接系统,便于家长了解学校信息及孩子的学习情况;适度参与教师遴选工作。

五、构建应对教育市场全球化的政府教育管理职能框架

（一）发布各种类型的留学教育政策

包括制定有利于吸引国外学生来华接受教育和有利于国内消费者出国留学的各种类型的留学政策。

（二）创设适应国际教育贸易的办学环境

政府各相关部门协调一致，达成开放教育市场的共识；加快转变政府职能和工作方式，学会按国际通行规则，做好教育管理和服务工作；明确政府教育主管部门的职责范围，防止"越位"和"错位"。

（三）规定从事国际教育服务贸易的机构及人员标准

对于从事国际教育服务贸易的机构和人员，政府应该借鉴国外有效的经验，制定相应的批准和审核标准，以对教育服务的消费者负责。

（四）维护教育服务市场良性发展

政府部门负有维护和规范教育服务市场的职责，严格查处违法违规的机构与公民，以获取教育服务贸易的国家利益。

（五）规范及有效资助符合国家法规政策的机构

政府部门有责任对服务机构，包括大量的中介机构进行规范，同时也有义务进行适当的资助，扶持第三方（民间力量）的介入，从各个方面促进教育服务的健康成长。

（六）建立和完善国际教育服务贸易活动的预警、监控体系

根据国家有关法律法规，对各种国际教育贸易服务实施监控，及时发现和研究国际教育服务贸易活动出现的新情况、新问题，建立案例库和数据库，为制定政策规定提供参考。

（七）研究并适时发布国际教育服务贸易的动态或指南

国际教育服务是一个很复杂的贸易领域，政府可以从宏观上为从事教育服务贸易的机构和个人提供相关的动态或指南。

（八）推进学位、学历证书的国际互认

学位、学历证书的国际互认是教育服务消费者十分关注的一个问题，政府可以在各国学校之间发挥协调作用，组织对学位、学历的认证工作，通过对学位、学历证书的国际互认工作，推动教育服务贸易市场的规范化、有序化。

（九）采取适当的措施保护我国国内教育市场

作为发展中国家，我国教育的财力、物力和师资力量以及设施条件，与WTO的许多成员国相比，还处于弱势地位。这就要求政府关注教育市场的波动，制定行之有效的保护性措施，以利于我国教育市场健康成长。

（十）维护我国教育主权

教育主权涉及国家基本的政治文化经济利益，是每一个主权国家都必须坚决维护的基本权益。在吸收国外先进文明成果的同时，教育领域还负有维护社会主义意识形态，保持和弘扬中华民族优秀文化传统的重任。

总之，社会主义市场经济的建立和发展，对我国教育体制改革提出了新的要求和可能，政府对教育的管理职能必须作相应的转化，即由适应计划经济的教育管理职能转化为

适应市场经济发展和教育发展规律的教育管理职能。改革方向应从无所不包的全面管理向有选择的管理转化,从以直接管理为主转向间接管理,从过程管理为主转向目标管理,从行政方法为主转向法律、行政并行,从短期管理为主转向中、长期管理,从微观管理为主转向宏观管理,主要是统筹规划、掌握政策、信息引导、组织协调,以及提供服务和检查监督。

[本文是国家社会科学基金"十五"规划教育学课题"政府在市场经济条件下的教育管理职能转变与管理机制研究"(课题批准号:BFA010066)成果摘编]

(作者单位:上海师范大学,全国教育科学规划领导小组办公室供稿,原载于《中国高等教育》2009年第12期)

成果三　政府对教育领域管制的评析

魏志春

【摘　要】 基础教育特别是义务教育是现代市场经济体制下的政府全力介入和干预的管制领域。政府对教育领域的管制,主要通过制定管制价格,实行信息、质量与资格管制等,用强制性手段实现对教育机构决策与行为及其结果的限制,以维护教育产品与服务的分配效率,解决教育服务供给者与需求者之间的信息不对称问题,保证教育产品与服务的基本质量以及事先杜绝可能产生的缺陷。但政府管制也会带来教育机构的低效率,管制者偏好与"寻租"行为等不足。为使政府对教育领域的管制更富有效率,应约束、规范与完善政府的管制范围与方式,构建政事分开的学校事业法人制度,建立社会公众对学校实施常规监督的有效渠道,才能实现政府教育管理职能的转变,避免教育领域内对市场机制的滥用和传统计划体制的回归。

【关键词】 政府干预　教育领域　管制

　　进入21世纪以来,随着中国经济的快速增长,政府财政收入的持续扩容,各级政府正更多地承担起发展教育的职责,从预算内教育经费支出的大幅度增加,到全面推行统一的学校课程标准,加快全面推进真正的义务教育的进程,不断提高教师的收入,改善学校的办学条件,一座座美轮美奂的中小学校舍涌现在城乡大地;教育公平的理念被政府与社会的普遍认同,教育领域中一些饱受争议的做法,如"转制学校"、"一校两制"、"校中校"等在各种严厉的行政指令下废止或叫停,这些深刻的转变,充分显示政府的公共教育政策发生着巨大的转变,政府对教育领域的介入与干预已产生了显著的效果。但是,政府在承担起教育的"无限责任"的同时,也愈益显示出政府运用公共权力正在全方位的渗入学校管理的各个领域中。一些地方政府从下属学校人力物力财力资源的配置,到各门课程的时间设置,学生到校与在校的时间,乃至师生员工的午餐菜单,都作了十分严格的规定。政府对学校各项事务的包揽之全、包办之细,"管制"力度之强,正借助电子信息技术的进步,犹如水银泻地,无隙不入。因此,在新的历史条件下,需要我们重新审视政府与学校的关系,即认真考察在社会主义市场经济体制下,实施"科教兴国"的强国战略过程中，强调发展基础教育特别是义务教育是政府行为的前提下，政府对教育领域管制的范围与方式，即政府应如何介入与干预教育领域，其教育管理职能应如何合理的定位与发挥。

一、政府对教育领域管制的合理性与普遍性

自近代国民教育制度建立以来，教育开始逐渐淡化其先前的私人和宗教色彩，工业发达国家率先实施的普及义务教育即以公共的世俗的免费教育为其主要特征，并纳入国家或政府对社会公共事务管理的体系之中。

中国教育在改革开放过程中获得了快速发展的契机，改革的取向是从计划经济体制转向建立起完善的现代市场经济体制。现代市场经济，就其运行状况或调节方式而言，是一种"市场＋政府"的"混合经济"。即一方面是资源配置的市场化，把市场作为资源配置的基础或立足点；另一方面，又因社会经济中存在着一种经济力量对另一种经济力量的"非市场性"的外部影响，这种影响和作用不能通过市场的核心机制即价格机制反映出来，故称"市场失灵"；而必须发挥政府对社会经济发展的调控和干预作用，扮演其对市场经济运行起着最终调节者和校正者的角色。与效用与收益直接的私人经济产品和劳务相比较，许多教育领域的经济收益具有明显的间接性、迟效性、长效性和多效性等这类"非市场性"的外部效应，这一非市场性的影响使价格机制不可能在整个教育领域有效地配置资源，也就是教育机构与求学者、教育产品与服务的供给者与需求者的相互作用并不完全和准确地反映在价格的变化上。正是教育具有"市场失灵"的这一最基本属性，使之成为现代国家公共权力机构即政府通过制定公共政策介入、运用公共财政进行干预，实行有效管制的一个主要领域。

基础教育则是一个具有十分显明的"外部性"效应的领域，市场机制对其所需资源的配置而言，总体上是无效的或曰"失灵"的。市场通常是实现资源合理配置的有效方式，但对于教育领域则可能产生许多负面影响，这是由于市场运行机制所固有的竞争性、风险性等必然导致的。在市场竞争中，私人经济主体的优胜劣汰，企业的关停并转是十分正常和普遍的现象，但是，若以此作为教育机构的活动准则，就可能给它所服务的居民带来许多不便，从而给整个社会的活动效率造成损害。比如，幼儿园、小学的设置应当考虑居民居住的范围，实行就近入学，以方便学龄前儿童、学生及其家长；如果听任市场竞争机制发挥作用，实行私人经济部门通行的各种竞争、兼并、转产等措施，让教育机构随市场经济的大潮沉浮，必然会使优质教育资源像稀缺的物质资源那样，向社会强势阶层倾斜，使弱势群体失去平等的享用优质教育资源的机会；或者因过度追求教育资源的集中化与规模化配置，增加了接受这一阶段教育的学生及其家长包括时间和金钱在内的各种成本，从而伤害他们的利益。

在基础教育这类社会公共部门中，首先和主要通行的是社会公平原则，经济领域各部门遵循的市场等价交换原则，在这里并不是畅行无阻的，而必须受到严格的限制。如果对进入教育领域的市场准则不加以任何限制，教育资源听任市场机制支配与调节，无疑会使弱势地区和低收入阶层及其子女，处于越来越不利的境地，缺乏公平的社会观念和措施对于教育领域来说，是现代社会所无法认同的。事实上，现代国家基础教育的资源投入在总体上是由政府财政承担的，都禁止将基础教育的资源配置或主要调节手段推向市场，交由市场机制去支配其沉浮。发展基础教育尤其是实施普及义务教育，已成为现代国家及其政

府最主要和最重要的社会公共事务管理之一，正因为如此，基础教育特别是义务教育在当今世界上任何类型或发展水平的市场经济体制国家，都是政府全力介入和干预的管制领域。

二、政府对教育领域管制的实现方式

现代社会中，政府不仅是一国教育发展所需资源的主要支撑者，而且也是教育发展的组织者。但是作为公共权力机构的政府本身并不直接向社会提供教育产品与服务，而是依法律法规，制定教育的公共政策，运用公共财政资源，通过社会化的专业组织即各种学校及其他教育机构去实现的。毫无疑问，政府对其运行管理既不同于竞争市场的私人经济部门，也有别于公共权力机构自身的运作方式，对教育领域的介入与干预主要是以管制的形式出现，以实现政府对教育领域的意图与管理。

（一）教育领域的管制性含义

所谓教育领域的管制性，是指政府对教育产品与服务的管制，即政府以强制性手段实现对教育机构决策与行为及其结果的限制。在现代市场经济体制下，教育产品与服务由不同的教育部门与机构所提供，出于对效率的追求，必然要求在一定范围内引入市场机制，提倡一定程度的竞争，这就为自然垄断在教育领域的形成，创设了外部条件。如果在教育产品与服务的提供上，也因竞争机制的引入而出现自然垄断，将扭曲教育部门和机构的公益性和非营利性，使教育领域的社会资源配置丧失效率，更无法保证社会的公共利益。由于教育机构提供的产品与服务具有社会公益性质，需要向社会公众提供基本相同的利益，为了避免教育产品与服务提供上自然垄断的形成，政府的管制就显得十分必要。因此，几乎所有教育领域都程度不同地存在政府的管制，这也是政府对教育领域介入与干预的主要表现形式。

（二）政府对教育领域管制的主要手段与措施

1. 制定管制价格，维护教育产品与服务的分配效率。在保证社会公众对教育产品与服务享用的普遍性方面，政府可选择的管制措施如下。

（1）价格管制，即由政府规定教育产品与服务的收费标准或价格。这是针对竞争机制引入教育领域可能产生的自然垄断而采用的干预措施。现代市场经济环境中，一般教育产品与服务的提供主体具有多元性，以现阶段我国教育领域为例，既有公立学校又有民办学校，为了保证受教育者及其家庭的利益，政府不仅对各级各类学校的学费标准作了限定，也对学校的其他收费做出规定。

（2）政府在垄断部门建立公共生产，并从效率和社会福利角度规定价格。所谓公共生产，是指政府在教育领域所从事的活动，如政府投资建立各种学校，提供多样化的教育产品与服务。只要投资来源于政府，生产资料归政府所有，所从事的生产都是公共生产。教育是现代社会生存和发展的必需品，也是维系社会稳定的基础性因素，为了保证其产品与服务提供的高度稳定性和连续性，政府需要对教育领域实行严格的管制，设立进入与退出壁垒，控制某些办学机构因无利可图或因见利思迁，任意放弃教育服务的提供，而给社会公众的正常生活带来的震荡。因此，政府对教育部门与机构多采用直接投资和直接管理的形式，从提高社会整体效率的角度和纳入社会福利体系的方式，对公共教育领域所需的资源进行计划配置，制定带有社会福利性的收费标准。

2. 实行信息管制，解决教育服务供给者与需求者之间的信息不对称问题。政府可以制定法规或颁布政策要求供给者，全面、公正、及时地公开其提供的教育产品与服务的信息，并使这些信息符合国家有关法律法规和政策的规定。如学校应公示各项规章制度，尤其是学生守则以及对家长的要求；向学生及其家长通报学生学业和行为表现的实际情况，公示学校学费标准以及其他各项收费的项目与标准，并说明各个项目设立的理由和收费的依据。与此同时，政府还组织有关部门对学校及其他教育机构，进行各种内容与形式的监督检查，并按照存在问题的影响范围和性质，在不同的范围内公布结果。

3. 实行质量管制，保证教育产品与服务的基本质量。由于教育领域提供的产品与服务种类繁多，且具有一定的专业性，即使教育的需求者花费大量的时间和精力予以解读，也未必能对其价值做出准确的判断，信息不对称的问题十分突出。为使社会公众能够选择理性的求学方式，就需要通过公共管制的方法来消除这类缺陷。例如，家长往往很难对自己的孩子上什么类型的学校、学校的教育环境与设施、教学制度与措施等是否符合学生身心健康成长的要求，以及对学生在学校中的学业状况如何等做出合理的判断，特别是专业性或职业类型的学校，就更难以把握。为此，政府不仅要向学生及其家长提供可供求学的信息，还要提供便于他们进行选择的依据，这就要求政府对教育产品与服务实行质量管制，设立不同层级和类型学校的办学条件和标准，并定期对它们进行督导与评估。对达不到规定标准和不符合检查要求的教育机构，进行清理或限期整改，并采取相应的处罚措施。

4. 实行资格管制，以使事先杜绝教育产品与服务过程中的缺陷。教育产品与服务事关社会公共利益，产品与服务的质量不仅要在提供过程中得到保证，还应当使质量缺陷尽可能在事先杜绝。这就需要政府制定不同教育领域的进入标准，不符合标准的不予登记注册或批准，这就产生了对进入教育领域的资格管制，即由政府来决定谁有资格从事教育产品与服务的提供。它可以将政府认为不符合公共利益的产品与服务挡在教育领域之外，起到防患于未然的作用。资格管制的实行，也是实施质量管制的重要前提，通过政府管制的方法来消除市场机制可能引出的缺陷。如调动社会力量办学，固然增加了教育产品与服务的类别，扩大了教育领域的资源投入，但办一所学校必须有相当规模的物力和财力的投入，更要有一定的合格师资力量的投入。如果不严格社会力量办学的条件，就有可能出现不顾条件的限制，盲目上马，使一些无自己独立校舍、师资和稳定资金来源的"草台班子"混迹于教育领域，最终使学生这一教育服务需求者或消费者的权益受损。因此，对社会力量办学实施办学许可证制度，实行办学的资格管制，是保证教育质量的重要前提，它既是对教育服务消费者权益的保护，也净化了教育事业的发展环境。

（三）政府管制可能带来的主要缺陷

以政府管制这种强制性形式出现的干预措施，在教育产品与服务的提供方面也会产生一些重大的缺陷。政府管制的实质在于让公共权力机构代替教育服务的实际需求者，由前者在教育产品与服务的效益和代价之间做出选择。例如，义务教育阶段学生的按居住区域划片入学，就是明显的事例。

首先，容易导致教育机构的低效率。义务教育阶段学生的就近入学，特别对小学阶段的低年级学生来说，既去除了学龄儿童因学校地处遥远的奔波之苦，又能解家长工作的后顾之忧。但是，这种通过政府教育主管部门的规定得到稳定的入学人群，在保证学校教学秩序和教职工工作稳定的同时，也往往形成学校及其成员在工作上的惰性，缺乏对学生的关爱和工作的进取性，更缺少对学生及其家长的服务意识与行为，甚至导致不少学校内部机构重叠，人浮于事，设备闲置，效率十分低下。

其次，管制者偏好带来的缺陷。仍以义务教育阶段的学校办学状况为例，假定政府的管制是有助于提高学校的教育质量的，事实上，政府的管制行为中也包含了为保证质量的监督检查措施，如定期对实施义务教育的学校进行督导。但是，现阶段政府在这些学校的运行管理中所扮演的角色是重叠的，地方教育行政部门既是办学者、管理者，又是监督者，而且在政府内部分工体系中，管理者的地位通常高于监督者，有的干脆集两者为一身。这就使学校办学过程中出现的偏差或缺陷，不可能得到及时的更正与解决。

另外，为产生"寻租"行为提供了机会。政府对教育领域管制的实施，使管理者拥有批准或不批准的权力，这种权力同时也有了用来为私人、集团或部门利益服务的机会。掌握管制权力的机构和人员就有可能用审批权力来换取私利。这种情况下，政府管制便起不到为教育产品与服务的需求者提供真实信息和质量监督保证作用。一种情况是管制者可能因接受了被管制者的某种利益，批准或许可了原本不该允许的学校、项目与行为；另一种情况可能是管制者无法或难以从被管制者那里得到什么利益，或者管制者在认知与价值判断方面的原因，使按规定原本应当批准的学校、项目与行为，得不到批准或许可。

三、规范与完善政府对教育领域的管制

（一）政府对教育领域的管制应受到约束

资源相对于人类社会不断增长的需求而言，总是有限的稀缺的，教育领域也不例外，这就要求投入该领域的资源得到合理、有效、充分的利用，即高效率地配置教育资源。但是，政府机制进行的资源配置通常不是高效率的。经济学家瓦格纳的"政府行为扩张论"和尼斯卡南的"官僚行为增长论"等描述的现象及其弊端，是现代国家社会公共事务管理中的通病，也同样给政府对教育领域的管制带来困境。

现代社会的教育发展是与政府职能的不断扩大直接关联的，可以说是因为"大政府"的理念，才有了当代发展水平的教育事业，但也羁绊了庞大的教育体系维持和进一步发展。在一些发达的工业化国家中，政府在教育领域职能的过度扩张，突出表现在将许多教育产品与服务的供给同实施所谓的"福利国家"制度捆绑在一起，使各种教育机构的效率低下，公共资源浪费惊人，人们的工作和劳动积极性也受到很大的影响。社会可以在经济增长较快、公共财政状况良好的条件下承受这种消极现象。但在20世纪70年代以后，西方经济状况发生逆转，政府财政困难加重，使依附于"福利国家"的教育机构产生了一定程度的危机，维持大规模、高水准的教育产品与服务范围和质量显得难以为继。而官僚行为增长论则阐明了在教育产品与服务提供上存在市场失灵的同时，也会发生"政府失灵"及其原因。以"受过严格专业训练的公共决策的执行者"组成的政府机构，将管理者个人的职业生涯与发展前景，同一定时间和有限空间的"公共利益"结合在一起，一荣俱荣，一损俱损。为实现自己管辖范围内教育产品与服务的规模最大化，无疑是突显其工作绩效的合理选择，理所当然地要追求最大可能的资源投入，为无限度地扩大政府管制范围打下经济基础。由于教育机构的服务绩效有难以衡量的特点，因此，他们很少甚至根本不考虑成本问题；而一旦教育机构的服务未能满足社会公众的需要时，他们又几乎无例外地将问

题归咎于财政投入的不足或决策者的短视。在这种制度结构下,政府鉴于社会公共需要的政治压力,常常会不加甄别或因难以甄别投入的合理与否,做出满足官僚追逐教育规模最大化的预算要求。这种状况可以在短期内给某一教育领域及其机构带来快速的发展,但结果是该领域的产品与服务的供给大大超出社会需求,造成各种资源的极大浪费,社会则将为之付出长期的成本。

在中国现代化过程中,传统农业社会"父母官"的行政观念和行为根深蒂固,演化出所谓"为官一任,造福一方"的英雄意识,使不少政府官员存有"天将降大任与斯人"的主观决断倾向,在教育领域中通常表现为这两种情形:一方面是过高地估计自己权力对教育领域各种事务的干预能力,任意扩大政府权力的行使边界,"管制"范围无所不包,无隙不入,管了许多"不该管"、"管不好"和"管不了"的事;另一方面是受"任期目标制"及"目标责任制"等的驱使,"短期行为"滋生与蔓延,在时间的偏好上注重近期忽视长远,过高地估计教育项目的短期收益,并会用各种理由盲目扩大教育供给,如建示范学校,树窗口学校,上各种名目的新项目,造就了许多"形象工程"、"政绩工程"、"首长工程"。

形成政府官员对教育领域的强制性干预意识,还同现阶段社会公众对市场失灵的担心和对"全能"政府的预期有关,在一个习惯于决策权力高度集中的社会中,人们总希望有一个包治社会百病的"全能政府",明君贤臣更是植根于中国传统文化中永不泯灭的理想火花,期待和相信政府应该并且能够解决人们想要它解决的任何社会问题。由于传统计划经济体制下政府对社会各个领域的强控制,加之政府曾有过集中力量办大事的成功先例,而市场失灵导致教育产品与服务供给秩序混乱现象的一时涌现,于是人们对政府的教育管理效能深信不疑。这也为政府对教育领域管制行为的扩张创设了社会环境。

随着现代市场经济的发育,社会不同阶层和群体的利益开始生成,并存有不断分化和发展的趋向,会形成依时事而变动的各种利益集团。他们在表达自身利益时,自然会通过各种诉求管道,降低社会公众对市场失灵的容忍程度,向政府和社会发出对市场失灵进行干预的声音,促成政府扩大管制的范围和程度,满足一些阶层与集团的要求。同经济领域的竞争性产业不同的是,政府用于教育领域的投入与产出效益难以精确衡量,在公共教育项目上的扩张意识与行为,通常缺乏客观的约束,这就使政府部门缺乏足够的动力考虑其行为的效率。因此,市场体制环境下的政府对教育领域的管制政策与行为,应同计划经济时代无所不包的"全能"政府有着根本性的区别,为使管制不至于成为某些利益阶层或集团实现目的的途径,避免在消除自然形成的垄断过程中,又人为打造出以政府名义的实行的垄断,政府对教育领域的管制应当受到约束。

(二) 如何约束政府对教育领域的管制行为

深化教育管理体制的改革,目的是建立起适应现代市场经济体制要求的教育制度,以向社会提供更多和更好的教育产品与服务,满足社会精神文明建设和人民群众日益增长的多方面需要。教育产品与服务的供给最终由各种类型的学校来完成,供给水平的高低、产品与服务的结构、品质和质量等,最终取决于学校的组织效率。从这个意义上说,必须规范与完善政府对教育领域的管制,才能实现政府教育管理职能的转变,避免教育领域内对市场机制的滥用和传统计划体制的回归。

(1) 实行政事分开,建立健全学校事业法人制度深化教育管理体制的改革,既是重新调整和完善政府对教育管理职能范围的过程,同时也应当是实行政事分开的过程。在政府对教育领域的管制范围,应当实行政事分开,以促进政府的教育管理职能从微观管理转向宏观管理。政府及其行政部门不再以行政命令、指示、规定或指令性计划等行政措施为主要手段,直接领导和管理学校,以改变学校作为政府附属机构的地位。建立健全学校事业法人制度,使学校享有与政府机关平等的法律地位,具有独立的事业法人资格,成为享有法定权利与义务的实体,在组织目标的确立、人员构成、经费使用、内部分配等方面拥有自主权,依法面向社会自主开展活动,从而为约束政府对教育的管制范围提供前提条件。政府的介入与干预,应着重放在为教育机构运作创设良好的外部环境,提供高效率的行政服务上。通过学校的自主发展和自我约束,增强学校对社会的适应与服务能力,促进各类学校发展及其成员工作的主动性、积极性和创造性,提高教育产品与服务的质量。

(2) 建立适应现代市场经济体制的新型教育组织模式

计划经济体制下的学校及其他教育机构是政府的附属物,管理运作以上级计划、命令为依据,科层规则严格,官僚主义盛行,组织模式与政府机构几无差别。深化教育管理体制的改革,还需改变仿效政府机关建立起来的学校组织模式,推进现代学校的结构与功能创新,以有效约束政府对教育领域的管制。现代学校的创新应包括事业领导体制、人事管理体制、财务管理体制和监督约束体制的创新。在领导体制创新方面,以政事分开为体制框架,取消学校的行政级别和淡化行政隶属关系,由学校相关各方组成民主、科学的领导决策权力机构,保证学校独立决策和自主管理。在人事管理体制创新方面,打破人才的部门、地区和单位所有制,依托社会化的劳动保障制度的建立,运用和发挥生产要素市场在人力资源配置上的作用,使学校组织的成员由"国家人"、"单位人"转向"契约人"。在学校组织内部引入竞争机制,建立健全完善的用人机制,并实行多样化的劳动分配制度,充分调动教职工的劳动积极性、主动性和创造性。在财务管理体制创新上,通过规范化的国有资产管理制度的施行,建立和健全学校的成本核算制度和经费收入与支出管理制度,规范学校的收支管理,提高教育经费使用的效益,实现国有资产的合理有效利用。

在新型的学校制度创建过程中,建立对学校的监督约束机制极其重要。传统学校作为政府机关的附属物,只受上级行政部门的制约,这对学校的监督与约束既有单一化的缺陷,也有简便化的优点。当学校成为独立的面向社会自主提供教育产品与服务的法人实体时,信息不对称的状况可能愈加突出。因此,在实施政事分开,淡化行政隶属关系的过程中,必须同时培育多元化的监督与制约主体,以制止或减少因信息不对称而造成的学校"败德"行为。在强化和创新政府对相关教育领域行政执法的内容、形式与手段的同时,应建立和加强学校的内外部民主监督制度,扩大法制约束的途径,增强法制监督的力度,建立起社会公众对学校的评价制度和实施常规监督的有效渠道,以推进教育事业的可持续发展。

参考文献:

[1] 李琮. 当代资本主义的新发展 [M]. 北京:经济科学出版社,1998.

[2] 刘宇飞. 当代西方财政学 [M]. 北京:北京大学出版社,2000.

[3] 郑秉文. 市场缺陷分析 [M]. 沈阳:辽宁人民出版社,1993.

[4]〔美〕布坎南，马斯格雷夫. 公共财政与公共选择：两种截然不同的国家观 [M]. 北京：中国财政经济出版社，2000.
[5]〔美〕萨缪尔森，等. 经济学（第12版）[M]. 北京：中国发展出版社，1992.
[6]〔美〕布坎南著. 民主财政论 [M]. 北京：商务印书馆，1993.
[7]〔美〕费斯勒等. 行政过程的政治 [M]. 北京：中国人民大学出版社，2002.
[8] 魏志春. 公共政策视野中的教育管理变革 [J]. 教育研究，2000.

[本文系全国教育科学"十五"规划重点课题——"政府在市场经济条件下的教育管理职能转变与管理机制研究"（BFA010066）的部分成果]

（原载于联合国教科文组织国际教育局《教育展望（中文版）》第143期）

成果四 公共管理视野下转制学校的困境与选择

魏志春

【摘　要】从现代市场经济体制下政府行使公共管理职能的视野，审视"转制学校"办学体制改革面临的困境与选择，正确区分教育产品与服务提供方面的社会公共性事务与专业性业务，将转制学校交由非营利的组织机构去经营，并由其选聘的校长管理，形成"社会办学、校长治校、政府监督"的"政事分开"、"政校分离"的办学体制。

【关键词】办学体制改革　转制学校

基础教育领域的公立学校"转制"改革已推行多年。随着社会环境的变化和经济政治体制改革的深入发展，学校办学体制的改革也进入到新的历史阶段，作为办学体制改革"实验区"的"转制学校"向何处去，是改革者面临的又一次机遇和挑战。

一、转制学校改革取得的成效与面临的困境

（一）改革取得的初步成效

1. 满足了部分城市居民对基础教育选择性需求

进入20世纪90年代中期以后，大中城市的部分居民已不满足于对基础教育的普及性需求，产生了对优质基础教育的异乎寻常的追求，特别是在诸如北京、上海、广州等国际化大都市表现的尤为突出。为适应社会对基础教育设施、师资、质量等"升级"的需求，将原有部分公立学校"转制"，即不改变学校所有权前提下，赋予学校更大自主决策权，即在学校招生、收费、人事等制度的设置与运作上采用民办学校运行机制。在一些基础教育相对发达的大中城市，近十年来，转制学校有过长足发展、质量稳定提高、办学社会效益与经济效益迅速显现，一定程度上满足了部分居民对基础教育的选择性需求。

2. 总体的教育教学质量得到社会肯定

目前，在有些大中城市的基础教育领域，主要是义务教育阶段，被社会和业内人士认为"最好的"学校，已不是区域内那些有几十年甚至上百年传统的公立学校，而是那些办学历史基本上不足十年的转制学校。尽管形成这种社会认同有多种因素，但必须承认这些

办学成效主要是办学体制转换带来的。

3. 激活并促进了公立中小学内部管理体制改革

转制学校的出现，对传统公立中小学的内部管理体制改革，尤其是劳动人事制度和分配制度改革起到了积极推动作用。转制学校这些若干"点"的改革，对面大、量广的公立学校，显现了管理学上的"鲶鱼"效应，激活并促进了公立学校在内部管理体制上的各项改革，对相关城区中小学管理机制改革和办学水平提高起到了积极推动作用。

（二）改革实践带来的新问题

1. 转制学校在管理上出现的难题

转制学校在不改变学校所有权性质前提下，实行民办学校的办学运行机制，其主要特点之一是经过若干年的过渡期，政府财政停止拨发学校办学经费，改由学校以收取学费为主的方式自筹，学校收费标准仍由政府相关部门制定；学校劳动人事制度参照"企业化"标准实行，一般教职工已实行较为严格的合同聘任制；学校在教职工劳动分配制度上有较大自主权；学校的教育教学行政和财务管理仍基本按照区域内公立学校的模式运行；包括学校主要负责人任免在内的各项行政管理也与公立学校无大区别。

政府教育管理职能的转变，在转制学校上主要体现在两方面：一是政府财政对学校的"断奶"，把筹措办学经费的责任转移到学校身上；二是政府对教师直接管理的"脱钩"，将教职工从政府雇员的身份管理转变为学校对聘用者的岗位管理，这些改革措施无疑加大了学校管理者的办学责任与压力。但由于基础教育优质资源仍处于稀缺状态，目前，转制学校一般都有较充裕的财力。由此，转制学校有着远高于一般公立学校的工资待遇，这使其对学校的管理者和优秀教师具有较强吸引力。此种状况，在一定程度上也被人们认为是地方政府"甩包袱"，把办好基础教育的责任转移到学校和学生家长身上——"该管的事没管起来"；而有些地方政府的教育主管部门仍像管公立学校那样，管着转制学校从教育教学具体事务到办公用品采购等各个方面——"管了不该管的事"。这种政府管理职能的"缺位"与"错位"现象并存，在加大学校管理者责任的同时，又严重影响了他们积极性和自主性的创造发挥，阻碍了教育劳动和学校管理效率的提高。

2. 对传统公立学校和民办学校的冲击

转制学校的出现与发展，既对传统公立学校的各项改革起到了积极的推动作用，也促进了民办学校的规范办学与办学水平提高，但转制学校对这两类学校的负面影响也不可低估。对公立学校教师而言，同样的专业水准和劳动付出，工资报酬却有相当大的差距；对管理者而言，同样的考核评估标准，经费投入、师资水平和生源状况等则相距甚远，这使公立学校教师有强烈的不公平感，致使公立学校优秀教师流失问题严重。对民办学校的不公平主要表现在财政方面，转制学校无偿使用国有资产，不存在民办学校建校投入资金需还本付息的经济压力。

（三）进一步发展的困境

1. 学校产权边界不明晰

笔者对转制学校调查发现，绝大多数学校在转制时并非区域内名牌学校，即非基础教育的优质资源。经过"转制"后的若干年努力，这些学校资产（包括有形的和无形的）都有了跨越式的增长与发展。按照转制学校"国有民办"的基本定性，这些增长了的资产同传统公立学校的属性无异，均归国家所有。而这些主要是由学校的管理者和教职工通过自己的劳动积累起来的资产,在目前他们仍然是工资劳动者的分配体制下,没有也无法体现出来。

2. 学校进一步发展动力缺失

转制学校的管理者和教师的劳动性质与分配制度的不匹配,势必带来一系列问题:首先是挫伤学校管理者和教职工的劳动积极性;其次是引发管理者非理性的"在职消费",这类学校度过"成长期"后,一般已无生存压力或追求新发展所能带来的利益激励,便不可避免地失去谋求进一步发展的内在驱动力;另外,也影响了社会对这类学校可持续发展所不可或缺的关注与投入。

二、深化转制学校改革出路的选择及其利弊分析

（一）转制学校的出路选择

1. 维持转制学校现状

维持转制学校现状,除以上分析的问题将继续存在外,随着这些学校资产规模的持续扩大,将来要解决"政事分开"、"政校分离"的问题会更加困难;同时现有的运行机制也难以把"蛋糕"做大,区域内优质基础教育的供求矛盾仍难以消弭。

2. 退回公立学校的管理体制

退回公立学校的管理体制,固然可以使上述分析的某些问题,如对公立学校的生源均衡、师资队伍稳定和民办学校发展创设公平的竞争环境等,有一定作用。但如何"退回"去,则存在很大难题。无偿收回现有转制学校的全部资产,势必抹去这些学校管理者和教职工多年劳动创造的价值,这无疑有失公平;若要扣除他们劳动创造的价值,给予适当的补偿,则在技术处理上有较大困难,特别是涉及品牌这种"无形资产"方面的分割,在操作上几乎不可行。即便能退回公立学校的管理体制,管理者和教职工的工资报酬将明显减少,教育劳动效率势必下降,教育质量的滑坡则难以避免,社会公众,至少是目前的在校学生及其家长难以接受这种预期;对基础教育领域来说,缓解优质教育的紧缺状况,一直是教育主管部门的工作目标,削弱而不是增加优质教育的供给,显然与大都市创建"一流基础教育"的目标背道而驰。

3. 拍卖转制学校

学校作为社会公益性机构,让私人经营难以避免出现以"营利为目的"的结局。中国的市场经济发展尚处在资本积累阶段,以社会公益为追求目标是现阶段企业和企业家们尚不具备的行为方式。一方面,拍卖将可能引发较大的社会争议,会给改革带来难以预料的障碍;另一方面,目前转制学校已积累起相当可观的物质资产和难以精确评估的"无形资产",即便"拍卖",也不可能出现规范的完全竞争性市场。更为重要的是,学校教育成效的长期性与社会公益性与私营资本的趋利性之间,存有内在的不可调和的矛盾,国内个别民营资本运作学校的成功事例,就其行为而言,已属"慈善"行为,而非"厂商"行为。交由民营资本掌控的教育机构能否维系原先政府教育主管部门掌控下的教育教学质量,存在着诸多变数,"拍卖"模式既缺乏严格的理论证明,更没有足够的实践成功案例支撑。

（二）探索新的办学体制

教育作为公共物品或准公共物品,在现代市场经济社会中一般有如下四种组合方式。

第一,公共生产,公共提供。长期以来,政府投资举办公立中小学,并由政府教育行

政部门直接管理,可视为该组合方式的典型。

第二,公共生产,市场提供。提供这类教育服务的机构,属于政府财政投资的公营部门,但实施市场化运作,用其服务收入支撑机构的运行,转制学校凸显了这一组合方式的基本特征。

第三,私人生产,公共提供。用非财政投入举办的民办学校,在其为社会提供教育服务的过程中,得到了政府在财政上的补贴或政策上的优惠、许可等。如基础教育领域的一些"民办公助"类学校和非公立高等学校在招生政策方面的优惠等。

第四,私人生产,市场提供。未在财政方面得到政府投入或政策优惠,按市场规则运行的民办学校。它们仅依国家现行的教育及其他法律法规办学,接受政府按国家法律法规对学校的监督与指导。

无论从世界上发达国家实施现代国民教育制度的上百年历史经验,还是教育体制改革以来我们自己的实践,都表明仅用以上第一种方式是无法满足一国公民对基础教育的需求,特别是公民的选择性教育的需求。现代市场经济体制下,"公共政府"在教育方面的职能是确保每个适龄儿童少年接受国家法律规定的教育年限,起到免除公民被排斥在国民教育范围以外的一种"兜底"作用,即以"雪中送炭"为己任,最大限度地维护公民受教育权利和机会的社会公平。

正是出于这一理念,发达国家向公民提供公立学校的教育服务,并把它纳入国家福利保障体系的框架内。从资源投入的角度看,公立学校,特别是公立中小学作为国家公营部门的一个组成部分,资源配置机制和组织制度上与政府机构没有本质不同,"政事分开"、"政校分离"主要表现在教育产品与服务的提供上的社会公共性事务与学校专业性业务的分开。满足公民的包括优质教育在内的选择性教育需求,并不是政府履行发展与管理基础教育职能的首选。在这类"锦上添花"的社会公共性事务方面,政府所起的作用,主要是倡导和鼓励社会各方建立多种类型的教育机构,由他们向公民提供有别于公立学校特点的教育服务,政府视其贯彻自己意图的如何,给予适当的财政资助;至于其生存发展及其运行,则交由这些教育机构按照国家法律的规定和自身状况自主决定。从教育机构的运行现状来看,以上四种组合方式都各自存有长处与不足。这就需要我们从实际出发,进行教育产品与服务供给方式的制度创新。国内基础教育办学体制的改革,尽管内容与形式不一,产生的原因以及改革者对其行动初衷的解释也多种多样,但都无法回避公立中小学办学经费短缺这一基本起始动因。

随着国内经济高度发达的现代化都市教育投入状况的改善,解决经费匮乏不应是办学体制改革的主要着眼点,似应更多从转变政府教育管理的职能入手,以现代市场经济体制下政府行使公共管理职能的视野,审视其在国民教育发展中的定位与功能的发挥,按照"政事分开"、"政校分离"的改革思路,深化"转制学校"的体制改革。在解决事业单位国有资产合理评估的基础上,明晰现行学校运行成本的前提下,将转制学校交由非营利的组织机构去经营,即"托管"方式,是转制学校进一步深化改革的重要出路选择。

具体形式是将"转制学校"委托给具有独立法人资格的大学、研究机构、基金会或协会等;由其出面建立由政府、非营利机构、教职工、学生家长以及与学校无直接利益关系的社会人士(第三方)等各方代表组成的理事会,作为学校的决策机构,负责制定学校章程,决定学校的重大事宜,选聘校长;由理事会与校长签订合约;校长按学校章程管理学校，只能接受理事会的咨询，不能作为理事会成员，以免出现行政执行者主导的局面；形成"社会办学、校长治校、政府监督"的"政事分开"、"政校分离"的办学体制。"托管"方式的优点是：(1) 可以改变目前政府主管部门对转制学校"统得过多"、"管得过细"带来的一系列弊端，以便集中精力管好公立学校；(2) 改变现行的"校长承办模式"下，将学校兴衰成败系于校长一人身上的典型"人治"现象，可以调动有关各方的办学积极性与创造性；(3) 引入利益相关者和"第三方"的制约与监督，有助于实现学校管理权力使用上的制衡与约束，建立能够及时应对社会公众愿望的学校治理结构，这既可改变现行学校管理中"信息不对称"带来的各种问题，也可避免教育系统因"内部人"管理造成无视公众意见而导致的效率低下与"暗箱操作"等问题。

当然，将转制学校交由非营利的组织机构去经营也存在一系列约束条件：(1) 能够承担起托管职责的非营利组织机构资质、资信的认证问题，以及行使具体托管事务的"理事会"的组成问题等，具体操作的成本较高；(2) 政府和托管机构的合约，托管机构和校长的合约，会使"委托—代理"的链条加长，在"大政府"心态与习惯尚未改变的社会环境下，可能会加大学校"管理屏障"的风险。

[本文为全国教育科学"十五"规划重点课题"政府在市场经济条件下的教育管理职能转变与管理机制研究"（BFA010066）成果]

（原载《教育科学研究》2006年第1期）

成果五　转型时期现代学校制度的解析

魏志春

【摘　要】现代学校制度建设的难题，由来自政府过度干预、市场发育不足和社会参与欠缺等多方面的机制与环境因素构成，导致制度建设上延续政府"外部人控制"和强化校长"内部人控制"的症结。治理途径，可从外部与内部机制建设相结合入手，完善学校法人结构，培育有利于竞争的外部市场，建立参与程度更广泛的监督机制，减少代理链条，最终建立健康有效的现代学校制度。

【关键词】现代学校制度　"委托—代理"　道德风险

受现代企业制度的启迪，许多民办、转制学校纷纷建立起了以"学校法人制度为主体，以有限责任制度为核心，以教育管理专家经营为表征，以学校组织制度和管理制度以及新型的政校关系为主要内容"[1]的现代学校制度。可以说，建立现代学校制度，是我国基础教育在投资体制和办学体制改革的进程中，一些试图进行制度创新的学校，为适应社会主义市场经济体制所作的一种选择。

现代学校制度的学校体制实行董事会领导下的校长负责制，包括实行股东会、董事会、监事会、教职工代表大会和校长等进行相互监督、相互约束的机制。这种体制赋予了学校依法自主的管理权，其核心是学校法人财产权。

从教育管理体制改革的实践看，现代学校制度的建设，在非公立学校管理领域中还处于探索阶段,不仅改革的实践经验需总结,理论上的探索也亟待深入。这种状况,不但不利于试行现代学校管理制度的学校应对挑战,也阻碍了这一制度在更大范围的公立学校中试行。

本文试图从制度经济学的角度,探讨现代学校制度建设面临的难题和症结,并着重从理论上探索这一制度在公立教育领域中的运用。

一、现代学校制度建设的难题

1. 现代学校制度运作的外部条件尚未成熟

试行中的现代学校制度,产生于我国正向市场经济体制转型的特殊时期。因此,其运作的外部条件并不成熟,这制约着现代学校制度的发展与完善。具体表现为:

(1) 与市场经济体制密切相关的政府管理职能的转变刚刚起步。在很多情况下,政府仍沿袭着计划经济体制下"全能政府"的管理模式。这使一些试行现代学校管理制度的学校,名为董事会领导,实际上还是由政府及其教育行政部门行使管理职能。学校所有者的权利和责任并不明确,突出表现为:政府教育主管部门有足够的行政干预权,却不用对干预的后果负责。

(2) "职业校长"市场的发育还不充分。学校董事会没有足够的校长来源可供选择;同时,"职业校长"竞争的市场机制尚未形成,起不到约束校长的作用。

(3) 我国公众对社会事务的参与意识、参与程度和参与能力等都存在着重大缺陷。这是因为,我国没有经历西方发达的市民社会阶段。校董事会的中坚力量——社会公众(学生及其家长、社区人士、社会贤达等代表)参与学校管理的机制远未形成,最终导致"制衡—约束者缺位"。

这些来自政府、市场、社会与环境等方面的先天不足,使现代学校制度建设中,由"委托—代理"引发的道德风险问题相当突出。这已成为克服传统公立学校的管理弊端、健全与完善现代学校制度无法回避的难题。

2. "委托—代理"带来的问题

"委托—代理"是现代市场经济社会组织制度的必然产物。在现代市场经济领域的组织制度中,一般存在着两个决策主体,即所有者(雇主)和代理人(经理),所有者将其资产委托给代理人经营。但由于所有者难以详细了解组织的具体运行情况,也不可能直接指示代理人该做什么,不该做什么,因而造成了所有者无法完全掌握代理人行为的状况,也由此产生了所谓"委托—代理"问题。[2] 由于两者是不同的行为主体,他们所追求的目标并不完全相同,所有者总是试图按照自己的利益行事,因此,所有者就面临着监督代理人的问题。"委托—代理"理论所要解决的核心问题,便是如何向代理人提供最优的激励机制问题。

"委托—代理"关系问题,不仅广泛地存在于经济管理领域,也存在于学校管理领域。在学校所有权与经营管理权分离的条件下,事实上还存在着"所有者"和"代理者"两个决策主体。在这里,国家的利益与直接提供教育服务机构的利益,并非完全一致。政府及其教育主管部门代行所有者的权力,它们是教育事业所需资源的提供者,但并不直接向社会公众提供教育服务;而直接向居民提供教育服务的,是各级各类学校及其他教育机构。客观上,作为代理者的教育机构及其管理者,比所有者更了解教育服务的质量、成本等情况。一般来说，代行所有者权力的政府及其教育主管部门（假定这一层面不发生"委托—代理"问题），会按照社会公众利益的要求，提供教育投入、质量标准、收费标准（价格）等教育服务，并努力引导下级教育机构最大限度地满足公众的要求。但作为代理者的教育机构，在市场经济的条件下，则存在着自身的利益，这一利益不可避免地与社会公众利益发生冲突。换句话说，代理者无法与所有者的愿望完全保持一致。他们会想办法冲破某些政策或制度的制约，按照自身的条件与可能，追求自身利益的最大化。在基础教育管理领域中，一些学校在收费问题上"上有政策下有对策"的现象，就集中体现了代表社会公众利益的政府与代表教育机构自身利益的代理者之间的冲突。

3. 道德风险难以回避

道德风险是指代理方利用所拥有的信息优势，在追求自身利益最大化的同时，采取了不利于委托方的行为，给委托方造成不良的结果。这种道德风险也称为"败德"行为。它可以发生在教育管理的各个层面：包括政府的行政部门，也包括下面的教育机构和个人等。

道德风险是"委托—代理"中的一个重要问题。道德风险发生在签署委托代理合约之后，委托人难以了解代理人努力的程度，难以控制代理人。[3]针对教育管理各个层面发生的"委托—代理"问题和道德风险失控现象，在基础教育管理领域中，我国目前的教育管理体制普遍采取了延续政府"外部人控制"和强化校长"内部人控制"的应对措施。尽管从社会转型这一特殊时期看，有些情况是不得已而为之的，是能够理解的，但在客观上却给现代学校制度的建设造成了新的障碍。

二、现代学校制度建设的症结

1. 政府"外部人控制"及其效应

在我国，按法律规定，公立学校的所有者是全体社会成员，中央政府受全体人民的委托监管学校及其运营。但如前文所述，政府不可能直接管理众多的学校，于是就建立了纵向授予权链的方式——将众多的公立学校委托给各级地方政府及其教育行政部门代管，从而又形成了在社会公众、各级政府与学校之间诸多的代理链条和代理环节，使"委托—代理"关系和代理成本变得更为复杂化。公共选择理论认为：政府及其官僚与其他社会集团一样，也是谋求自身特殊利益的集团，同样会产生追逐自身利益的内驱力。如果没有有效的约束机制，那么教育行政部门的利益追求就会与社会公众所希望的学校发展相冲突，并由此带来教育管理中的道德风险。教育行政部门处于特殊的地位：它们既是委托代理链上的代理人，又是学校的直接委托人。当前，在有关方面对学校所有者的权力和责任，既没有做出明确规定，又缺乏有效激励与约束机制的情况下，将不可避免地出现教育行政部门政府"外部人控制"的现象。其主要表现为：

（1）缺乏制约教育主管部门的机制。政府教育行政部门，作为受上级层层委托的教育主管部门，并不是学校的最终所有者，它们的利益与学校终极所有者（社会公众）的利益并不完全一致。换句话说，教育规模的扩大也好，学校面貌的更新也好，都与教育主管部门的利益没有直接的关系。如果代表所有者利益的位置空缺，那么某些教育主管部门及其负责人，为谋求个人利益的最大化，就可能做出损害国家或所有者利益的事情。如在公立学校转制中获取个人利益，使优质教育资源大量流失，或向学校"寻租"，或对学校经营业绩不佳者采取放任姑息的态度……

教育主管部门存在的另一个问题，是追求短期利益。目前，我国行政部门人事变动的主观性较强，每一届班子都力求在任职期间创造引人注目的业绩。领导班子一变，一个地方教育发展的思路就要随之改变，致使追求短期利益的行为非常普遍。通常，教育主管部门对那些基础好、名声大、能产生立竿见影效果的学校特别关注，而对大多数普通学校却难得给予扶持。其结果是同一地区的同类学校两极分化的情况依然存在，最终损害的还是社会公众的利益。

（2）更换校长没有明确标准。1991年6月，原国家教委颁发了《全国中小学校长任职条件和岗位要求（试行）》。这一文件虽然对校长提出了包括基本政治素养、岗位知识、岗位能力等要求，但这些条件或标准还是非常模糊和笼统的。尽管校长的产生，可以是上级任命、群众选举或部门招聘的，但新任校长也必须接受上级机关的领导，执行上级的指示。[4] 在这种情况下，教育主管部门更换校长的随意性很大，有时甚至出现有违常理的现象：有的校长虽然管理业绩良好，但因与主管部门负责人的关系不好，便被免职，或被穿"小鞋"；有的校长虽然办学业绩不好，却因与教育主管部门负责人的私交笃厚，而被继续留任……

在市场经济环境下，如果传统的"全能政府"的职能还没有实质性的转变，就会衍生出政府"外部人控制"的现象，进而出现教育主管部门的道德风险。这种利益驱动机制，使学校不可能真正获得办学自主权，更难以促进现代学校制度的建立与完善。

2. 校长"内部人控制"及其效应

在缺乏合理、有效约束机制的情况下，实行校长负责制可能发生的道德风险，集中表现为校长的"内部人控制"。校长办学可能产生的收益有两种：一种是货币形式，另一种是控制权形式。前者，可以理解为办学中的金钱利益。后者，则可以理解为校长社会地位的提升、指挥下属带来的心理满足感、在职消费、将学校资源转移给个人带来的其他好处……目前，我国校长合法的工资收入并不高，因此，校长只能以控制权带来的种种好处去弥补合法收入的不足。其道德风险大致有：

（1）热衷于斗争性活动而非生产性活动。通常，校长的合法收入是既定的，在常规的工作状态下，边际投入难以使个人收入产生相应的变化。于是，校长只有获得控制权收益，才能获得额外的好处。因此，争夺控制权就成了某些校长追求的主要目标。为此，他们热衷于学校中的"斗争性"活动，而非"生产性"活动，致使校内干群关系紧张，矛盾不断，内耗严重。

（2）任人唯亲，寻求"接班人"，以保既得利益。通常，校长只有掌握控制权，才能得到收益；一旦退休，也就意味着失去了收益。因此，一般来说，校长不会自动离职。如果不得不退休的话，那么一些素质不高的校长，就倾向于选择亲信接班，而不选择能力高于自己、对学校发展有好处的人接班。选择亲信接班，能为自己退休后分享部分控制权带来的收益提供可能。相反，则使原先拥有的控制权收益丧失殆尽。

（3）操纵分配机制，职务消费过度。在实行校长负责制的条件下，校长可以决定学校的分配方案，因而也有机会为自己谋取利益。同时，校长也可以转移校办产业的资源，追求自己利益的最大化。除此之外，校长还可以追求在职消费。因为对校长而言，"合法化"的消费，是既规避风险又便宜获利的事情。

在市场经济环境中，如果校长负责制没有相应的监督约束机制，校长全权管理学校，就会衍变为"内部人控制"现象，出现学校管理上的道德风险。"内部人控制"容易导致学校在行使办学自主权时，只讲自我发展、自我膨胀，而不讲自我收敛、自我约束。这种机制使现代学校制度同样难以建立和完善起来。

三、现代学校制度的构建

规避道德风险，建构有效的激励、约束机制，完善现代学校制度，可以从外部治理和内部治理两方面入手。

1. 外部治理机制的结构和条件

为解决"委托—代理"派生的各种问题，现代市场经济制度较为完善的发达国家，已构建起较为全面的社会性制约机制。借鉴国外的经验，目前在解决学校外部环境方面，我们应逐步创造以下条件。

（1）竞争性的学生选择市场。这一点提供了监督和评价学校经营绩效的信息指标。在学生能充分选择学校的条件下，如果大量学生选择别的学校，则意味着本校的办学业绩下降，校长难辞其咎。

（2）竞争性的教育资源获得市场。这对解决信息不对称和利益主体不一致的问题将有所帮助，并有利于刺激学校的良性竞争。

（3）竞争性的"职业校长"市场。"职业校长"市场的充分发育和完善，可以减少政府的外部控制；同时学校内部的竞争，促使下属成长为校长的潜在对手，对校长构成挑战和压力。

总之，这三个市场的发育成熟，可以在很大程度上对校长的道德风险起约束作用。

2. 内部治理机制的建构

（1）制订对校长行之有效的激励计划。其要点在于：激励与绩效挂钩，如实行年薪制和任期的合理设置等，以保证管理者决策行为的长期性，防止短期行为。

（2）健全内部完备的管理机制，以规避校长决策上的重大失误。学校重大决策权及监督奖惩权，应归学校所有者及其代表掌握。它要求建立内部治理机制，对校长的行为进行事前、事中的监督，防患于未然。

（3）将外界优势引入内部管理。如引入独立董事会或外部董事制度，积极鼓励社会各界参与学校管理，减少代理链条，解决所有者缺位问题；同时发展民间教育中介机构，对学校进行管理绩效的审议或评价。

总之，我国目前还处于向现代市场经济体制转型的时期，有效地解决教育管理中的"委托—代理"问题、减少道德风险的产生，建立和完善学校法人治理学校的结构，是促进现代学校管理制度走向成熟的关键。

参考文献：

[1] 黄兆龙. 现代学校制度初探——兼论国有民营学校管理模式 [J]. 中小学管理，1998,(7/8).
[2] 柯武刚, 史漫飞. 制度经济学 [M]. 北京：商务印书馆，2001.
[3] 方福前. 公共选择理论 [M]. 北京：中国人民大学出版社，2000.
[4] 萧宗六. 学校管理学 [M]. 北京：人民教育出版社，1994.

[本文系全国教育科学"十五"规划重点课题——"政府在市场经济条件下的教育管理职能转变与管理机制研究"（BFA010066）的部分成果]

（原载《中小学管理》2004 年第 5 期）

参考文献

一、中文部分

（一）著作类

1. 陈向明．质的研究方法与社会科学研究[M]．北京：教育科学出版社，2000．
2. 陈孝彬．教育管理学[M]．北京：北京师范大学出版社，1999．
3. 成思危．中国事业单位改革——模式选择与分类指导[M]．北京：民主与建设出版社，2000．
4. 丁钢．中国教育：研究与评论[M]．北京：教育科学出版社，2001．
5. 杜育红．教育发展不平衡研究[M]．北京：北京师范大学出版社，2000．
6. 国际21世纪教育委员会报告．教育：财富蕴藏其中[M]．联合国教科文组织总部中文科，译．北京：教育科学出版社，1996．
7. 国家教育发展研究中心．2002年中国教育绿皮书：中国教育政策年度分析报告[M]．北京：教育科学出版社，2002．
8. 国家教育行政学院．基础教育新视点[M]．北京：教育科学出版社，2003．
9. 郭晓利．企业集团的国际比较[M]．北京：中国财政经济出版社，2002．
10. 胡家勇．政府干预理论研究[M]．东北财经大学出版社，1996．
11. 胡卫．民办教育的发展与规范[M]．北京：教育科学出版社，2000．
12. 胡卫．民办教育的发展与规范[M]．北京：教育科学出版社，2000．
13. 胡耀东，陆学艺．中国经济开放与社会结构变迁[M]．北京：社会科学文献出版社，1998．
14. 靳希斌．教育经济学[M]．北京：人民教育出版社，2001．
15. 李生兰．幼儿园与家庭、社区合作共育的研究[M]．上海：华东师范大学出版社，2003．
16. 李琮．当代资本主义的新发展[M]．北京：经济科学出版社，1998．
17. 联合国教科文组织国际教育发展委员会．学会生存：教育世界的今天和明天[M]．华东师范大学比较教育研究所，译．北京：上海译文出版社，1982．
18. 曲恒昌，等．西方教育经济学研究[M]．北京：北京师范大学出版社，2000．
19. 邵金荣．中国民办教育的多元化与法制化[M]．北京：高等教育出版社，2001．
20. 史静寰．当代美国教育[M]．北京：社会科学文献出版社，2001．
21. 孙班军，等．企业集团管理研究[M]．北京：中国财政经济出版社，2002．
22. 孙绵涛．教育行政学[M]．武汉：华中师范大学出版社，1998．
23. 吴淑琨，席酉民．公司治理与中国企业改革[M]．北京：机械工业出版社，2000．

24．吴畏主．民办教育的改革与发展［M］．北京：教育科学出版社，2002．

25．吴怡兴．教育产业论［M］．北京：人民教育出版社，2000．

26．席酉民．企业集团治理［M］．北京：机械工业出版社，2002．

27．薛荣久．国际贸易［M］．成都：四川人民出版社，1996．

28．薛天祥，周海涛，等．WTO与中国教育［M］．北京：中国青年出版社，2001．

29．杨九俊．挑战与对策［M］．南京：江苏教育出版社，2002．

30．袁振国，等．发展我国教育产业政策研究［M］．上海：华东师范大学出版社，2002．

31．张金昌，等．21世纪的企业治理结构和组织变革［M］．北京：经济科学出版社，2000．

32．张铁明．教育产业论——教育与经济增长关系的新视角［M］．广州：广东高等教育出版社，1998．

33．张新平．教育组织范式论［M］．南京：江苏教育出版社，2001．

34．张志坚．中国行政管理体制和机构改革［M］．北京：中国大百科全书出版社，1994．

35．朱光磊．中国的贫富差距与政府控制［M］．上海：上海三联书店，2002．

36．朱家存．教育均衡发展政策研究［M］．北京：中国社会科学出版社，2003．

37．〔美〕布坎南．自由、市场和国家［M］．吴良健，译．北京：北京经济学院出版社，1988．

38．〔美〕查尔斯·沃尔夫．市场或政府［M］．谢旭，译．北京：中国发展出版社，1994．

39．〔美〕米尔顿·弗里德曼、罗斯·弗里德曼．自由选择：个人声明［M］．胡骑等，译．北京：商务印书馆，1982．

40．〔美〕乔·萨托利．民主新论［M］．冯克利，阎克文，译．上海：东方出版社，1998．

41．〔美〕唐·培根，唐纳德·R·格莱叶．学校与社区关系［M］．周海涛，译．重庆：重庆大学出版社，2003．

42．〔美〕W·布罗姆利．经济利益与经济制度：公共政策的理论基础［M］．陈郁，郭宇峰，汪春，译．上海：上海人民出版社，1994．

43．〔美〕威廉·维尔斯曼．教育研究方法导论［M］．袁振国等，译．北京：教育科学出版社，1997．

44．〔美〕约翰·罗尔斯．正义论［M］．何怀宏，何色钢，廖帕，译．北京：中国社会科学出版社，1998．

45．〔美〕约翰·罗尔斯．作为公平的正义：正义新论［M］．姚大志，译．上海：上海三联书店出版社，2002．

46．〔美〕约翰·E·丘伯，泰力·M·默．政治、市场和学校［M］．蒋衡等，译．北京：教育科学出版社，2003．

47．〔英〕安东尼·B.阿特金森，〔美〕约瑟夫·E.斯蒂格利茨公共经济学［M］.

蔡江南，许斌，邹华明，译．上海：上海人民出版社、上海三联书店，1994．

48．〔英〕托尼·布什．当代西方教育管理模式［M］．强海燕，译．南京：南京师范大学出版社，1998．

49．〔法〕让·帕斯卡尔·贝纳西．市场非均衡经济学［M］．袁志刚，译．上海：上海译文出版社，1998．

50．〔挪〕波·达林．理论与战略：国际视野中的学校发展［M］．范国睿，主译．北京：教育科学出版社，2002．

（二）论文类

1．陈桂生．"学校管理体制问题"引论［J］．华东师范大学学报（教育科学版），2003（1）．

2．谌启标．澳大利亚"新管理主义"教育改革述评［J］．外国教育研究，2003（4）．

3．陈晓红，何鹏．我国高校能否实行股份制改造［J］．现代大学教育，2003（1）．

4．陈振明．评西方的"新公共管理"范式［J］．中国社会科学，2000（6）．

5．董秀华．国外教育集团发展与运行简析［J］．开放教育研究，2002（2）．

6．董云川．现代大学制度中的政府、社会、学校［J］．高等教育研究，2002（9）．

7．冯大鸣．试论校长负责制的重构与再造［J］．教育理论与实践，2003（1）．

8．冯志军．对中小学推行校本管理的理性思考［J］．教育探索，2003（7）．

9．高耀明，魏志春．论我国教育集团发展的现状和趋势［J］．高等教育研究，2001（6）．

10．葛新斌．我国现行"校长负责制"的法律与制度分析［J］．北京师范大学学报（社会科学版），2003（6）．

11．郭丹丹．基础教育均衡发展的政策思考［J］．教育发展研究，2003（4）．

12．郭富青．论现代企业集团组织运行的法律机制［J］．甘肃政法学院学报，2000（2）．

13．国家教育委员会教育体制专题调研组．社会主义市场经济与教育体制改革［J］．教育研究，1999（1）．

14．韩清林．基础教育均衡发展方略的政策分析［J］．国家高级教育行政学院学报，2002（4）．

15．胡启南．论政府改革及其发展态势［J］．管理科学，2004（2）．

16．胡瑞文．关于上海义务教育几个热点问题的思考［J］．上海教育科研，2004（7）．

17．黄河清．南洋集团办学经验探索［J］．民办教育动态，2000（4）．

18．黄崴．校本管理的理念与策略［J］．中小学管理，2002（3）．

19．James Tooley，丁笑炯．发展中国家集团办学的成功之道［J］．民办教育动态，2000（11）．

20．季苹．基础教育的基本问题［J］．教育研究，1999（7）．

21．姜海山，张沧海．自费出国留学及低龄化发展趋势研究［J］．教育发展研究，2000（2）．

22. 蒋士会. 现状与追求：我国基础教育的教育公平问题透视 [J]. 现代中小学教育, 2003 (12).

23. 劳凯声. 重构公共教育体制：别国的经验和我国的实践 [J]. 北京师范大学学报（社会科学版），2003 (4).

24. 李锋亮. 政府有义务对义务教育资源进行均衡化 [J]. 教育科学研究, 2005 (12).

25. 李江源. 教育平等新论 [J]. 浙江社会科学, 2001 (2).

26. 李连宁. 要从教育发展战略上思考和促进基础教育的均衡发展 [J]. 人民教育, 2002 (4).

27. 李连宁. 努力做好义务教育公共服务的提供与管理 [J]. 人民教育, 2003 (1).

28. 李文利, 曾满超. 美国基础教育"新"财政 [J]. 教育研究, 2002 (5).

29. 刘复兴. 公共教育权力的变迁与教育政策的有效性 [J]. 教育研究, 2003 (2).

30. 路承恺, 周桂宏, 何正凤, 等. 对职业教育集团化办学机制的思考 [J]. 教育与职业, 1996 (2).

31. 路毅. 美、英基础教育管理制度改革简述 [J]. 教育实践与研究, 2001 (11).

32. 罗明东, 陈瑶. 校本管理探究 [J]. 中小学学校管理, 2001 (6).

33. 毛亚庆. 应注重以学校为主体的校本管理 [J]. 教育研究, 2002 (4).

34. 孟繁华. 教育管理决策功能模型 [J]. 教育研究, 2001 (3).

35. 面向21世纪中小学管理体制改革研究课题组. 面向21世纪中小学管理体制改革研究 [J]. 教育研究, 2001 (9).

36. 曲恒昌. WTO与我国的留学低龄化 [J]. 比较教育研究, 2002 (12).

37. 深化基础教育管理体制改革研究课题组. 深化基础教育管理体制改革研究报告 [J]. 教育研究, 1998 (12).

38. 盛冰. 高等教育的治理：重构政府、高校、社会之间的关系 [J]. 高等教育研究, 2003 (3).

39. 盛昭瀚, 陶向京. 我国经济组织的机制选择与演化——从市场、企业到企业集团 [J]. 东南大学学报（社会科学版），1999 (1).

40. 宋爱红. 校本管理：理论、模式及发展的适应机制 [J]. 青海师范大学学报, 2003 (4).

41. 谈松华. 国民能力建设与教育制度创新 [J]. 教育研究, 2003 (5).

42. 唐文雄, 吴广谋, 盛昭瀚. 企业集团化过程中政府作用的理论思考 [J]. 中国软科学, 2000 (6).

43. 陶向京, 盛昭瀚. 外部性与企业集团形成动因 [J]. 管理科学学报, 2002 (1).

44. 童的梦艺术幼儿园混龄课题研究组. 混龄教育组织形态的研究 [J]. 上海教育科研, 2005 (2).

45. 童康等. 校长负责制能够保障中小学校长获得充分的权力吗？[J]. 上海教育科研, 2002 (7).

46. 王川. "改制学校"与基础教育均衡发展 [J]. 四川教育学院学报, 2003 (3).

47. 王伟. 试论教育集团的模式构想与道路选择 [J]. 教育发展研究, 2000 (6).

48. 王毅. 试论我国现行中小学校长负责制的改善与发展 [J]. 云南师范大学学报（教育科学版），2000（1）.

49. 魏志春. 学校管理者权威形成的路径分析 [J]. 教育研究，2003（12）.

50. 魏志春. 转型时期现代学校制度的解释 [J]. 中小学管理，2004（5）.

51. 闻特. 教育集团的理论成因探讨 [J]. 民办教育发展研究，2003（2）.

52. 文喆. 教育，实际上也是社会再分配的一个调节手段 [J]. 人民教育，2002（4）.

53. 吴华. 论"教育股份制"的制度优势和产业属性 [J]. 民办教育发展研究，2003（5）.

54. 吴瑞祥，何鹏程. 国外教育公司运营研究 [J]. 民办教育动态，2002（6）.

55. 夏新斌. 校本管理理论述评 [J]. 外国教育研究，2003（7）.

56. 谢维和. 我国教育管理体制改革的走向及其分析 [J]. 教育研究，1995（10）.

57. 信力建，孙红璎. 集团化办学的经济运作模式浅探 [J]. 民办教育动态，2002（8）.

58. 熊庆年. 大众的需要就是我们的目标 [J]. 教育发展研究，2000（1）.

59. 徐冬青. 构建现代学校制度的几点建议 [J]. 中小学管理，2004（5）.

60. 徐玲. WTO对中国教育服务的冲击与应对之策 [J]. 教育研究，2002（11）.

61. 徐正福，等. 椒江"教育股份制"在教育产业模式发展中的可行性研究 [J]. 民办教育动态，2001（6）.

62. 阎立钦，等. 推进我国义务教育可持续发展的若干思考 [J]. 教育研究，2001（4）.

63. 杨东平. 对我国教育公平问题的认识和思考 [J]. 教育发展研究，2000（9）.

64. 杨卫国. 六问校长负责制 [J]. 中小学管理，2002（4）.

65. 杨颖秀. 基础教育均衡发展的政策视点 [J]. 教学与管理，2002（8）.

66. 叶建源. 香港公营学校转"直接资助计划"趋势与教育公平问题 [J]. 学术研究，2003（3）.

67. 尹伟民. 均衡发展：基础教育可持续发展的基石 [J]. 江苏教育，2002（7A）.

68. 于建福. 教育均衡发展：一种有待普遍确立的教育理念 [J]. 教育研究，2002（2）.

69. 余利惠. 实施校本管理，构建现代学校制度 [J]. 教育发展研究，2003（12）.

70. 袁东安. 试论企业集团产生和发展的动因 [J]. 华东师范大学学报（哲学社会科学版），2002（2）.

71. 张广兴. 企业集团成因的制度分析 [J]. 河北师范大学学报（哲学社会科学版），2001（1）.

72. 张力. 我国加入世贸组织以后教育面临的机遇与挑战 [J]. 思想理论教育导刊，2002（11）.

73. 张民选. 转制学校：事实、成因、与前景 [J]. 中国教育：研究与评论，2001（1）.

74. 张秋红，骆锦红. 论平等思想对教育的影响 [J]. 学术探索，2003（8）.

75. 张兴华. 义务教育均衡发展误区及其矫正 [J]. 教育发展研究, 2003 (1).
76. 赵中建. 今日美国特许学校 [J]. 教育发展研究, 2000 (7).
77. 浙江省教科院调研组. "万里精神"与教育改革 [J]. 浙江教育科学, 2000 (5).
78. 郑杰. 教育服务是一项特殊的服务 [J]. 全球教育展望, 2003 (1).
79. 郑新蓉. 我国公共教育制度与教育均衡化发展 [J]. 北京教育学院学报, 2003 (6).

(三) 法律文件类

1.《中共中央关于教育体制改革的决定》
2.《九十年代中国儿童发展规划纲要》
3.《中国教育改革和发展纲要》
4.《中华人民共和国教育法》
5.《关于深化教育改革全面推进素质教育的决定》
6.《上海实施科教兴市战略行动纲要》
7.《2003—2007年教育振兴行动计划》

二、英文部分

1. Abe Feuerstein (2000). School Characteristics and Parent Involvement: Influences on Participation in Children' Schools, The Journal of Educational Research, Volume 94, No. 1.

2. Alma Harris, Nigel Bennet and Margaret Preedy (1997). Organizational Effectiveness and Improvement in Education, Open University Press.

3. Canberra (1997). Learning for Life: Review of Higher Education Finacing and Policy (A Policy Discussion Paper).

4. Cornelius Riordan (1997). Equality and Achievement: An introduction to the Sociology of Education, An Imprint of Addison Wesley Longman, Inc.

5. D. Bridges and T. H. Mclaughlin (1994). Education and the Market Place, The Falmer Press, London. Washington, D. C.

6. Geoffrey Walford (1994). Choice and Equity in Education, Cassell.

7. Great Britain Department of Education and Science (1987). Higher Education: Meeting the Challenge (White Paper).

8. Harry Brighouse (2000). School Choice and Social Justice, Oxford.

9. Shelley H (2002). Billing From Middle Matters Involving Middle-Graders' Parents, The Education Digest, Volume 67, No. 7.

10. UNESC (1995). Policy Paper for Change and Development in Higher Education, Paris: UNESCO.

后 记

本书的主要内容为全国教育科学"十五"规划重点课题（国家一般课题，BFA010066）"政府在市场经济条件下的教育管理职能转变与管理机制研究"的最终成果。自 2003 年承担这项课题研究以来，我和我指导的研究生刘江园、黄德平、黄复生、黄娟娟和杨慧等同学共同为课题的深入研究而努力工作。虽历经困难与曲折，但基本上达到了预期的研究结果，并在课题结题的评审中得到了良好的评价。

本书各篇章的作者为：第一章，魏志春（华东师范大学教育管理学系）；第二章，黄复生（上海远程教育集团科研部）；第三章，魏志春、杨慧（上海市交通专科学校教务处）；第四章，黄娟娟（上海市教育科学研究院普教所）；第五章，魏志春、黄德平（上海师范大学科技管理处）；第六章，魏志春、刘江园（上海市教育委员会国际处）。作为课题的主持人，我对课题研究的设计、过程与结果负有全面责任。

在此，我们要感谢为课题研究提供各种帮助的教育界同行和社会相关人士，特别是作为研究访谈对象的有关政府及其教育行政部门的领导、中小学校长以及学生家长等，包括：参加上海师范大学、浙江省教育学院举办的中小学校长研修班的各位校长；参加浙江省嘉兴市政府举办的分管教育乡（镇）长培训班的领导；上海市黄浦区、闸北区、闵行区、宝山区和青浦区，江苏省泰兴市、姜堰市教育局的分管局长；浙江省宁波万里教育集团、衢州教育集团办公室主任及所属的学校校长；上海市黄浦区、闸北区、闵行区、宝山区和青浦区部分学校的学生家长等。他们腾出宝贵的时间，提供自己工作的实际状况、真实想法和真知灼见，才使本课题研究得以顺利进行并取得一定的研究成果。

深切感谢全国教育科学规划办公室、上海师范大学社会科学管理处的陈昌来、曾维华处长和江家鸣老师，是他们的支持和帮助，允许研究的过程适当延宕，使我们面对出现的新问题能进行追踪研究，以试图追求研究内容的全面、深入与完备。更要感谢全国教育科学规划办公室聘请的评审专家，正是他们的公正、睿智与宽容，使本课题研究者的多年辛勤努力，未付之东流。

最后，要由衷的感谢北京大学出版社职业教育编辑部姚成龙主任为本研究课题的成书出版所付出的辛勤劳动。

魏志春

2010 年 12 月